湛庐CHEERS

与最聪明的人共同进化

HERE COMES EVERYBODY

被绑架的心灵

[加] 戴维·凯斯勒 著
David A. Kessler

吴宝沛 译

Unraveling the Mystery of Mental Suffering

CAPTURE

浙江人民出版社
ZHEJIANG PEOPLE'S PUBLISHING HOUSE

For Ben

献给本

目 录

引 言

可怕的主人

他死后，在自己的工作室里留下了十几盏灯，这些灯统统都亮着。它们照在桌上，也照在未完成的手稿上。这些手稿整整齐齐地堆放着，手稿旁边是一封两页长的信。这就是大卫·福斯特·华莱士（David Foster Wallace）上吊自杀的那个晚上的情形。

华莱士自杀身亡，时年 46 岁，这震惊了整个文学界。他在当时的那一辈人中，被认为是最大胆、最具独创性的作家。他的小说《无尽的玩笑》（*Infinite Jest*）受到了评论家的一致好评，并被认为重新定义了美国后现代小说。放在华莱士办公桌上的手稿，虽因他深陷绝望而未能完成，但还是在他死后出版了。这本书名叫《苍白的国王》（*The Pale King*），即便它零碎、不完整，但许多人都一致认为，这部小说中的某些部分，华莱士写得极为精彩，令人拍案叫绝。即便华莱士遭受挫折，没能写完这本书，但从某种意义上来说，自杀前的那段时间，他的生活从未如此舒适。就在四年前，他结了婚，定居美国加利福尼亚州，优哉游哉地在一所大学里当老师，做着自己喜欢的事。那么，问题来了：他为什么非要结束自己的生命？

所有熟悉华莱士的人都不会惊讶于这一点：他迟早会自杀。当华莱士还处在青春期时，就一直受到困扰：他虽然才华横溢，但会不断陷入自我怀疑，偶尔还会丧失自我意识。年纪轻轻却沉迷于酒精和大麻，以抑制不断出现的焦虑。华莱士以前就考虑过自杀，而且在他的小说里，他也描写过导致一个人掉进自杀深渊的那种心理状态。不过，他还是在尝试着拯救自己。上大学后，华莱士就开始服用抗抑郁药物，而且在之后的日子里一直保持这个习惯。华莱士离开这个世界时，他还是匿名戒酒会的会员，并于去世几年前就成功戒掉了酒精和大麻。尽管容易动怒，并且消极遁世，但华莱士依然勇敢地与自我毁灭的冲动斗争着，同时还求助于自己的人际圈，这包括他在匿名戒酒会认识的熟人、他那些乐于助人的学生以及他的作家朋友们。

那么，现在的问题是：为什么一个人做了如此长期的抗争，他不仅想要活着，还想活得开心，最终却还是以惨烈的方式结束了自己的生命？为什么一个人那么有天赋，那么有名气，却依旧选择黯然退场、寂寞凋零？显然，华莱士很聪明，也很坚强，但除此之外似乎还有什么东西导致他最终自杀身亡。抑郁让华莱士陷入了沉重的不幸中，但其背后的原因究竟是什么？注意，“抑郁”只是个标签而已，它可用来描述一系列症状，但它本身并不是原因。

华莱士在孩提时就想与众不同、出类拔萃。他在学生时代就梦想从人群中脱颖而出，成为作家后更是如此，并且他也渴望其他人能承认自己的才华。然而，只要他一有所成就，比如取得了优秀的成绩、得到了众口一词的赞扬，他就会变得焦虑不安，接着便陷入绝望。华莱士想成为一名佼佼者，但始终怀疑在自己的成功之路上，某些东西在挡道，比如他自身的虚伪。

那些与华莱士最亲近的人回忆说，这种内心冲突在他的童年时代就出现了。华莱士既向往伟大光荣，又觉得每项成就都是虚假的，这两种相反的驱力不断鞭策着华莱士深入探索着自己的内心。他在短篇小说《美好的旧日霓虹》（*Good Old Neon*）中提到了这种心理，小说描写了一个人死后介绍自己自杀的情形："你越是花时间耗精力，想给人留下深刻印象，想要魅力十足，你在内心里就越会感到自己没什么吸引力和魅力可言，并且还会将自己定义为一个骗子。而你越感觉自己是个骗子，就越会在人前努力打造自己的崇高形象，同时彰显自己受人欢迎的程度，以免大家发现你其实空洞肤浅，一无是处。"

偶尔，华莱士也会花上双倍的时间来歪曲现实，以迎合他的恐惧，这让人想起他在小说里使用的元逻辑。"其实，很多批评者并不认为华莱士在整个人群智商的正态分布中处于低位，而是认为他这个人实际上更擅长装聪明，"小说家马克·科斯特洛（Mark Costello）这样向我谈起他的老友兼室友，"大卫一直让自己陷入悲观情绪的方式就是创造类似这样的故事，比如，他会说事实上他是一个假聪明。"

在《美好的旧日霓虹》里，华莱士第一次提到了"欺骗悖论"这个说法，之后他始终被这种"欺骗悖论"困扰着，找不到出路。作为一个成年人，华莱士总是保持着高度警觉，尤其是对花里胡哨的骗子做派，即使他很清楚人人都有这种做派，他也绝不容许这出现在自己身上。华莱士曾在一本书的页边空白处写道："自大，这是成为超级明星的必要条件，也是超级明星都有的特质。"他无法摆脱这一想法，以至于最后形成了一种条件反射。每当华莱士遇到威胁自身信誉的东西时，这种念头就会让他陷入巨大的困扰之中。

而且糟糕的是，无论什么事，似乎都会威胁他的信誉。他人的褒奖，学业的成功，与某人的浪漫邂逅，或有人听了他的笑话哈哈大笑，这些于华莱士而言全都是地雷。一受这些事或人的刺激，华莱士立马就会产生一种被撕裂般的感受：一边是他在别人眼中的形象，一边是他自己真实的样子。往往在这样的时刻，华莱士的生活就会变成一场又一场的独角戏，而其他一切都会退居幕后。每当华莱士经历了这些事，这种感觉都会强烈地侵蚀他，并在他的脑海里推波助澜。

抑郁者会不断关注自己的消极念头、经历、记忆，以及自己遭受排斥时的所有感受。这也是一种逆向学习。当一个人只将自己的注意集中于某些最消极的刺激因素时，心灵就会慢慢反噬它自己。华莱士的情况就是这样。虽然我们已不太可能得知他是如何以及通过多少种方式被自我怀疑所俘获的，但可以确定的是，华莱士一直被囚禁于自我毁灭的念头中。他知道这一点，却无力改变。华莱士在《美好的旧日霓虹》里写道："内心里发生的事，迅若风雷，多如牛毛。所有的东西都搅和在一起，即便只是想在一个特定的瞬间勾勒出这件事最细微的一部分，对语言来说也是一项巨大的挑战。"

2005 年，在凯尼恩学院（Kenyon College）的毕业典礼上，华莱士发表了演说，他劝告毕业生："想一想那句老话，即'心灵是一名优秀的仆人，但又是一位可怕的主人'。像很多陈词滥调一样，这句话表面上听起来不温不火、平淡无奇，但实际上揭示了一个巨大而可怕的真相，用枪自杀的人几乎总会对着脑袋开火，这绝不是什么巧合，因为他们要射杀的，正是这个可怕的主人。"

一束不熟悉的光——
突然间，它占据了你的全部生活。
索性封锁窗户，并把它们用木板围起来
但光依然存在，在勺子里，
在汤里，
在灯下，在灯熄灭后的空气里。
其他人看不到它。他们围上来，可怜你。
他们全部的爱都无法让它走开。
不如看这个吧，他们说，然后给了你一些古老的信条。
然而，那束光从未消失。它是如此美丽。
只期有朝一日，你能学会把它忘记……

——萨拉·芒古索（Sarah Manguso）

CAPTURE

第一部分

人性的谜团

测一测　关于俘获的知识，你了解多少？

1. 以下情况，你遇到过哪些？【多选】

A. 认为自己一无是处，想要逃避现实

B. 对某一目标过分偏执

C. 大部分时间都被痛苦情绪笼罩

D. 厌恶周围的人或事

2. 威廉·詹姆斯在《宗教经验之种种》对俘获提出了什么问题？【单选】

A. 为什么某些观念会如此强大？

B. 为什么我逃不出去？

C. 俘获从何而来？

D. 摆脱俘获有何方法？

扫码下载“湛庐阅读”App，
搜索“被绑架的心灵”，
获取答案。

CAPTURE

第 1 章

当心灵被绑架

认识“俘获”

每当我们感觉自己的理智被某些仿佛无法掌控的东西所绑架时，到底发生了什么？我希望能在本节中揭示精神痛苦的秘密，并挖掘导致一系列内心折磨的根源。这些强烈的内心折磨包括成瘾、抑郁、焦虑、躁狂、强迫思维以及暴怒。

在过去的20年里，我研究了某些东西（确切地说是烟草和食物）是怎样影响人们的，以及在某些情况下，它们是如何控制人们的行为的。其中最令我着迷的是，这些东西怎能未经我们同意，就压制我们的理性和意志，指引我们的思想、感受和行为。没有谁会信誓旦旦地说他要在自己的一生中抽780 000支香烟，大家都是先尝试着抽上一次或几次，看看会有什么感觉，然后才一头栽进去，无法自拔。人们吃东西时，也从来不会想吃到撑破肚皮、让人恶心的地步，但事实上不少人都在这么做[1]。因此我想知道，到底是什么东西居然能强大到控制人们的思想和行为。也许真的存在着一种普遍的生物机制，能选择性地操纵我们的注意，驱使我们一支接一支地抽烟，一口接一口地猛吃不停，让我们做出有害自身的行为，而许多痛苦情绪的背后，也都是这种机制在兴风作浪。有没有这种可能呢？

经过多年研究，我得出了结论：在人类饱受诸多情绪困扰和精神疾病折磨的背后，确实都有一个共同的作用机制。简单来说，某个地点、某个想法、某段记忆或某个人物，都能作为某种刺激攫取人们的注意，并改变人们的感知。一旦注意越来越多地集中于这些刺激，人们的思考和感受还有行为方式，就有可能与自己的本意背道而驰，形象地说，就是你的心灵被绑架了。因此，我把这一机制称作“俘获”。俘获是很多人类行为背后的动因，其影响可能有利，也可能有害。从这一视角来看待人的行为，我希望能在俘获驱使人们产生毁灭性的冲动前，就让人们理解它会产生的不良影响。

俘获理论包含三个基本元素：注意窄化、行为失控、情绪失调。

有时，这三个元素还伴随着某种行为冲动。人们的注意会不受控制地集中于某样东西，进而人们的行为也受其左右，如此一来，人们就被“俘获”了，变成了这个东西的俘虏。

无论何时，总有东西在控制着人们的注意。人们会留意自己周围环境中的反常之处，眼球会被由无数黑点构成的背景上出现的一个小黄点所吸引；突然做出的某个动作，或是呼唤某人名字的声音，同样也会引人注意。但俘获需要的，绝不仅是吸引我们最初的注意那么简单。通过**唤起记忆，激发想象，点燃欲望，制造恐惧，俘获改变着我们的心境**。当被俘获时，我认为那个以某种语气喊我名字的人并不仅仅是在喊名字，其语气中还隐含着批评或轻视，而这些都深深地让我觉得不安或焦虑。这也是我当时所能感受到的一切。

日常生活中有无数的俘获现象，它们虽微乎其微，但数量众多。下面就有一个例子，来自我的亲身经历。当时我坐在飞机上，正打算写俘获这件事，计划利用这次长途飞行的好机会，不受干扰地写作。我有了想法后就打开了自己的笔记本电脑。但就在这时，坐在我身旁的两个男人开始兴高采烈地大声聊天。他们说话的声音太大，我感觉就像自己面前有辆卡车呼啸而过一样。我努力集中注意力，把心思放在写作上，但还是会不断听到他们的谈话声。尽管飞机引擎一直在发出“嗡嗡”的噪声，产生着高达约 11 吨的助推力，但我的意识并没有被干扰。而我越是想专注于写作，就越会听到越大的谈话声。我变得越来越烦躁，因为我越是焦灼地不想听他们聊天，就越会听到更多。如果能做到听而不闻，我肯定会毫不犹豫地去做。

尽管这些日常经历的具体特征各有不同，但这些经历本身是很常见的。当然，具有俘获力的特定物体或想法，还是带有强烈个人色彩的。有趣的是，在我还没敲键盘时，就注意到了这两个男人的谈话。难道我能根据以前的经验预测到他们会干扰我的工作？否则，为什么我会一开始就被他们吸引？或者，是因为他们说话声音太大，而这种噪声正具备某种能俘获我注意的感觉特点？工作时，我总是讨厌被嘈杂的声音打扰，但我为什么没有一种能力可以巧妙地转移自己的注意呢？无论怎么努力，我的注意总是会被拉回到噪声上。也许，合理的结论是：我过多地“关注”了这些声音。

我们会定期审视自身所处的环境，根据遇到的刺激或所追求目标的特点，来分配和转移自己的注意。

俘获悄悄地攫取了我们的注意。我们或许能觉察到这种心理变化，但并不清楚它来自何处。这一切都发生于意识之外，而在我们明白到底发生了什么之前，就已经缴械投降了。这可能是由某个念头、某种感觉或某个人所带来的结果，而这种结果会主宰人们的心灵，占据人们意识的中心，使人们把其他东西都推到一边。与俘获来源有关的线索，将会变得与这些来源本身一样重要。无论是闻到香水的气味还是听到一首歌，无论是听到直升机的轰鸣声还是目睹消防车从眼前而过的场景，无论是某次考试拿了高分还是要准备一场讲演，和任何刺激的关联都会对人产生不同的影响，但也不排除根本不会产生任何影响的可能。俘获也许只会在那些对这一刺激敏感的人身上展现威力，所以即便只是短暂地接触这些线索，这些线索也足以窄化我们的注意，影响我们的感受。

当被某种特定的刺激所吸引时，人们就会采取行动，以回应由它引发的某种感受或需要。每次回应，其实都会强化促使人们重复这些行为的神经回路。长此以往，随着人们持续不断地以同样的方式回应同样的刺激，人们头脑中相应的学习回路、记忆回路以及动机回路都会逐渐变得很敏感。结果就是：人们创造了一种独特的情绪和行为模式。人们的思想、感受和行为开始变得越来越下意识：最初的快乐变成了一种需要，从前的不良情绪升级为持续性的自我谴责，曾经的烦恼也一跃而成为对自己的迫害。最后，俘获人们的东西会变得举足轻重、势不可当，甚至会出现最极端的情况，即人们好像被某种异己之物控制了，变成了它的奴隶。

俘获常常会给人带来巨大的烦恼和痛苦。即便如此，它有时也会温柔地对待人们。聆听一首心爱的歌，追求我们认为值得追求的事业，所有这些也都能成为俘获的来源。

俘获的起源带有极强的个性。我们的生命历程和人生故事，来自我们行动和经验的全部集合。而俘获我们的东西恰恰会影响对自我的认知，同时，对自我的认知也会反过来决定有什么东西能俘获我们。

理解俘获的一个理想方式是观察它是如何运作的，也就是去体验它，即便是间接地体验，比如，听一听那些与俘获进行斗争的人都说了些什么。本书中的诸多故事都展示了与此有关的一系列思想、感受和行动，其中，有些微不足道，有些则改变了当事人的生活。虽然这些有关精神痛苦的故事表面上看起来彼此都没什么关联，但显然，在任何一个故事中，“俘获”都扮演了中心角色。

找寻精神痛苦的本质

大卫・福斯特・华莱士讲述了我们的心智到底是如何抓住我们、强迫我们、让我们违背自己的意志和理性而一意孤行的。在这一点上，他比包括心理学家和精神病学家在内的任何人都要看得透彻。对此我希望能争取到他的父亲詹姆斯・华莱士（James Wallace）和母亲萨莉・华莱士（Sally Wallace）的支持，以便人们更好地理解他们的儿子所说的“可怕的主人”。当然，二人也慷慨地同意了和我聊聊他们的孩子。

于是，我去拜访了詹姆斯和萨莉，他们的家位于美国伊利诺伊州的厄巴纳市（Vrbana），在伊利诺伊大学厄巴纳－香槟分校附近，大卫便是在这里长大的。詹姆斯是这所大学的教授。他们的房子建于20世纪50年代，是一栋一层半的建筑，很朴素，旁边就是一条安静的街道，两边绿树成荫。房子坐北朝南，日照充裕，周围被深绿色的草坪环绕着。虽然这样的房子在美国很常见，但其中诞生了一个拥有非凡才华的人。

可惜，在大卫卓越的天赋和超凡的智力之下，却深埋着抑郁的种子，这最终导致他自杀身亡。长期以来，有一种医学观点认为，抑郁代表心智的“损坏”，而这种生物性的紊乱会使人经历难以忍受的痛苦。但对人们而言，这种对于原因的过分简单化并无任何帮助。我们依然无法理解那种使人坠入深渊的力量，而只能把它称作“抑郁”。

萨莉试图向我解释究竟是什么让痛苦在大卫身上不断沉积。“大卫在16岁时第一次表现出某些奇怪的举动，这些行为让我们觉得很棘手，”萨莉说道，“他是我们的第一个孩子，而我们两个那时对青少年还都不太了解。当时，他对自己的妹妹满怀恶意。他常常愤愤不平，喜怒无常。我们都知道他吸大麻，只是不知道他到底吸了多少。我们那时候甚至想过他可以去卧室旁的储藏室吸大麻，因为这样至少他就不会驾车离家了。后来，詹姆斯把他带到了大学里，但大卫吓坏了。”

“他有焦虑症，”詹姆斯回忆说，“情况很糟糕，他脸色灰白，不停呕吐，浑身颤抖……”

“大卫很高兴，阿默斯特学院（Amherst College）很早就接收了他，因此他不必再经历那种噩梦一般的情景，”萨莉说道，“但是，到了该考虑上大学的时候，他又变得心乱如麻，说他不想去，并问我们他能不能待在家里。我们同意了，告诉他什么时候都可以回家，于是他就去上学了。后来，他又开始焦虑了，但他还是断断续续地上了两个学期的课。等再开学时，他回了家：他就是没办法适应。随后，他自己找了个心理医生，因为之前我们都喜欢的一个儿科医生现在已不再适合给他看病了。心理医生给他开了一些药。我猜，他应该从那时便开始服用抗抑郁药物苯乙肼了。”

我们谈了好几个小时，讨论大卫当时对此会有何感受。有那么一瞬间，萨莉毫无征兆地低声说了一个“火”字。

“凯特·格姆波特（Kate Gompert）？”我想到了大卫笔下的一个人物，随口说道。

大卫笔下的这位凯特·格姆波特也曾跟“天敌般的抑郁”搏斗。在《无尽的玩笑》中，大卫这么谈论“它”（也就是火）：“当看到有人从燃烧的窗户里跳出来时，请不要误解他们。从很高的地方跳下去，他们还是很害怕的，就像你我站在同样高度的窗边往下看时一样害怕。换句话说，坠落的恐惧是一个常量，而这里的变量是另一种恐惧——火焰。当火焰离你足够近时，跳下去摔死的恐惧相比之下还不那么令人心惊胆战。因此，不是人要往下跳，而是火焰让人恐惧。"

"是啊，从一栋燃烧的大楼里跳下去，"萨莉沉思了一阵子，"这也是我眼中大卫自杀的样子。无论如何，他必须要结束这种痛苦，"萨莉接着说，"大卫想要从痛苦中解脱。他需要这样做。并不是说他想这么做，是他需要这么做。"

萨莉哭了起来。"抱歉。"她说着，用手捂住了自己的脸。

我与华莱士夫妇的对话总是很坦诚，但也会时常遇到困难。因为每到最后，我们总是会回到这样一个想法上：说到底，大卫是被某种他不能控制的东西驱使着走向末路的。大卫的父亲是一名伦理学教授，他从哲学和历史的角度考察了"俘获"的概念，即我们身上确实存在某种自己无法抵抗的激情。我们讨论了苏格拉底及其学说，苏格拉底认为，没有人会做自认为不理性的事[2]。

"比如，苏格拉底会说，假如一个人不断地吸毒，那么这个人就是无知的，因为他并不认为自己需要停下来，"詹姆斯说，"或者，如果这个人其实并不无知，但持续吸毒，那么他一定是身不由己的，一定有某种力量在迫使他这么做。"

但是，我问他，**这股力量看起来像是构成极端情绪或极端行为的意识成分，那么我们该如何看待它？**

“柏拉图似乎对此有所领悟，”詹姆斯说道，“柏拉图意识到世上存在不同类型的愿望，它们有时会让人不理性[3]。比如，当你在小木筏上望向海水时，突然感觉非常渴，很想喝一口海水。但你很清楚，如果真的喝了，不仅不会解渴，还会让事情变得更糟。但即便认识到这些，口渴的欲望还在，你还是想喝。”

然后呢，难道想喝海水的欲望就无法被理性驯服吗？

“柏拉图认为，”詹姆斯回答说，“通过意志行为，你是能训练自己的，但仅仅说‘我现在打算这么做’还远远不够。**你必须努力锻炼，直到足够强大，能控制这些非理性的念头**。但我肯定，柏拉图也会同意，**即总有一些人会完全失控，因为他们的激情早已变成了强迫**。”

“这就是抑郁控制人的过程，”我回答说，“而且这也是自杀意念能主宰人的原因。”

在大卫结束自己生命的前一个月，华莱士夫妇回忆说，他看起来好转了一些。事实上，他比以前更活跃了。而在此之前，大卫经历了一段漫长的危机时期：他打算不再吃苯乙肼，因为这种抗抑郁药他已经连续吃了近 20 年。在萨莉看来，这是一步致命而悲剧的失误，她猜测大卫只是想找到另一种药而已，大卫也许早就渴望过没有苯乙肼的生活了。在抗抑郁药中，苯乙肼属于在早期服用的药物。尽管它能稳定住大卫的情绪，但也会引发一系列副作用。而且，一旦减少服用，大卫就会发现，没有什么药能比它再有效了。于是，他又开始服用苯乙肼，希望它能再次让自己恢复到更稳定的状态，但这都无济于事。“这是最后的尝试，”萨莉解释说，“但还是不起作用。”

大卫惶恐不安。他感到，现在身边已没有任何东西能帮助他，让他好转。他确信，自己已经濒临绝境。

2008年8月，大卫的父母花了两周的时间陪伴他，两人答应和他待在一起。当时，大卫的妻子格林在外出差，大卫的父母留意到儿子的言谈举止有了变化。当他们刚到大卫家时，大卫看起来疲惫不堪，萎靡不振，就像患了很长时间的重病，受尽了折磨一样。但在他们快要离开的前几天，大卫看起来似乎已经振作起来了。在离开的前一天，大卫的父母陪着大卫去机场接他的妻子。萨莉还记得当时的细节，格林跳下自动扶梯，大卫跑过去拥抱她，小夫妻看起来很开心。萨莉回忆道："驱车回家的路上，我们当时坐在后排，尽管那辆车是手动挡，但大卫大多数时间都把手放在格林的膝盖上。我当时就在想，看来一切都将会好起来。"

"大卫欺骗了所有人，"詹姆斯说，"他骗了自己的心理医生，还骗了自己的妻子。"

我提高声音问他，大卫是否知道他欺骗了所有人。或许他已经做了决定，这个决定不仅能给人答案，也能让人解脱。

"可每个人都被他骗了，"詹姆斯反驳道，"即便大卫不是有意为之，但我们还是被骗了。我们都以为他转过弯儿了。"

詹姆斯继续往下说："让我奇怪的是，大卫在结束生命之前的一两周里，精神状态竟然感觉好多了。我猜他可能是找到了问题的解决方案，不是吗？这个问题是个怪物，而这个怪物正是他自己。"

可以看出，詹姆斯和萨莉已经理解了他们儿子的痛苦，以及大卫最终的解决之道。或许这令人难以置信，因为居然有父母能接受他们的孩子想要结束自己生命的事实。然而，在我与他们的谈话中，有一点很清楚，那就是他们已经敏锐地意识到，他们的儿子陷入了一个恶性循环之中。无论是什么样的事业成就或个人成功，大卫把他身上所有光鲜的东西都过滤掉了，转而把那些糟糕的东西吸收了进来。这种不利的过滤只会导致毁灭性的自我怀疑。萨莉和詹姆斯都目睹了这“可怕的主人”是如何发威的，他们觉得很无助，因为没能帮大卫成功逃离。

从这个令人心痛的案例中我们可以知道，正是这种持续并不断升级的恶性循环，最终导致了大卫自杀身亡。而在其他情况下，它可能会导致其他类型的自我伤害，或导致针对他人的暴力事件，甚至是杀戮。我希望，通过加深对“俘获”现象的理解，以及通过考察不同的“俘获”经历，人们能学会如何在被“俘获”的情况下虎口脱险。

不同的心理问题，共同的致病机制

大家都期望精神病学能解决这个“可怕的主人”。耶鲁大学的精神病学系常被公认为是世界上最好的，无论在研究还是在临床领域都表现卓越。史蒂夫·邦尼（Steve Bunney）曾任该系的系主任，现在是该系的名誉教授。他同时也是我的同事和老朋友。

邦尼只知道华莱士的故事梗概：一个广受好评的天才作家，刚结婚没多久，就在他如日中天的时候自杀了。我给邦尼补充了一些细节：华莱士一直都在与内心强烈的自我怀疑斗争，即便在他踌躇满志时也是这样；华莱士一边期望着100年后也有人读他的作品，一边又觉得自己根本不行，一点儿也配不上这种成功；华莱士担心《无尽的玩笑》这本让他声名鹊起的小说会耗尽他所有的能量，让他无法再写好另一本书。

我问邦尼，他认为华莱士痛苦的本质是什么。为什么这种感受会成为某些人沉重的包袱，但对另外一些人毫无影响？到底什么是情感痛苦？如何描述这种体验？

“像华莱士这样的人，打个最简单的比方，他们的内心其实是分裂的；一边是他们想成为的人，一边是他们眼中的自己，”邦尼说，“这会使人产生一种失控的感觉。而这在精神病学中也是最常见的问题之一。**如果你始终无法掌控自己，那么你就会陷入麻烦。无论是焦虑、抑郁，还是别的什么心病，都将会对你的生命造成威胁**。我完全无法想象，一个原本健康的人居然会想结束自己的生命，在此之前他要经受怎样的痛苦。但我知道，自杀的人往往会觉得他们除此之外已没有别的选择，他们无法摆脱这些消极的念头和感受。而关于自杀的一大悖论就是：它是一个人能够对自己施加的最后也是唯一的控制。”

邦尼指出，各行各业的很多成功人士都有类似的痛苦，这不是什么稀罕事。研究发现，很有成就的人通常会认为自己就是个“骗子”。不少成功人士也会像华莱士那样，变得爱较真，他们很想知道大家是否了解自己，同时他们也会觉得自己根本不配获得那么大的成就。在邦尼看来，类似的自我怀疑并不罕见，而且从某种意义上来说，它甚至还会很有用，但它也可能会变得病态，变得危险，甚至变得失控而致命。

在职业生涯中，邦尼研究了诸多评估精神痛苦的方式。一开始做内科医生时，他对精神分析很感兴趣，但他花了大把时间来研究心理疾病的生物原因。然而自始至终，邦尼都对生活经历的影响十分关注：这些经历会如何影响大脑的功能？它们在精神疾病的发展中又扮演什么角色？

我问邦尼，在他的领域中，现在主要研究什么。邦尼解释说，精神病学现在研究的主要还是开处方药，它关心的是如何找到对症的药。

邦尼的声音里有些令人怅惘的东西。“不要误会我的话。你应该高兴，毕竟我们在药理学方面取得了长足的进步。我们能带给患者实实在在的解脱，而对很多人来说，这种解脱就是救命稻草。到最后，或许药物没能对华莱士提供帮助，但从你告诉我的话里，还是能看出，药物让他拥有了更多的时间，帮他完成了更多的作品，”邦尼说道，“问题不是药物，而是我们对它的看法。很多人，特别是这一行之外的人，当然也包括某些业内人士，会误以为精神疾病仅仅是源于某种简单的大脑故障，而事实上，**精神疾病是两股力量相互作用的结果：一边是体内的致病倾向，一边是外在事件，也就是现实刺激**。我们的心灵一直在试图厘清实体大脑与生活经历交织而成的各种现象，而这也是我们必须要留意的地方。你要知道的不只是这些病症该如何治疗，还要清楚这些病症来自何处，以便我们能有的放矢，找到更好的治疗方案。”

邦尼知道，我在美国食品药品监督管理局任职期间就对成瘾现象很感兴趣。作为对烟草行业调查研究的一部分，我必须尽可能地了解成瘾科学的一切知识。邦尼也知道，我后来还研究过肥胖。在研究过程中，我考察人们如何对抗这种让他们吃得比需要的还多的欲望。我对邦尼解释说，我在成瘾、暴食还有精神疾病中发现了相似的心理，包括焦虑、强迫、冲动障碍、恐惧、恐慌、成瘾、抑郁、躁狂、疑病，甚至某些精神错乱。

“嗯，这很有趣，”邦尼回答道，“一方面，这个行业还在不断努力，试图做出越来越精细的诊断划分。我们的《精神障碍诊断与统计手册》（*DSM*），现在已经出到了第 5 版。我们靠它来进行诊断，并给数以百计的心理疾病分门别类。然而，生物学表明，这些障碍都有着内在联系。比如，精神分裂症与抑郁症已不再被认为是两种完全不同的疾病。这两种疾病的谱系更有可能是相互交叉、部分重叠的，而不是不同的神经递质系统疾病。而药物的效果虽然很不错，但通常不像它们声称的那样有精确的靶向性。我们经常看到，一种药能对一堆问题起作用，或完全不起任何作用。在很大程度上，这似乎是个体反应的问题。而与此同时，也有越来越多的证据表明，安慰剂在模拟精神药物方面能起到巨大的作用，这一点真令人羞愧，也该令人羞愧。”

“物理和化学很复杂，”邦尼接着说，“天文学也很复杂。但只要坚持探索一个问题，我们就能找到这些复杂系统背后的规律。比如，热力学定律能解释很多我们以前根本理解不了的复杂现象。我认为，你正走在一条与此相似的道路上。”

邦尼的类比，让这个我已为之奋斗了 20 年的目标更加清晰了。虽然人类的情感体验和行为很复杂，但只要能找到这些复杂现象背后的共同机制，我们就有可能解锁某些复杂而潜在具有毁灭性，并会掌控我们行为的构念。我一直在为此努力。

在过去的 100 年里，心理学和精神病学不断进步，学者提出了很多见解，但人们依然无法抓住导致精神疾病的原因。抑郁症在全球致残榜上名列第二。邦尼提到的药物治疗作用很有限，而在某些情况下，它们所带来的伤害要远远大于好处。或许其中最关键的原因是，它们把人们与其感受隔离开了，让人们无法深入理解病因。当然，这不是什么新问题，而是一个由来已久的老难题。人们如何才能在这个艰难的任务上取得进步？要想找到答案，了解其他人在这些问题上都有什么发现会对我们大有帮助。

知识延伸

每一章的“知识延伸”都包括具有辅助性作用的各种注释，有些内容较长，特别是涉及路德维希·维特根斯坦、卡尔·荣格以及保罗·蒂利希（Paul Tillich）的几篇，这些思想家对我们理解心灵被俘获极为关键。维特根斯坦是与华莱士截然相反的一个强大人物，荣格则是谈论弗洛伊德任何文本都有必要考虑的一个人物，而蒂利希的观点有助于阐明信仰背后的心理学。这些内容对本书的主题很重要，但放入本书的正文会影响本书叙述的流畅性，所以将它们放在章后，作为正文知识的补充。

Capture

1. 我认识到，许多人在饮食方面经历着类似烟瘾的问题。他们报告说，自己伸手去拿一包薯片或一块比萨饼的盲目冲动就和烟鬼点烟一样。

作为我们研究的一部分，我和同事确定了这两类行为背后的三个共同特征：第一，丧失控制，向某个意识之外的强大力量交出了控制权；第二，在这种“符咒”之下的人觉得自己无法摆脱控制；第三，痛苦的同时被强迫行为所束缚，无法抵抗它们。

2. 在《普罗塔哥拉篇》中，柏拉图笔下的苏格拉底认为，我们从来不会做自己不想做的事，我们总是以自己认为理性和良善的方式行动，即便我们的信念常被证明是错误的。因此，知识“能够管理人”，也就是说“知道什么好、什么不好的人，从来都只以所学知识为标杆，不会因为其他事物而动摇”。换句话说，理性为行为提供了终极的动力。尽管理性力量可能被错误的假设所误导，但苏格拉底仍不同意“理性太软弱，无法支配激情”的观点。(在情绪的力量最强大的时候，情绪可能会扭曲理性的命令，但无法克服它们。)苏格拉底认为，倘若我们做事时缺乏真正的理性和良善，那这本身就是错的；如果我的行为不当，那是因为我的想法就是错误的。

3. 与苏格拉底不同，柏拉图不认为一切不公正或不道德的行为都是某种错误念头导致的。相反，他指出，童年中特别令我们开心的记忆，或某些能够缓解痛苦的东西，可以在我们的成年自我中引发类似的欲望，即便这种欲望的对象已不再令我们感兴趣。曾给予慰藉或缓解饥饿的东西，对我们有了一种貌似非理性的吸引力。记忆的乐趣带着我们走向暴食或放纵，如母亲的乳房、甜美的果实等。

为了进一步表达这种观点，柏拉图想到了利昂提特斯(Leontius)的故事。利昂提特斯是阿格莱昂(Aglaion)的儿子，他沿着城市的北墙走去，看到不少尸体躺在行刑者的脚边。利昂提特斯发现，自己看到这个场景觉得很恶心，但同时又被它吸引着。起初，他捂着自己的脸，但很快就出于好奇，睁开了眼睛，奔向尸体，大哭起来：“你自己去看吧，你这个邪恶之徒，尽情去看这美丽的情景吧！”可以说，即便是柏拉图，也无法用理性驯服这种交织着恐惧和喜悦的感情，或解决冷静思考与审美狂喜之间的根本冲突。

CAPTURE

第 2 章

对俘获的科学认识与研究

16 世纪西班牙著名的圣女德肋撒（St. Teresa of Avila）曾说过，因为不了解自己的本性，人们经受了多么可怕的审判，对许多人来说，这就是痛苦的根源。

数千年来，祭司和哲学家都曾被视为人类心灵的医生。为了探索人类心灵的奥秘，希腊人用在神话中发现的一套解释来解读那些令人费解的现象。如果痛苦或神经错乱确实是邪恶的诸神导致的结果，那么通过祭司的干预，人们就能驯服它们。同样，情绪爆发也可归因于报复心重或变幻无常的神，而诸神的愤怒也可通过献祭或祷告得以平息。通过把导致个体疯狂的力量置于个体之外，希腊人创造了一个诊断、治疗和了解精神疾病，以及各种怪异行为的庞大体系，而这也是一个为某些不可言喻的东西命名的过程。

在古希腊，宗教信仰大多数时候都和解剖学搅和在一起。希腊诸神的可视性以及他们在人们日常生活中扮演的重要角色，模糊了神学与生物学之间的界限。当诸神受到冒犯时，他们会将不可见的流体注入冒犯者的灵魂中，从而掌控人类的心灵（这么说很直白）。

事实上，恶魔的残余势力在现代社会依然存在，很多人仍相信外部力量能占据人类的心灵。美国心理学家罗洛·梅（Rollo May）认为，现代心理治疗都是骗人的，所有的动机最终不是会归因于“恶魔”，就是会归因于爱欲、愤怒或权力欲。然而，这个恶魔并不一定会带来破坏，它也可以带来一种深刻的创造力。它最容易出现在不可抗拒的性诱惑中，以及诗人、艺术家和宗教领域貌似超人的创造过程中。按照罗洛·梅的说法，这个恶魔甚至已经潜入了我们最深处的思想和行动中，它构成了我们关系的基础，也构成了许多创造性尝试的基础。对于歌德而言，它是“自然的力量”；对于叶芝来说，它是“在我心中……恶魔与诸神之间”发生的“永恒的斗争”。

到了 18 世纪，以前被人们接受的权威解释开始遭到自然哲学的挑战。一种研究心灵的新学派诞生了，它蹒跚起步，试图通过逻辑思辨和科学推理的方式找到精神痛苦的原因。其中，最有影响的一个人是苏格兰的启蒙思想家大卫·休谟。他宣称，我们的理智永远在为激情服务。在这种情况下，理性纯粹是无足轻重的。因此，道德的条例并不完全是理性的产物。推理和论辩的冷静其实仅仅是一种不带感情的冷静：在最好的情况下，我们的理智能激发促使我们行动的热情。

在西方心理学的发展史上，启蒙运动是一道分水岭，因为当时的科学家第一次明确提出基于认知的人类行为模型。然而，情感还是作为一个早期现代科学脆弱基础的代表，因为根据定义，情感只是短暂而弥散的心理状态，没有任何已知的解剖和构造基础。即便如此，苏格兰医生亚历山大·克赖顿（Alexander Crichton）仍坚持认为，在不断科学认知人类心理的过程中，激情应该得到适当的关注：

> 从医学角度来看，激情被认为是我们性格的一部分，但这还需要博物学家的眼光和哲学家不偏不倚的精神来加以检验。认定激情是自然的

还是非自然的，是道德的还是不道德的，这并不重要。激情只不过是一种能对我们的肉体不断产生影响，并改变我们健康状态的现象罢了，而真正导致它们产生的生理原因还需要探讨。

对克赖顿医生来说，所有的精神痛苦都可以追溯到神经系统的某种“过敏性”。焦虑、悲痛、愤怒和快乐，都有相应的生理基础，即便这些基础的确切性质还不清楚。

对克赖顿而言，所有情绪都以个体对某一客体的心理印象为开端，比如看到一棵开花的树、一张人脸、一个抽象的概念后所产生的感受。不管是内在的还是外在的，这些客体都能点燃我们的激情，指引我们的行为。随着科学界慢慢接受了这些观念，意识也逐渐丧失了其曾拥有的神圣且神秘的光环：一旦那些未知和不可知的种种力量运作起来，我们的情感生活就会变成生理作用的结果。

威廉·詹姆斯的注意研究

威廉·詹姆斯（William James）既是哲学家，又是心理学家，他写过一本经久不衰的畅销书《宗教经验之种种》（*Varieties of Religious Experience*），在书里他指出了俘获现象中的一个关键问题：“为什么某些观念会如此强大？”这是他曾在一份讲演笔记上匆匆记下以提示自己关注的话。

詹姆斯的理智驱使他不只为自己，也为不断增加的观众去理解这个世界。和华莱士一样，詹姆斯理解人类体验的需要也是受到他自己情感痛苦的驱策。他不断陷入自我厌恶和惊恐发作的漩涡中。詹姆斯在 20 岁出头时告诉一位朋友，他正不断徘徊在自杀的边缘，而当时他经历了长达数月的生理和心理的双重痛苦（对他来说，这两样东西经常交织在一起）。“我经常抱怨自己身体的各个方面都在持续稳定地恶化。”几年后，他在写给也是著名小说家的弟弟亨利的信中这样说。尽管詹姆斯在事业上取得了成功，结了婚（他把婚姻描述为让自己重获新生的契机）。此外，他还在哈佛大学任教了数十年，并受人爱戴，但他发现自己还是要不断与内心的“魔鬼”搏斗。而且詹姆斯总能想办法努力前行，以自身的抗争为基础，在个人生活和哲学研究上不断突破。

在早年生涯中，詹姆斯对艺术情有独钟，他曾是一名天才画家，在艺术家威廉·莫里斯·亨特（William Morris Hunt）的工作室里当过学徒，该工作室坐落于罗得岛州的纽波特市（Newport）。詹姆斯那时就发觉，艺术不仅能给他提供创意，还能为他打开一扇窗，让他看到自然以及万物生长的循环。对风景画的兴趣也让他慢慢对自然界背后的规律产生了好奇，并对科学有了好感。

詹姆斯于 1869 年拿到了医学博士学位，但他从来没正经八百地当过医生。“就在几个月前，我进入了医学这一行。但我的第一印象是这一行里到处都是骗子，除了外科，因为动手术有时也会带来好结果。医生与患者和家属面对面沟通时对后者产生的影响比其他任何都大，”他在给母亲写的一封信里这样说，末尾还加了一句嘲讽，“医生居然还从患者身上捞钱。”詹姆斯曾对一个朋友说过，他的性格其实不像其他人那样适合做一名科学工作者，但他唯一的理想便是过一种科学的生活。

詹姆斯对生理学和心理学产生了浓厚的兴趣，而在当时，这两个学科还被认为是哲学的分支。到了 1870 年，两个意外发生了：詹姆斯的背部出了问题，严重影响了他的日常生活；同时，他心爱的表妹也离世了。这些都让他的心情急剧恶化。

不久之后，詹姆斯又经历了一场危机。“在哲学上持悲观立场，因自己的前途而精神抑郁，”詹姆斯写道，“在这样的情形下，有一天傍晚，我在暮色中走进了一家服装店，打算挑几件衣服。这时，一种骇人的、仿佛关乎我自身存在的恐惧突然袭来，没有任何预兆，它就一下子从黑暗中闯了进来。”

詹姆斯面前突然出现了一个癫痫患者，他在学医时遇到过这种人，那是一个黑头发、皮肤发绿的年轻人。这个男孩也许一整天都坐在长椅上，或待在靠墙的货架上。他的膝盖弯曲，顶住下巴。他身上唯一的衣服是一件粗糙的灰汗衫，盖住了他的整个身体。

30 多年后，当詹姆斯再次回想起这个故事时，他把这个男孩当作一个虚构的法国人写在了《宗教经验之种种》中，并将该书的副标题定为“人性的研究”。詹姆斯后来承认，这来自他的亲身经历，而这个角色正是他精神衰退的化身。

这幅画面中这个安静却不幸的孩子，给詹姆斯留下了难以磨灭的印象。“他极为惊恐，而我自己也意识到，我跟他只不过是一时的差异。那时，我心中的一些以往牢不可破的东西仿佛突然垮塌了，只剩下了战栗和恐惧……这一经历让我从此对别人的糟糕感受更有同情心了。”

詹姆斯努力寻找着某种足够强大的心灵启示，以便把自己从痛苦的深渊中拯救出来，直到他读了查尔斯·勒努维耶（Charles Renouvier）的作品。这位法国哲学家在后来的岁月里对他产生了深远的影响，但一开始詹姆斯是通过反对勒努维耶才重新站稳脚跟并振作起来的。

“我读完了勒努维耶《随笔集》（*Essais*）的第一部分，但实在无法苟同他对自由意志的界定，即在可能有另外想法的情况下，因为个人选择而只维系一种想法。这简直等同于对某种幻觉的界定。无论如何，至少我可以假设从现在到明年，我的自由意志并不是什么幻觉。我的第一个自由行动，就是相信自由意志。”

詹姆斯不同意勒努维耶的观点，即当我们相信自己有能力掌控心灵时，我们不过是在欺骗自己。自此，詹姆斯触及了他心智和情感生活的一块基石。他要对抗自己思想中的逆流，并采取措施，重获对自己内心的控制。

无论这个信念是对还是错，它都刺激了詹姆斯。他很快就意识到，仅仅强硬地表明立场还远远不够，他需要有实际行动。要靠自己的意志再往前走一步，不仅要与意志一起行动，还要学会相信自我是真实存在并具有创造潜力的。

詹姆斯的精神开始好转了，他又试探性地再前进一步，宣称他已放弃认为心理障碍有生理基础的念头。父亲问詹姆斯是如何从抑郁到“情感大爆发”的，詹姆斯回答说，在某种程度上，他发现，心理活动不顾物质的强迫而自行其是，也因而能够被优先处理，这一认识对促进他的身体恢复健康极为有利。詹姆斯认为，像抑郁症或疑病症（这是他自己要对抗的两大病症）之类的心理疾病，绝非不可逆转的生理遗传，事实上，它们也能被有意地避免。

在对此进行研究的过程中，以及在詹姆斯的生活和在严谨的心理学研究中，他不仅获得了坚定的信念，还感受到了随之而来的积极的情感转变，这也使他得以从痛苦的魔爪中暂时挣脱出来。这一胜利奠定了詹姆斯职业生涯的基调。在 30 多年后的一场讲演中，他向观众讲述了这样的观点：**绝望让大多数人一蹶不振，但也能让另一些人彻底奋起**。

人们是如何丧失或恢复对自己思想和行动的主宰权的？毫无疑问，詹姆斯不是第一个提出该问题的人。早在古希腊时代，古希腊人便试图从超自然或宇宙论的角度来解读人类行为的秘密。在《伊利亚特》中，希腊联军统帅阿伽门农王（King Agamemnon）曾向诸神抱怨，他因言行不当而被迫向手下最英勇的战士道歉。“那件事不是我做的。那天我们集结时，宙斯、命运女神和复仇女神从黑暗中走了出来，是他们把我逼疯，促使我把本属于阿喀琉斯（Achilles）的荣誉抢走的，我又能怎么办？”他无奈地说[1]。

随后的一个世纪，影响极为深远的三位古希腊哲学巨擘苏格拉底、柏拉图和亚里士多德[2]，不再讨论这样的神秘思想，而是把话题转向对人类行为更敏锐的觉察和判断上。通过对人类冲动的考察，他们试图解读人们的行为是如何受内心指引的。当然，这些古希腊哲学家并不会在心理学的框架下思考这个问题。他们诉诸伦理学，从渴求社会公正的视角，努力解读着人类的精神世界。

苏格拉底认为，人类追求理性的动机高于一切。这从本质上暗示，人们之所以会做错事，只是因为人们不知道这件事就是错的。他的门生柏拉图提出了一种更复杂的观点。柏拉图认为，心灵由三股力量掌控，即理性、欲望和情志，并且每一种都有自身的需要。理性热爱学习和智慧，情志渴望名声和卓越，而欲望则追求身体的快乐。对于一个有德之人而言，这三种因素是和谐共存的，且理性会控制着欲望和情志。但对其他人而言，这些冲动之间的不断冲突却会导致内心动荡，甚至还会在心灵引发一场内战。

通过这个观念，柏拉图不仅把斗争的场所转移到了心灵本身，还把心灵当作一个存在多种对抗力量的充满活力的系统。

詹姆斯借用了柏拉图的观念，建立了一个理解人类行为的心理框架。然而，在古希腊哲学家中，与詹姆斯的思想最契合的前辈其实是亚里士多德。在亚里士多德看来，知觉不是我们了解世界的一种被动状态，而是我们的一种主动选择。他认为，有德之人会把注意放在最重要的东西上，持续不断地进行有意义的思考。于是，行为取代理性成为事情的焦点，比如，对痛苦的仔细观察将激发人类的同情心，而对美丽的沉思也将激发创造的冲动。

詹姆斯也得到了类似的结论，但他立论的角度不同。他把意识理解为一条汇集思想和观念的河流，这条河流不断流淌、稍纵即逝、离经叛道，而里面的元素通常也是非理性的、无关联的[3]。然而，意识依然能对生活形成连续的印象。詹姆斯从进化论的角度考察了意识：为什么人类的意识从一开始便会作为必不可少的一部分被进化出来？

通过扩充亚里士多德的观点，詹姆斯同样得出结论：答案正存在于我们的注意之中。**在任何一个特定的时刻，意识不仅能让我们头脑清晰且谨慎地关注周围无数事项中的一项、两项甚至十项，还能让我们选择性地忽视一些东西**。他解释说，人类的心智和其他东西不一样，它格外特殊。当数以百万计的外界刺激呈现给人类的感官时，它们并没能全部成为人们经验的一部分。为什么？因为它们没能引发人们的兴趣，而只有那些被人们留意的东西才能塑造人们的心智。倘若没有兴趣这个筛选器，那么经验定会乱成一锅粥。

那个被詹姆斯称为“兴趣”的东西，即我们每个人都会选择去注意的东西，同样也可被称为投入或关心。这一过程是如何创造出一个个性化的世界的？詹姆斯为此做了进一步的解释，而这要追溯到他作为一名画家的岁月。他认为，从一个易于理解的角度来说，兴趣本身便能突出重点，能将明亮面与阴暗面、背景与前景对比出来。

1890 年，詹姆斯的第一本书《心理学原理》（*The Principles of Psychology*）出版，这本书主要阐述了他的意识理论。此后，詹姆斯就把关注点转向了对精神疾病的研究。在 1896 年举行的一场讲演中，他描述了一系列的极端情况：盗窃癖、酗酒、性冲动、纵火癖、自杀以及谋杀。他说，这其中的每一种极端情况都来源于日常的焦虑和冲动。比如，当我们正本分地在收银台为自己的货品付账时，小偷小摸的想法就有可能会在此时进入我们的内心。同样，一定程度的偏执和恐惧也能从日常活动中体现：确保门锁好了，确保天然气关了，确保没有人躲在床底下。根据詹姆斯的理解，无法抵抗这种倾向的人会反过来将其放大，并会因为丧失了对注意的控制而痛苦不堪。詹姆斯从精神疾病的一些极端行为表现找到了理解日常生活中推动注意的关键力量。基于 19 世纪时法国心理学家西奥多·里博（Théodule Ribot）提出的"偏执思维"（或直译为"固定观念"）概念，詹姆斯建构了一套有关心理疾病的理论[4]。

在里博看来，答案正存在于激情之中，这是心灵的某种悬置状态，介于情感的瞬间和永恒的疯狂之间。他所说的心灵谱系，其中一端是日常的情绪状态，如惊奇、妒忌和无聊，而另一端则是不断使人麻痹、游离的抑郁症和精神错乱。当一种情感持续的时间超过了它的自然限度时，它在心灵中便会转化为"成见"，并在谱系上移动，从可识别的人类经验转向精神疾病。

里博相信，在这样一种过程背后一定存在某种单一的机制。某个瞬间的感受在丧失直接引起这种刺激（一朵盛开的花、爱人的死、一个笑话）联系的情况下，如何以及为何会逐渐在心灵中生根？

和很多 19 世纪的心理学家和医生一样，里博认为，我们的精神生活并不受任何非物质力量的左右；相反，它是依据严格的机械原理运作的。简而言之，人类的心灵就是一台复杂的机器，类似于日益复杂的工厂设备。而在 19 世纪，正是机器大大改变了欧洲的社会。因此，里博试图从机械运动的角度来解读人类激情的产生：某些人之所以会做出一些令人百思不解的行为，在他看来是因为他们的大脑内部出现了异常。

在固定观念中，里博发现了一个能解读心灵固有的非理性状态的模型。固定观念会在患者病症的潜伏期扎根，患者在这段时期往往会开始出现种种症状，如一般性的躁动或精神痛苦。偏执思维会逐渐钝化健康心灵的正常运作，让理性思维的“齿轮”和“杠杆”变慢，以致最终停下来。一旦被某种偏执念头束缚，充满激情的大脑就会重新进行调整，它此时极有可能会把所有精力从目标导向的任务中撤离，转而投向冲动行为。随着偏执狂患者病情的恶化，医生只会变成一个无力的目击者，去亲眼见证感性和理性的激烈斗争，以及“征服的冲动与拥有耀眼权力的意志”之间的猛烈搏杀。

尽管里博无法通过医学影像或脑波检测来证明自己的假设，但他相信，所有的狂热或固定观念都来自某一群独立的、过于敏感的大脑细胞。后来，法国心理学家皮埃尔·让内（Pierre Janet）提炼了这一概念。他用固定观念这个术语去描述某种从日常烦恼反应所带来的焦点中衍生出来的强迫行为，而不是去描述某种少见的病理状况。

詹姆斯后来将他对极端偏执的研究，扩展到多位热衷于社会或政治事业的公共人物身上。这些人包括：多萝西·迪克斯（Dorothy Dix），一位对那一时代的性别歧视观点发出质疑的女性作家；创立了保护动物协会的亨利·伯格（Henry Bergh）；以及单枪匹马与纽约的有组织犯罪和政治腐败作斗争的亨利·帕克赫斯特（Henry Parkhurst）。为了他们自身始终不变的初心，即便自己已离成功不远，这些人也选择牺牲小我交出了他们自己。就像詹姆斯描述的那样，他们的激情是“显微镜下的人性表演”。

詹姆斯发现，无论是深受强迫症折磨的患者，还是那些一味沉湎于外部刺激的个体，所有人都需要从意识的“热点”（hot place）中完成个人转变。他甚至把这种需要当作宗教狂热背后的一大驱动力。

“高尚和卑微的情感，正确和错误的冲动，一开始都是以相对混乱的状态存在于我们身上。”詹姆斯在《宗教经验之种种》一书中这样写道。这本著作包括了他在1901—1902年发表的关于宗教本质的所有讲演。在詹姆斯看来，宗教就是一个人在他孤独时的体验、行为以及经历，只要这个人认为自己此时正跟他眼中的神圣有关系就成。詹姆斯在这里说的不是机构信条，也不是在某些人看来仅仅是一种沉闷的宗教仪式。他在这里是指部分人的信仰体验，这些人将信仰当作自己内心的堡垒。“记住，”他写道，“关键就在于真正相信。”相信信仰比信仰本身更为重要。

然而，詹姆斯自己也明白，心灵的煎熬不是那么容易就能被宗教经验所取代的。单纯有信仰还不够，伴随这一信仰的情感负荷也同样重要。为了实现这一超越，他认为，信仰需要有足够强大的吸引力，以同化不那么强烈的情感倾向；信仰必须带给人一种像接触了具有强大威力的爆炸物一样的感觉。

詹姆斯补充说，有意义的宗教经验包括“潜意识、非理性、直觉……基本需要以及神秘的过度信仰的推动”[5]。他是第一位把心灵与宗教体验联系起来的学者。他认为，我们自身拥有一种使我们与体外某种力量产生联结的潜力。

詹姆斯还提到了当圣·奥古斯丁（St. Augustine）发现自己过于脆弱、

不堪一击时说的话，奥古斯丁称这是一种尚未被征服的高级欲望：“我所拥有的新意志没有强大到能克服其他不良意志。因此，这样两个一旧一新、一世俗一高尚的意志，彼此对抗着，搅得我心烦意乱……我自己其实一直都置身于这两个意志中，然而更多的自我还是在我所认可的那个意志里。不过，一些不良嗜好恰恰还是通过我自己占据了我的身体，像个作威作福的主人一样……我又另外试着与之战斗了一次，几乎就要成功了，但最终还是失败了，我没能抓住它们。”詹姆斯声称，皈依是人找到自身幸福的一种方式，正如圣·奥古斯丁最后所做的那样。

但詹姆斯继续劝慰说，宗教仅仅是实现联合的诸多方式之一，而弥补内在的不完整以及减少内在的不和谐，其实都涉及同样的心理过程。无论心理构造再怎么不同，这一过程也都是一样的。比如，新生儿可能会走向自我怀疑；也可能从小心翼翼变得更崇尚自由；同时，也可能陷入生活中不断出现的某些新刺激所带来的激情，如爱情、野心、贪婪、复仇或爱国精神。

对詹姆斯来说，彻底转变观点，是摆脱不断攫取我们注意的俘获过程的唯一方法。然而，就像亚里士多德和柏拉图一样，詹姆斯也无法用病理生理学来解释俘获。为什么一个简单的念头能不知不觉抓住我们的注意，并在脑海里深深扎根？这一过程到底是如何发生的？

弗洛伊德的内驱力概念与汤姆金斯的情感研究

我们为何会做自己不愿做的，想自己不愿想的，感受自己不愿感受的？要想基于史实对这一问题进行讨论，无论如何都绕不开弗洛伊德的著作。弗洛伊德理论的核心是他提出的内驱力概念：一种刺激或压力来源，一种基于心灵运作内容所产生的要求。弗洛伊德眼中的内驱力就像是一种物理作用力，由一定数量的能量发动，并受到反向作用力的制衡。作为一个研究心理的神经学家，弗洛伊德假设，所有内驱力背后都存在两种生理因素：处于兴奋状态的神经元以及“心流”，后者是能量的一种非特异性表现。这个概念之所以会相对模糊，是因为在他所处的时代，只用科学术语解释精神痛苦还面临着不少困难。正如弗洛伊德自己所说，他是在医学和哲学之间，以及心理和生理之间寻求人类行为问题的答案的。

弗洛伊德需要一个理论，以解释人为什么会以某种方式行动、思考和感受。弗洛伊德曾是维也纳心理学家约瑟夫·布罗伊尔（Josef Breuer）的追随者，因此，他很早就接触过布罗伊尔的一个患者，正是这个人的奇怪症状对弗洛伊德的心灵理论产生了深远影响。这位患者不敢喝任何玻璃杯里的液体。在治疗过程中，她回想起来，这缘于自己在家庭教师的家里，她曾看见一只狗喝了玻璃杯中的水，这让她感到一阵强烈的厌恶。患者对这一令人不安的现象的记忆，尽管没有进入意识层面，但从青春期一直保持到了成年期。因此，弗洛伊德假设，源自经验的情感状态能一直幸存下来，并隐藏于无意识的深处。

在弗洛伊德看来，类似这样被压抑的记忆，是几乎所有人类痛苦的根源。即便它们已漂过了意识的边界，但其中对某些客体或事件的心理表征还是能持续引发精神痛苦。被压抑的记忆以及它们所附带的情绪，因此而作为一种能引发某种特定行为的无意识动机。令弗洛伊德特别感兴趣的是一些当下需求与这些早期记忆之间所发生的无法避免的冲突。

弗洛伊德对无意识的探索让他得到了这样的结论，即从童年开始，人类的内驱力就遭到了社会规范系统性的压抑。因此，无意识的领域变得极为宽广，其中不只有思想和记忆，还包括内驱力本身，即基本的生物需要和冲动。它们之中最主要的是“力比多”（Libido）① 或性驱力，以及死亡驱力，而这正是导致人类具有攻击性的主要根源。死亡驱力的目的就是要狂暴地毁灭世界，包括毁灭自我。对弗洛伊德而言，所有精神活动的目的都是释放心理压力，缓解这些由被忽视的内驱力所积累起来的紧张情绪。而这种需求往往表现为愿望和迫切的希望，只要能减少心理压力，我们都会因此而感受到快乐。由此可见，并不只有痛苦的记忆被分流到了无意识领域，那些被我们扼杀于早年的大多数基本内驱力，也在很大程度上占据着这个看不见的地方。

弗洛伊德理论的核心是：无意识是由经验形成的一套复杂的符号语言，它掩盖了我们内驱力中社会层面所无法接受的内容[6]。这种“精神炼金术”（psychic alchemy）涉及把被压抑或未实现的内驱力转化为恐惧症、强迫症或其他神经症。当无意识的心灵把日常生活中的元素重塑为经过编码的欲望表征时，梦的超现实场景就成了这些转化发生的主要场所。弗洛伊德的理论借鉴了英国心理学界功能主义和联结主义学派的观点，即经验能使欢乐和痛苦与特定的现象产生关联。对弗洛伊德来说，正是被压抑的内驱力最终导致了这些关联，它们共同产生了某种情感或情绪滤镜，使得一个人能以特定的方式看待这个世界[7]。此外，这些关联全都被嵌入了一个复杂的意义之网。随着时间的推移，某些刺激也许会与其他刺激关联起来，而原先附着于某个客体或观念的情感也会逐渐转移到另一种客体或观念上。

弗洛伊德针对动机是否同时与生理和心理存在着关联投入巨大的心力。他说对了，无论是外在的还是内在的刺激，都能引发情感反应，而这一过程也能引发强烈的痛苦，不过我们行为背后的动机性力量并不一定总是明显的。总而言之，他认识到心理健康和心理扭曲的分界是飘忽不定的。构成弗

① 泛指一切身体器官的快感。精神分析学认为，力比多是人的心理现象发生的驱动力。——编者注

洛伊德“无意识”的因素并非被埋没的想法，或者一些时不时地便会浮到意识表面的记忆。在弗洛伊德看来，这些都属于“前意识”（preconscious）[①]。相反，无意识有它自身的结构、规则和动力，它们围绕着远离意识的那些内容。弗洛伊德提出假设，即内驱力一直存在于无意识中，因为它们的内容恰恰与文化的基础相对立。他把压抑欲望的力量比作“传说中的提坦巨人，他们自从洪荒时代起就承受着由战胜他们的诸神压在他们身上的巨大山峰所带来的重量，而这些山峰甚至至今还在震动”。

直到后半生，弗洛伊德才完整地阐述了他的心理结构模型。在这个模型中，本我是攻击和性欲内驱力产生的根源，就像一口沸腾着开水的大锅。本我是没有组织、没有集体意志的，其只会遵循快乐的原则，不断追求本能所需要的满足。这些不断扩散的能量会升华进入自我意识，成为一种更成熟、更综合的自我概念。

几乎没有什么经验证据能支持弗洛伊德的假设。弗洛伊德能找到的与无意识稍有关联的唯一证据便是记忆：如果在两个不同的时间点，我们都能想起同一件东西或事情，那么这个记忆必然存在于大脑中的某个中转站。此外，任何有关精神分析临床效果的研究必然最终都会超出我们的控制。正如许多作者所指出的那样，弗洛伊德的临床研究策略通常就是将各种证据纳入一种有组织、可理解、有说服力的整体中。心理学家爱德华·铁钦纳（Edward Titchener）在 1910 年写道：“当我们用某种无意识来赋予意识连贯性和连续性时，我们就自愿离开了事实的范围而走向了虚构的领地。”

即便将对心理的研究从道德和理性层面转向了具有易变性的欲望层面，

---

① 曾经储存在长时记忆中的信息，但只有在必要情形下进行回忆时才会对其产生意识。——编者注

弗洛伊德还是推动了心理学的发展，使后人对人类的思想和行为有了更透彻的理解。

但同时，连弗洛伊德自己的门徒都在哀叹，说弗洛伊德没有给予情感问题以足够的关注。正如研究弗洛伊德的一位学者所言："对于情感，我们没有基于精神分析理论做出系统性的描述。"另一位研究者则将弗洛伊德的情感理论描述为"断断续续"和"没有重点"。选择将无意识界定为所有内驱力的来源，最终被证明不过是一场徒劳：通过聚焦于意识的特殊状态，比如催眠和梦，弗洛伊德未能证明他的理论与日常的精神生活有何联系。到了20世纪末，正统弗洛伊德主义的支持者，只剩下了一群人数日益减少的临床医生和理论家，并且这一学说的影响也日益式微。

弗洛伊德的衰落不仅是因为他的理论带有幻想性，把所有的内驱力都简化为性和攻击性，还因为他试图用以根除精神病理现象的精神分析法或谈话疗法，最后的临床实践均以失败告终。随着学者日益批判弗洛伊德式精神分析，精神分析的内容也逐渐开始被视作治疗师的内心投射。毕竟，弗洛伊德拒绝了这样的可能性，即患者也能从有意识的精神活动中获得真知灼见。通过巧妙地植入暗示，治疗师可以说服患者，让他们相信自己所幻想的某个故事不但有可能发生，还一定是真的。按照一个学者的观点，这一过程更像是在创作戏剧脚本或指南而不是在进行科学研究。这并不是说治疗本身就没有价值，除了不断完善某个既定的故事，治疗师还可以和患者合作，开发出一套新的戏剧脚本。我们所有的经历和对未来的焦虑都会始终决定着自身思考、感受和行为的内容和方式，但这些具有强烈个人特质的东西总能被识别出来，或者可以从一个更美好的角度来看待。

弗洛伊德学说有一个最重要的继承人，他长期默默无闻，最初只是一个空有抱负的剧作家，直到后来才成了心理学家，他就是西尔万·汤姆金斯（Silvan Tomkins）。汤姆金斯像弗洛伊德一样看重知识的原创性，拒绝让自己的理论屈服于已被广泛接受的科学教条。然而，他几乎没有对精神病学界产生任何影响。

尽管汤姆金斯同意弗洛伊德的说法，即精神疾病的本质最终都是情绪上的问题（一种感知障碍），但他还是认为弗洛伊德不合时宜地将此与内驱力理论扯在了一起。从创伤性记忆的不断重现中，弗洛伊德看到了一种渴望重生并期待能再次获得救赎的隐秘愿望。陷于创伤不能自拔的患者总是会以"如果……就好了"的句式将懊悔表达出来，比如：如果我躲开那个子弹就好了，如果我救了那个孩子就好了。

然而，对汤姆金斯来说，比内驱力或满足愿望更重要的是，这些想法为何会占据主导地位，我们为何无法摆脱它们的控制？比如，从士兵被战争中的创伤性记忆不断折磨的情况中，汤姆金斯就没看到有什么愿望实现在起作用：这种创伤的反复发作到底会带来什么结果？不再为湮没或隐藏的欲望设定完整的故事，汤姆金斯把他的注意转向了能重新激活这些创伤性记忆的力量，并费了九牛二虎之力去研究它们。

汤姆金斯在意识，或者说在注意中发现了答案的雏形。在过去的60年里，认知科学的研究重点又逐渐回到了这些基本问题上：我们的大脑如何表征周围的世界（声音、气味、图像和思想）？信息在神经元和神经突触中传导时是如何进行处理和转换的？摒除了认为"只有观察到的行为才能被研究"的教条思想，认知科学缓慢而坚定地重新开启了对人类经验的探讨。当科学家把他们的关注焦点从行为转向意识时，信息的获得、加工、储存和转换就成了重要的研究主题。

然而，这种研究思路还是没能尝试理解主观经验现象，即我们在感受、思考和生存的过程中到底得到了什么。对弗洛伊德来说，理解心灵的核心在于内驱力，而非经验。情感则仅仅是一种有意识的知觉，其根源还是欲望，比如性驱力或死亡驱力。而汤姆金斯则把情感视作一个类似于内驱力、知觉、记忆和认知的独立的研究对象。如果说内驱力代表生物性的需要，那么情感则是我们对环境的一种内在反应，它可能会强化内驱力，也可能会抑制它：汤姆金斯认为，当兴奋性情感缺席时，性驱力将会变得软弱无力。汤姆金斯通过毕生研究最终确定了 9 种基本情感，其中包括兴趣、恐惧、痛苦、愤怒和屈辱。尽管这些情感能激发思想和欲望，但这一过程本身是自发且几乎难以被人察觉的。

很多与汤姆金斯同时代的人通常都会忽视主观体验，而偏爱客观的、可观察到的行为。心智是一个信息加工系统：作为思想的发源地，它到底是如何感受的，科学界对此并没有提供什么说法。然而对汤姆金斯来说，情感是一个极为重要的视角，我们通过它能认识世界。我们的精神生活并不由知觉（我们听到、触到、尝到或想到的东西）来界定，相反，恰恰是这些知觉带来的情感状态决定了这一点。在 20 世纪的整整 100 年里，汤姆金斯的主张慢慢获得了科学界的认可：经验主义者开始在心理治疗中强调感受的作用，而认知主义者如艾伦·贝克（Aaron Beck）和阿尔伯特·埃利斯（Albert Ellis），也都开始把情感纳入了他们的心理病理学模型中。

埃利斯把斯多葛学派的理念运用于临床实践中。他认为，“错误”信念是导致人产生痛苦感受的根源。痛苦是由功能失调性信念或扭曲的世界观所导致的副产物，如果将这种信念和世界观植入正在进行信息处理的系统中，也会产生如信息技术顾问所说的系统性错误。根据埃利斯的理论，贝克指出，仅仅屏蔽或忽略这些令人痛苦的思想是行不通的，因为它们在功能上带有自发性。他的策略是，让痛苦背后错误的逻辑以及荒谬的想法主动浮出水面。认知行为疗法正是以这个理论为前提：如果我的功能失调性信念被揭示出来不合逻辑，那么我就会意识到自己误读了某一情境。这样，假以时日，我就能重塑自己的知觉。

然而，如果我知道自己的世界观发生了功能性失调，却发现我无力改变，那么该怎么办呢？

俘获背后的神经科学

从亚里士多德到詹姆斯，许多人都曾尝试过解读为什么我们会以特定的方式去感受、思考和行动，而他们通常都从哲学的角度来研究人类的心灵，并据此得到一系列的答案。这些思想家虽然承认，控制思考、感受和行动很困难，但他们明显未能从科学研究的角度来检验各自的结论。而今天，基于人类大脑研究方面的进步，我们得以实现从科学研究的角度来解读这些理论。

诚然，科学的进步让我们能更清晰地观察大脑，但如果仅用单一的神经生物学原理或功能来解读我们的情感生活，还是远远不够的。大脑以及它在主观经验中扮演的角色，都彰显了它的复杂性，根本不可能把主观经验简化为几条神经生物学原理。大脑让我们有能力学习、推理、感受和记忆，而神经生物学不能直接揭示我们生命中这些层面的奥秘。没有任何研究能找寻到那些足以影响我们一生的无数刺激、唤醒和生理改变的踪迹，更不用提伴随着这些的学习和记忆，以及面对种种变数时我们可能产生的无数种反应了。我们对大脑的了解，还是处于并将一直处于不断变化和发展的过程中。

然而，尽管存在这些限制，但是如果一种有关心理疾病的理论能以神经生物学的证据为基础，那么它就会更可靠、更牢固。通过将主观体验与生理学相结合，我们可以看到，俘获过程是如何与当前的科学框架相匹配的。

俘获源于大脑内庞大而复杂的神经回路。大脑由负责通过电信号或化学信号来传递信息的神经元组成，这些神经元分布于不同的层次、网络和区域中。每当我们体验到新的东西时，一种神经模式（连接大脑不同区域的微型回路）就会被相应地建立起来。随着时间的推移，这些神经模式也会与任何能引发这一体验的刺激建立联系。比如，大海的声音、脚踩在沙子上的感觉、头顶的艳阳，这都是我们童年时的海滩之行所留下的标记。每当我们回想起这次经历或与它有关的东西时，甚至是做了某些能唤起与这次经历有关的想法或感受的事情时，这些神经模式就会被重新激活。

大脑通过精细的事件序列创造了这些神经模式。当我们遇到一个刺激，无论是一个物体，一个想法，一个声音，还是一种气味，我们的神经元都会被激活。当神经元被激活时，它们会传递某些能绑定并刺激相邻神经元的化学物质，进而打开允许正电荷进出细胞的通道。伴随着这种电流的变化，临近的神经元也会开始变得不稳定起来。等达到一定程度时，它也会跟着被激活，并开始传递自身的电信号。因此，神经激活是一种连锁反应，第一个被激活的神经元在很大程度上会依次触发链条中的其他神经元。此外，通常来说，最初的刺激越强烈，神经元被依次激活的速度就越快。

神经元种类众多，而每一种单独的神经元都具有高度的选择性，只会对某一类刺激产生反应。比如，我们的感觉神经元与生俱来就会被一些具有特定特征的刺激激活。某些感觉神经元会探测疼痛和温度，而另一些则会探测位置、振动或轻微的触碰。只有当某个水平线条穿过我们的视野时，我们视觉系统内的某些神经元才会被激活，而这一系统内的其他神经元则只对垂直的线条做出反应。不同的神经元也有着不同的反应偏好，有的喜欢粗线条，有的喜欢细线条，有的对于快速闪烁的灯光很敏感，而有的则恰恰相反。

个体的感觉神经元有助于我们感知某个刺激，同时大脑中还分布一些高度相连、堪称“枢纽”的神经元，这些神经元从其他神经组织那里接收输入信号。此外，大脑中还有很多相互协调、能同时对一个刺激做出反应的神经元集群，它们作为一个整体时被激活的频率和强度比单独作为个体时的要强得多。

因此，大脑对刺激的反应从根本上来说就是集体作用的结果。不同的神经元不仅会被不同种类的感觉输入激活，还会因不同神经元网络的相互激活而被激活。越是被频繁地共同激活，这些神经元彼此之间的联系也会越强烈。这也是赫布法则（Hebb's rule）的核心，即一起被激活的神经元会彼此连接。

同样，当我们反复地暴露于某个能触发特定神经元的刺激下时，这个神经元所做出的反应也会越来越强烈。而这里的刺激可以是一种药、一首歌，也可以是某个同事嘲弄的目光。如果某个刺激的两种特征同时呈现，比如视觉线索和相关记忆，那么对一个特征产生反应的神经元也可能会逐步调整自己，从而对另一个刺激也做出反应。

一旦两个或两组神经元之间建立了连接，其中一个或一组就能启动另一个或另一组。因此，当一组神经元对某个刺激做出反应时，另一组神经元也很有可能会做出响应。大脑中处理不同感觉源信息的区域也有着与之类似的联结过程。比如，一个位于视觉皮层、能对红色做出反应的神经元可能会与一个位于听觉皮层、能对某种音调做出反应的神经元，在前额叶这个被认为是思想和决策发源地的区域建立联结。其实只用把这两种感觉输入跟你对救护车的记忆绑定在一起，你就会对赫布法则有清晰的理解了。

尽管某些神经元会激活其他神经元，但大概有一半的神经元在干着相反的事，即它们始终抑制着彼此。这些神经元不会把正电荷传递给另一个细胞，而是会把负电荷传递出去，从而抵消来自其他神经元的任何可能的反应。而那些能够同时强化或弱化神经反应的化学物质包括多巴胺、血清素和去甲肾上腺素，它们同时也被称为神经调质。

大批神经元聚集在一起形成神经网络或神经模式。这些网络可以被同时或相继激活，并且它们还能在不同的脑区之间传递信号。有些神经网络的分支会延伸到很远，从而与其他神经网络连接起来，而这些网络同样也会被神经调质激活或抑制。每一种互联的神经网络都有特定的功能，比如在体内触发运动或刺激感知。这些皮质神经元网络是相互关联的，它们从来不独自运作。

不同脑区神经元的振荡频率也不同。而这些动作与不同的唤醒状态相关，比如行走时或睡眠时。振荡可以允许或阻止不同神经元之间的信息传递。这些复杂的信息交互过程决定了神经元对不同刺激所做出的反应，同时也受到网络内或跨网络振荡的时间和频率的影响。越来越多的证据表明，选择性注意会利用这些振荡以放大相关的信息，抑制无关和干扰的信息。

从生物学层面来说，神经模式是被创造出来以应对诸多经验的，而俘获正是由神经模式所导致的结果。做任何事的第一次经历都可以促使与特定感受和行为相关联的某种独特神经网络的形成，并且这类神经网络反过来还会引发情绪和生理反应。神经反应和神经模式的逐步建立，并非是一个静止不变的过程。神经元可基于经验调整它们的振荡频率，若进入某个神经元的信息发生了变化，那么神经元的反应也会发生变化，继而掌握新知识。这也通常被称为神经可塑性，它在很大程度上推翻了曾广为流传的“成人大脑已定型，无法改变”的旧观念。

被俘获与否取决于我们选择性注意特定刺激的能力。当某些东西吸引了我们的注意时，比如布鲁斯·斯普林斯汀（Bruce Springsteen）在演唱会上说完自己的开场白“为跑而生”后，灯光亮起来的那一刻。我们的神经元就会以更活跃的方式对这一特定的刺激做出反应，而对周围拥挤的人群或剧场的热闹气氛无动于衷；当斯普林斯汀开始唱歌时，我们就会专注于特定的声音刺激，让我们产生意识、理解世界的神经元并不会对周围的所有事物都做出同样的反应。相反，在任何时刻，它们都要求我们区分什么重要、什么不重要、什么不合适、什么有威胁，以把我们的注意引往正确的方向。这就是选择性注意，它是一扇通向认知的大门。

然而，即便我们没有下意识地注意刺激，神经元依然会对它们产生反应。比如，只要我们睁开眼睛，受视觉刺激影响的神经元就会持续做出响应[8]：即便大脑已不再理解手里的书，但我们还会继续看到眼前书页上的文字。有太多的物体会落入视野，我们无法同时处理那么多东西，因此总是有太多的刺激相互竞争，争夺我们的注意。这时，我们使用选择性注意这样一个机制来放大神经信号，使得某些刺激变得更突出，或者抑制某些我们不需要考虑的信号。

触发神经反应的并不仅仅是感觉刺激或外部刺激，想法或感受都可以激活神经反应。不同的神经网络对外部和内部刺激[9]做出反应，通过适当的控制，我们可以把注意从一个刺激转向另一个。

控制注意有两种截然不同的却关系密切的方式，一种叫自上而下加工，一种叫自下而上加工，每一种加工都有属于自己的神经网络[10]。自上而下加工控制注意的过程发生于大脑中与感觉输入有关的脑区，以及已学会对任务做出响应的脑区，此类加工通常在决策中扮演重要角色。大部分的脑区都会参与到某种自上而下加工的过程中。

自下而上加工可被理解成无意识的、自动化的，用于探测和将注意集中于意想不到的刺激上。就像身体的免疫系统会持续扫描身体以找出微生物入侵者一样，自下而上的大脑网络也经常监控环境，留意其中的紧急信号，在发现信号时重新调整我们的注意，允许我们迅速记录当前的刺激。因此，我们才能发现有人在车前跑，哪怕我们还没能有意识地觉察到这个人。

在选择性注意的过程中，记忆也很重要。大脑以两种不同的方式处理记忆，其一是工作记忆。工作记忆基本上是这样一种机制：它能存储刚刚学习或经历的信息。伴随某次经历中最初的感觉刺激消失后，工作记忆依然可以把信息存放很久：在没有看到、闻到、尝到、摸到或听到任何刺激时，我们依然能从中提取出记忆。一部分工作记忆存在于大脑的下部，这里负责保存信息，而大脑上部则负责操纵和更新保存的内容。当前存储在工作记忆中的信息决定了人们正在注意的东西。

工作记忆对学习很重要。比如，第一次学开车时，你需要努力协调所有的步骤，因为它们对安全行车都很重要。你需要主动思考自己正在做什么，这一过程就涉及操纵信息，因为这是一个新的挑战。然而，当你成了一名成熟的司机，开车就不需要那么多积极的心理操纵，对工作记忆的要求也降低了。事实上，一旦你学会了开车，这一过程就会实际自动化，而这时你想教其他人如何开车就成了挑战。

注意与工作记忆之间有密切的联系：注意允许我们使相关信息凸显出来，而工作记忆允许我们使用这些信息。两个过程都是选择性的，我们的神经元响应内部或外部刺激的活跃程度将影响这两个过程。当我们注意某样东西时，它更可能留在工作记忆中。而反过来说，如果某样东西留在工作记忆中，它也更可能被注意到[11]。注意也允许我们控制工作记忆内容的相关性。如果我们向一个人展示一个红色物体和一个黄色物体，再把它们拿走，然后要求这个人只去想红色的物体。此时，对红色起反应的神经元就会更快地被激活。这时，两个物体都还存储在工作记忆中[12]，但这个人注意的红色物体在大脑回路内引发了更多的神经活动。

集中注意也是保持记忆的途径。如果某个事件、感受或想法因为总是吸引我们的注意，停留在工作记忆的时间足够长，那么它就会被存储在长时记忆中，由负责长时记忆的脑区处理[13]。这一通路也可以反向运作，工作记忆也能从长时记忆中提取内容，从而被积极地利用。

无论我们注意什么，不管是食物等外部刺激，还是自我怀疑或后悔等内部刺激，最初的信息都存在于工作记忆中。随着时间的推移，如果没有别的目标转移注意，那么我们对最初信息的反应就会慢慢变成一种本能，大脑不再做出不同的反应。这种反应变成了自动行为，而当我们的反应与自己有意识的想法不一致时，我们就会觉得自己失去了控制。而这种失控是俘获的一个关键特征。

很显然，有些刺激会俘获我们的注意[14]，比如当一只熊走过来时，我们很难不专心注意它。与之类似的是斯普林斯汀的演唱会。但我们并不总能觉察到哪个刺激“绑架”了自己的注意，最后左右了自己的思想、态度、感受和行为。很多新的学习行为是内隐的、微妙的，意识无法察觉到。**如果你每次准备公开发言时都会陷入自我怀疑，那么这种焦虑很可能是基于之前对类似经历的反应**。以后的相关经验，或与这种经验有关的想法和感受会逐渐强化这一习得的反应。因此，我们会发展出某类行为或情绪反应模式，甚至都没有意识到自己已经被它们控制了。

内隐学习的核心是不同神经网络对刺激做出反应时形成的连接。当两个刺激很突出时，它们之间的连接就最牢固，也就是说，这两个刺激拥有从所处环境中凸显出来的特点[15]。即便是貌似中性的刺激[16]，一旦与某个凸显刺激建立连接，也能引发强烈的神经反应。

作为引出凸显刺激的线索[17]，中性刺激使其自身也变得凸显起来[18]。当我们遇到这类中性刺激时，就会产生强烈的想法、冲动和欲望，却不清楚它们来自何处。某些人仅仅看到酒吧门口的霓虹灯，就会产生喝完酒后醉醺醺的快感，这类反应并不是刻意而为的[19]。毫不奇怪的是，大脑中记录凸显刺激的区域[20]也记录如心跳加快、皮肤升温等生理变化[21]，或者与记录生理变化的区域相连接。这也解释了为什么我们每次遇到一个凸显刺激都会心跳加快。

不过，对我们来说，一个刺激是如何变得凸显的呢？从最简单的层面来说，亮度、颜色、形状、运动和新鲜感都能让一个物体凸显[22]。这些感觉属性是关键因素，比如黑白背景上的一抹鲜艳的颜色，或蓝色天空里的红气球，它们都是凸显的形象。因此，当某个物体与周围物体不同时，它就会凸显出来。与把炒锅放在炉子上相比，当研究者把打印机放在炉子上时，观察者盯着这个场景的时间更长，因为意料之外的东西总是俘获我们的注意。

强烈的欲望[23]、短期或长期的目标、对逆境或机遇[24]的态度[25]，以及主要的生活事件[26]同样会凸显。一种刺激和我们的情绪状态[27]或个人经历[28]是否关系密切，在很大程度上会影响这种刺激的凸显。同样的刺激，可能对这个人而言是凸显的，而对另一个人不产生任何影响。每天开车上下班的人经常会过一座桥，这仅仅是日常琐事的一部分，但过桥的场景会令少数人恐惧不安，不停出汗。有时候，同样的刺激对两个人而言都高度凸显，但作用是相反的，这取决于他们过去的学习、经验和记忆[29]。比如，搭飞机回到自己的故乡，或仅仅想到要登上飞机[30]，可能很容易在一个人身上引发积极效价[31]，而在另一个人身上引发消极效价①。尽管人们加工刺激的方式不一样，但在评估刺激时有很多共性。比方说，暴力或危险的刺激[32]，以及引发性欲的刺激，对很多人而言都是凸显的。

最为凸显的刺激最能俘获我们的注意[33]，这通常是那些与过去的情感事件有关的刺激。发生这种情况时，我们就会对其他刺激关注得越来越少[34]，它们也就慢慢不再影响我们的情绪，即便它们仍清晰地停留在工作记忆中[35]。俘获就是这样改变了我们的感受，进而影响了我们在未来对环境做出的反应。

尽管我们大脑的精确回路尚有待明确的描绘，研究人员已确认，在处理情绪刺激时，许多相互关联的神经通路起着主要作用[36]。这些通路中的一个基本组成部分是杏仁核，它是位于大脑颞叶的一个类似杏仁状的部位。杏仁核在唤起恐惧、兴奋等多种情绪方面都发挥着作用，但它也能用来创建一种独立的“相关性检测”[37]过程，通过这样一个单独过程，我们就能评估一个发生于意识之外的刺激是否有意义。杏仁核的某一部分也参与对注意的调整[38]，其他部分则参与在某个凸显刺激与记忆之间[39]建立关联的过程。因此，杏仁核充当了一个重要的神经通路枢纽，会对意识觉知进行优先排序[40]。反过来说，情绪回路会把杏仁核与其他激发学习[41]、记忆、习惯、动机[42]和决策[43]的神经网络连在一起。

这一交易让我们把对刺激的密切注意与过去的情绪事件联系起来，而这在俘获的神经生物学过程中非常关键。不管是前任的嗓音、父母的笔记，还是印象深刻的餐厅，这些凸显刺激都会俘获我们的注意，引发某种情绪反应[44]，激活大脑中负责动机和行为的神经回路[45]。每当某个刺激引发

① 效价是评论一种刺激的情绪维度，我们会以积极、中性或消极的态度看待刺激。

了特定神经元的激活，某种神经模式就会出现[46]。随着时间的推移，这一模式会逐渐巩固。随着神经元激活强度在整个网络中不断提高，我们的注意就会更加强烈地被某个声音、某段笔记或某家餐厅所吸引[47]。随后，我们的注意[48]和行为也会得到强化[49]。

对俘获而言，同样重要的还包括一项前馈机制。前馈回路[50]是工程学和物理学中的一项基本元素，指某一过程的输出变成了下一阶段的输入，由此决定过程中的下一个阶段。对大卫·福斯特·华莱士来说，这个前馈机制是他不断感到懊悔的来源：感觉糟糕，然后冷静地从自己的心理中寻找缺陷，找到了它，却发现依然无力解决问题，于是陷入消极思想和情绪的循环。

知识延伸

1. 在《希波吕托斯》(*Hippolytus*)中，古希腊剧作家欧里庇得斯探讨了诸神在操纵人类心灵中扮演的角色。菲德拉(Phaedra)突然被一种对继子的贪欲所吞噬，似乎丧失了对自己心灵的控制。在欧里庇得斯的戏剧中，以下合唱就像一个精神病医生对菲德拉的心理状态提出了一系列可能的解释：

> 是潘神(Pan)的狂怒占有了你
> 还是赫卡忒(Hecate)的疯狂附了身，姑娘？
> 难道是神圣的克吕班特斯(Corybantes)
> 或是强大的司掌山脉的母亲：
> 你被消耗在这样的痛苦中，是因为
> 你对猎人的女王迪特提娜(Dictynna)犯了罪？
> 你可能不够虔诚，没有从
> 选定的受害者中向她献上牺牲品？

唱词中透露的都是诸神的愤怒，对此梳理的解释其实就是菲德拉得罪了某个神。在每一种可能的情况下，愤怒导致某个神“绑架”了某个凡人的心灵，剥夺了他们理性的力量。

2. 在古希腊哲学家中，亚里士多德给出了对人类动机最微妙和最灵活（只用一个词的话，就是“最现代”）的理解。与柏拉图一样，亚里士多德也挑战了苏格拉底的概念：对一个真正有美德的人来说，所有的动机必然出于理性。“这有问题，”亚里士多德写道，“有些人理解正确但缺乏自控力，这怎么解释？”换句话说，完全理性的人通常行事冲动，并很快就会对自己的行为感到后悔，对此我们不可能总把他们的行为归因于判断错误。根据亚里士多德的说法，在这些时候，我们的冲动

“事实上改变了身体状态，有些人甚至会产生疯狂的反应”。亚里士多德把这种现象称为意志薄弱。在这里，亚里士多德对苏格拉底式的冲动或非理性行为进行了探讨。意志薄弱不是错误判断所导致的结果，而是“类似于肢体被麻痹，当肢体的主人想把它们移动到适当之处时，它们却移向错误的方向……心灵同样也会如此”。

这种描述可能听起来就像柏拉图关于分裂灵魂的理论。但与柏拉图不一样，亚里士多德寻求在心理学语境中理解人类的动机，而非在形而上学的语境中。事实上，对亚里士多德而言，伦理学首先是一个值得注意的问题。在《伦理学》一书中，他指出，我们感知周遭环境的模式决定了如何在这样的环境下行动，也决定了我们与环境的关系。换句话说，注意决定了行动。因此，注意也决定了机械记忆与沉思的性质差异，或与朋友之间展开哲学对话的乐趣的差异。在机械记忆的情况下，注意会自动进行；然而，在沉思或哲学对话中，注意变得高度策略化，甚至需要编排。同样，勇敢或正义之人“关注与他人交往中的正确方面”，比如情感和知识而非外表，然后相应地做出反应。

亚里士多德对正义或美德行为的理解，可以被重新描述为某种刺激或促进或阻碍的注意。比如，某种感官快乐“抓住自身的注意，从而以一定的方式行动，而这种方式与这种感官快乐自身有关”。换句话说，**注意绝不只是一种被动的接受状态，而是一种主动的选择：我选择的不只是我注意的对象，还包括我如何注意它们**。通过一种持续和冷静的沉思过程，美德之人把注意指向最值得关注的对象。

对亚里士多德来说，人类的心灵不是由分离的、对立的官能组成的，而是由多种形式的注意构成的。智力、情感、感性等意图对象有不同的方式来“影响我们，促使我们行动”。美德就是要关注正确的对象，或者对某一对象采取最适当的关注形式。对真正有美德的人而言，自我和它感知到的形形色色的对象之间并没有明确的区分，因为美德之人内在的接收器已完美地适应了外界信号，因此他们无法区分赋予其生命的人物、书籍、图像和观念。对亚里士多德而言，美德甚至正义主要是感知而非理性的问题。对痛苦的关切将激发自身的慷慨，就像对美的沉思将激发创造的欲望一样。

3. 对威廉·詹姆斯来说，意识的主要特点就是一种思想和知觉的流动，那是短暂的、特殊的，通常是非理性的，彼此也没什么关联，然而它们凝聚成了完整的生活。这一心理分析模型影响了数代人，不仅包括科学家和心理学家，还包括小说家、诗人以及画家。詹姆斯·乔伊斯（James Joyce）、马塞尔·普鲁斯特（Marcel Proust）、弗吉尼亚·伍尔夫（Virginia Woolf）和 T. S. 艾略特（T. S. Eliot）的艺术作品，都明确带有詹姆斯思想的印记。乔伊斯有名的难读的小说《尤利西斯》就是一个例子，这本书记录了思想模糊而忙碌的片段，从一个对象跳到另一个对象时，思维通常是由松散的关联而非逻辑链条推动的。

同时，詹姆斯相信，人类心灵服从某些自然法则，就像氧气分子的重量或重力加速度一样，可通过反复观察而被揭示出来。詹姆斯的欧洲和美国前辈也有类似的渴望，他们想把心理学变成像牛顿物理学或伽利略天文学那样科学、严谨。为了实现这一目标，他们开发了一整套研究心理反应的工具，尽管他们的测试结果通常都更让人困惑，而不是更明白。人类的心智看起来更多的是不相似，而不是相似。然而，这些科学家设法得出结论，即刺激引发了神经系统的生理变化，特别是大脑的变化；紧接着，这些变化导致了思想、感受和行动。换句话说，**我们想到、感到或做到的任何事物，都是与周围世界发生生理反应的结果**。

反之，这一理论为 19 世纪的科学带来了一系列哲学和实践层面的问题。用托马斯·赫胥黎（Thomas Huxley）的话来说，倘若人类"仅仅是机器或自动机"，那么怎能对自身的行动负责任？人类难道只是神经化学戏剧中没有拿剧本的演员吗？因此，詹姆斯面临的挑战就是在解释意识以及相应的觉察的同时，承认我们的精神生活带有非理性、不可控甚至随机的特征。对詹姆斯来说，理解产生意识的神经过程，并不意味着将人降级至与某种自动机同等的地位。

像达尔文的学生一样，詹姆斯开始以进化论的观点来研究他的问题：神经系统拥有了意识，有何用处？为什么意识会在第一时间被进化出来？詹姆斯总结道，它的目的就是允许我们在任意给定时刻、心灵可能面临的无数刺激序列中选择性地注意其中一两个或十个，而且同样重要的是，我们还要忽略余下的刺激。因此，理解意识的关键就是"兴趣引导和选择性注意"。将人类思维与自动机区分开的便是这种独特性，即有能力在某个给定时刻，从呈现给心灵的主要经验中选择某个项目予以特别强调……从最简单的形式到最复杂的形式，心灵在不停地努力发挥这一功能。

心灵以怎样的原则做出了这样的选择？这一过程发生时，我们通常甚至都没有察觉，但詹姆斯坚持说它依然发生了。詹姆斯把它称作“兴趣”，这一原则指导着选择性注意，它也可以叫作“投入”或“关注”。对詹姆斯来说，意志不过就是注意。生活就是一出戏，取决于把多少注意分配给了某个既定对象；我们每个人其实都在选择，通过注意事物的方式来选择居于怎样的宇宙。

不过，兴趣的确切性质或指导注意的原则依然模糊不清：为什么我会投入于某个刺激而不是另一个刺激？如果我的经历都是经过我同意而发生的，那么人们就会想象出一个与我们已知世界大为迥异的世界，其中人类的注意常常偏离最紧迫的事情，甚至以看起来武断或弄巧成拙的方式做事。这位伟大的美国哲学家和心理学家努力解释这个看似矛盾的现象，最终承认“心理学的最后一个词就是‘无知’”。

4. 在发展“固定观念”这一模型时，里博依赖的是法国早期心理学家菲利普·皮内尔（Philippe Pinel）和让－艾蒂安·埃斯基罗尔（Jean-Etienne Ésquirol）的理论。18 世纪末，皮内尔把激情界定为长期的情感过程；换句话说，情绪则是“心灵突然而剧烈的运动”，有明确的开始和结束。对皮内尔来说，激情也就是超出其自然持续时间的情绪，不可避免地围绕着固定思想而形成，或者叫核心强迫（core obsession）。皮内尔的一个学生，也是现代精神病学第一本教科书的作者埃斯基罗尔从他导师的理论中推出了一个符合逻辑的结论，他认为几乎所有形式的精神痛苦都是轻躁狂的结果。埃斯基罗尔把各种各样的精神状况归因于“固定观念”，轻躁狂被看作一种精神错乱的表现，或者叫意志的“部分损伤”；这一损伤很快就会变成“磁芯”，可以吸引注意并指引行为。患者会抓住一个错误的原则，不屈不挠地追求它，尽管这样做并没有偏离基本逻辑：虽然患了病，但他们可以从自己的偏执以及与个人幻想最接近的领域之外推断合理的结论，从而正常地行动、思考和推理。

埃斯基罗尔把令人难以置信的诸多精神状态，如偏执狂、色欲狂、自杀、醉酒、纵火狂以及杀人都归入狂热，尽管他也把这些固定观念划分为不同的子类别。比如，在抑郁症患者内心中，悲伤和沮丧的想法变成了唯一的关注对象，逐渐扭曲了心灵与现实之间的关系。患者不断退向自己，最终彻底生活在自己心灵的回声室里。相比之下，其他形式的狂热包括强迫和冲动。比如，对火车时刻表的强迫、对长寿策略的强迫、对家谱的强迫或对追求财富的强迫。在所有这些情况下，注意变得高度集中，并逐渐无法转移，它不能轻易地从一个对象转向另一个对象。

T 女士是最令埃斯基罗尔博士头痛的一位患者，她当时 40 岁。她在 16 岁时就患有轻微的抑郁症。在她的第一个孩子出生 9 个月后，她再次陷入抑郁，甚至考虑杀掉她的孩子。每当婴儿入睡后，T 女士就有一种杀死孩子的强烈欲望。她被这个想法深深地困扰着，害怕自己可能把它付诸实施，于是这位女士向埃斯基罗尔求救：“最好让我现在死掉，而不是让这个可爱的无辜者受害。”

就在他们会面一个月后，T 女士被发现躺在卧室里，企图烧炭自杀。患者描述自己面对抑郁症时格外无助的心情：“我能说服自己生病了吗？我不能，我是一个可怜的母亲。”住院后，埃斯基罗尔博士最终成功地说服了 T 女士，解释她的恐惧是生病导致的。之后，她的状况慢慢好转了。可是，离开埃斯基罗尔的照料后回到家，她的杀婴想法又慢慢复燃了。

埃斯基罗尔认识到，T 女士的痛苦和其他患者症状之间存在某种值得深究的关联。在埃斯基罗尔博士发表了对这一案例的解读 100 年后，美国精神病学协会（American Psychiatric Association）询问其成员，从那以后精神病学有多少进展。得到的回应是：“我们确实没有一点吹牛的资本。”

随着科学家继续探讨这样的精神问题，作家和人文主义者使用了不同的方法来解读同样的现象。然而，散文和诗歌并没有受到和 19 世纪的科学遭受的同样限制；事实上，文学通常更成功地捕捉到了人类的非理性激情和强迫思维的感受。埃斯基罗尔博士甚至引用塞万提斯的流浪汉小说名作《堂吉诃德》作为对固定观念的主要描述。在这部小说中主人公堂吉诃德生活在偏执狂的咒语下，痴迷于中世纪几乎盛行于整个欧洲的骑士精神。

作为一种精神病学诊断，偏执狂注定得不到想要的结果。在某个时间点，法国精神病院的患者多达 20% 被诊断为偏执狂。著名作家柯南·道尔认识到，埃斯基罗尔的理论拥有无限的弹性，因而只有很少的用途：“一个仔细了解过拿破仑的人，或任何在这场伟大战争中患有某些遗传性家族疾病的人，可能都会形成这样一种固定观念，并在其影响下产生各种幻想的暴怒。”其他人在批判这一概念时更慎重。对身为图书管理员和作家的查尔斯·诺迪埃（Charles Nodier）来说，偏执狂分为两类：一类无恶意，一类好战。诺迪埃观察到，埃斯基罗尔的诊断不准确，因为患者经常被发现拥有不止一个固定观念。多个固定观念会同时运作这一概念看起来是个悖论：如果大脑能从其中一个跳到另一个，那么还能说某个固定观念是“固定”的吗？精神病学家很快就认识到，他们无法确定激情、偏执狂和疯狂的实际界限。

因此，偏执狂很容易被人嘲笑。在诺迪埃于1831年出版的小说《藏书癖》（*The Bibliomaniac*）中，某个医生描述了一位有藏书癖的患者：一个狂热的藏书家相信某个手持尖锐剪刀的怪物正在有条不紊地减去他最珍视的书籍的边缘。后来，患者在恐慌中意识到，他珍藏的维吉尔的书被剪去了三分之一。“‘三分之一长！’他重复着，对着天空猛挥拳头，就像埃阿斯（Ajax）和卡帕纽斯（Capaneus）[①]一样。”诺迪埃忍不住讽刺精神病院，因为它带着所有伪科学的神圣气派。或许并不令人惊讶的是，这位患者陷入了深深的抑郁。“痛苦是穷人生命中的一切。当他咬了自己的手时，他只会时不时地重复：‘三分之一长！’”对此，医院给出的诊断是“因书而病”。

然而，这些反例没有降低埃斯基罗尔有趣的精神观察的重要性，即人们心灵中的某种力量能抵抗意识的控制，重新引导注意和行为。对心理学家皮埃尔·让内来说，这股力量绝不只是少见的病理现象；相反，它还是日常生活中的一部分。

① 两位均为希腊神话中的巨人，以勇猛、强悍著称。——编者注

让内得到了一个与偏执狂有关的重要结论：固定观念首先是一个与注意相关的问题。他推断，在任何时候，我们都只能意识到对大脑狂轰滥炸的无数刺激中的一小部分；正常人很容易就能从一个刺激转向另一个，但偏执狂的注意伴随着越来越强烈的执念而集中于某个刺激上。在这些患者中，根据让内的说法，某些观念或认知"内核"将与正常的意识脱落或分离。这些分离出来的观念将是简单的想法或者完全成形的独立个性。在让内的理论中，这些分离的片段并不由更高级的推理形式掌控，它们控制着日常行为，因为它们发生于直接的意识域之外："这个想法像病毒一样，在无法触及的个性角落里发展，下意识地运作，并导致患者歇斯底里、精神错乱。"换句话说，固定观念被界定为注意的缺失：无法让自己从当下脱离，无法让自己理性地看待一个人的想法。

1889 年，让内写了《自动化的心理》（*L'Automatisme psychologique*）。他在其中提到，他所接触的患者的固定观念完全被潜意识的力量控制着，它们的形成是响应遥远过去创伤事件的回忆的结果。这本书极富先见之明：在许多方面，它提前说出了精神分析的核心看法。让内认为，固定观念虽然隐藏于意识之外，却偷偷地影响一个人的思想、感受和行为。

1896 年，在美国洛厄尔（Lowell）发表的演讲中，威廉·詹姆斯采纳了让内和本尼迪克特·奥古斯丁·莫雷尔（Bénédict Augustin Morel）的观点，即所有精神疾病，从神经过敏到精神分裂，都表现出相似的特征。患有精神疾病的人有恐惧、愤怒、怜悯、流泪和昏厥的症状；反应过度，过于敏感，并受冲动、强迫思维及恐惧症的影响。当既定的心理功能完全失效时，医生一眼就能识破是什么问题，因此也能阐明更常见的精神疾病症状。举个例子，詹姆斯讨论了日常生活中的焦虑：确保锁门了，关了煤气，或没有人躲在床底下。在每一种情况下，任何一个心理意象都会引发怀疑，这反过来又会导致缓解最初疑虑的行动发生。这一循环中不带有任何内在的危险性或病理性，但詹姆斯能理解，在某些患者身上，这些怀疑将导致不可控的焦虑或今天被称为强迫症的行为。在这样的“病态状况”中，无论阀门拧得多紧，也不管检查了多少次床底，最初的怀疑总是不断地出现。这些为了确保放心的举动不再能让人放松，因为一种强大的想象阻碍了批判性推理的能力。

为了阐明这一过程，詹姆斯介绍了当时欧洲和美国文学中的诸多案例。其中一个案例是，一个年轻的男人痴迷于数餐桌上的每样东西，如勺子、吃了多少口饭、苹果核。最后，他开始害怕吃饭的每一个动作，以及宣告进餐时间的每一次铃声。

一个 60 岁的男人会情不自禁地探查他所见过的女演员的私生活。这种强迫给他带来了诸多痛苦，最终他不再去剧院看演出。但另一个类似的强迫冲动很快就取代了前者，他会被迫使去询问见过的每一个漂亮女人的私生活。每次在街上见到一个长得好看的女人，他都会焦虑，除非别人告诉他这个女人事实上无法生育，否则他的这个固定观念就无法消退。

一个 40 岁的男人从童年时期就为某些东西或手势附加了预示意义。一条特殊的项链会带来幸福；没有触摸某块石头会导致厄运；不读某一行或没有以某种方式写信，就会招致灾难。这个男人连续 20 年每个星期日都会去火车站，对着某根特定的柱子踢三次。

在所有这些强迫行为中，詹姆斯留意到有一种“陷入一般性焦虑忧郁”的倾向。为了描述这一倾向，他使用了一个德文（Grübelsucht，意为“沉迷于思考”）来界定这种询问和质疑的惯常冲动，而这最终导致了“由无意义的质疑构成的无穷网络”。但这样一个无穷网络可能会告诉我们一些东西，从而理解我们所有人在日常生活都会遭遇的有意义的问题所构成的有限网络。

5. 在这样的精神体验中，詹姆斯发现了在心理学著作中没有发现的东西。谈到宗教，詹姆斯说的并不是制度化的宗教，他也不认为对信徒来说，这仅仅是一种“清规戒律”；相反，这个词指代的是作为“内心深处堡垒”的宗教经验，它是一座反对日常谬误和变迁的城堡。詹姆斯写道“关键在于真正相信”；它是对信仰的信念，或者说是对信念的可行性和重要性的信念。对于自愿选择信仰宗教的人而言，宗教把原本隐藏在心灵里的东西带向了意识生活的表面：“非理性的部分……核心的需要和神秘的过度信仰。”

6. 精神科医生卡尔·荣格对这个奇怪的事太熟悉了。与无数个梦魇般的幻象斗争了数年之后，荣格于 1913 年辞掉了教授职务。他脑海中的图像和声音让他崩溃了。“一切，这场在他体内发生的震颤和精神爆发毁灭了一切。”一个同事回忆说。

事实上，这些幻象和荣格的精神病患者定期报告的妄想和幻觉极为相似。当“奇怪的反应”开始搅乱他的写作时，荣格学会了“区分自己和这一干扰”。只要一个粗俗或平庸的幻象打断了思路，他就平静地提醒自己：“在某个时候或其他时候，我的确以这种愚蠢的方式思考过这些幻象，但我现在没必要这么做了。我不能接受这种愚蠢的行为。”

很快，这些侵入性刺激变得更可怕了。然而，荣格没有抗拒它们的诅咒，而是逐渐把这些图像视为承载着某种意义。“我尽了全力，”荣格后来回忆道，“我没有惊慌失措，而是想找到一些门路去理解这些奇怪的东西。我无助地站在一个陌生的世界面前，这个世界的一切看起来都难以理解。我一直生活在一种持续的紧张状态中；我常常感觉好像有巨大的石块压在我的身上，雷雨一场接着另一场。”

两周后，这一幻象又出现了，荣格如此描述：“它比以前更狂暴，我跟它展开搏斗，但它把我抓得更牢了。”

在 1925 年的讲座中，荣格描述了困扰自己、让人不安的那种不可避免的疏离感。他解释道：“当一个人开始注意他的心灵，或观察自己在其中作为旁观者，甚至受害者的自主现象时，这就像一个人走出保护他的屋子，进入一片古老的森林，遭遇了栖居其中的怪物……它就像一个人放弃了自己的意志自由。”

这片古老森林中的动物成了荣格关于无意识的立论基础。他曾经说过：“我追求自己内心意象的那些年，在我的生命中无比重要。身在其中，一切重要之物都做了决定。”

荣格最初想要把这些意象内容“拷贝”出去，每当这种热情消退，荣格就不得不问自己：“我在做什么？它显然不是科学，那它是什么？”“是艺术。”一个声音回答道。

这是什么声音？荣格说：“我认为它一定是原始意义上的灵魂。”他描述了这个对话者如何进入了自己的精神生活：“就像是一个人进入房间之后，感觉到有一种无形的存在。”不久后，荣格开始想象自己钻进了一个洞，就像在洞穴里一样，他在寻找这些神秘意象的来源。他积极地寻找这些白日梦的痕迹，而没有试图控制自己的心灵，最终彻底地陷入了一种幻想，认为这样能让自己找到更多幻想。他做得越多，就越深入心灵的内部。

荣格幻想背后的驱动力是什么？他写道：“从一开始，我就构想了我与无意识的自发对抗是一项科学实验，我本人投入其中，而结果令我极感兴趣。现在，我也可以说，这是一项在我身上进行的实验。”在任何既定的时刻，实验的结果看起来都不明朗，而在他的生活中，荣格始终受到一个不断演变的神秘幻象的困扰：“我发现自己又一次行走在荒原之中，周围一片荒凉。在这个场景下，一个孤独的人行走在漫长的路上。那里潜伏着看不见的强盗、刺客以及毒箭。”

荣格深信某种至高的意义隐藏在他的想象背后，他花了好几年试图破译自己的幻象。荣格承认，这些年里，自己看起来就像一直生活在亲手建造的精神病院里。他的专业实践没有体现出苏黎世的一个好公民形象，而是表现为人面马身的怪物、仙女、男神和女神，就像它们是患者，而自己在分析它们一样。

但是，荣格不仅被这些幻象俘获了，还训练自己聚焦于艺术，自问为什么某些审美体验能如此强烈地震撼心灵。荣格解释道："阐释原始意象的方法有一千种。艺术家追逐并降服这些原始意象，同时把他想要表达的一个转瞬即逝的想法升华为具有永恒的意义。"在这个共享意象中进行交易的艺术家就是这样改变了我们的个人命运。

多年以后，当幻象在荣格那里开始消退时，腓利门（Philemon）突然出现了："腓利门和我幻想中的其他人物让我深刻地认识到，心灵中有我未曾创造的东西，是它们创造了自己的生命……腓利门就是代表。在我的幻想中，我与他对话，而他说的内容都是我的意识里没有的东西。"

很快，荣格转为研究他的心理学理论中的历史先例，特别是诺斯替主义，诺斯替主义者相信，心灵被困在了人体里，它是物质掩藏下的核心"火花"。对荣格来说，诺斯替主义貌似很早便对人类心理学有了这样一种理解，即我们需要超越世俗存在的事实，而不是完全抛开这种存在本身。

在荣格生命的最后几十年，他改变了方向，对炼金术展开研究，他还把这视作诺斯替主义的延伸。诺斯替主义试图让心灵从物质的囚禁下解放出来，而炼金术士则承诺能把废铜烂铁化为黄金。这两种领域都强调了两种因素的相互作用：一边是具体的、熟悉的世界，一边是超自然的领域；像诺斯替主义者一样，炼金术士在日常生活中寻找某种隐秘的崇高。荣格写道："炼金术士的经验在某种意义上就是我的经验，而他们的世界就是我的世界。"他认为，神秘的图像、符号和神话超越历史的魅力根植于一个人类心灵是基本事实。在追踪某些形象在他心灵中形成的过程里，荣格很快就发现自己正处于一种无限的倒退中，而这是大卫·福斯特·华莱士所熟悉的。虽然荣格发明了一套完整的词汇来描述这一过程，如情结、原型、幽灵、灵魂，但他一次又一次地回到人类行为的潜在特征上。倘若我们总是不能控制自己的思想、感受和行为，那么作为个体意味着什么呢？这种控制力的本质是什么？

作为一名咨询师，荣格尝试培养患者在意识和无意识之间进行对话的能力。他的目标之一就是整合这两种感知和理解的模式，以便自我能对它们一视同仁。对荣格来说，仅仅是让无意识服从理性的控制只能加重病情，因为超自然是人类经验的组成部分。荣格式心理分析因此剥离了教条的宗教，留下了背后超然存在的欲望，事实上，这也是有必要的。所以，咨询师就是灵魂的教育者；其主要任务就是向患者展示"通向最原始经验之路，它最可能降临在圣保罗……去大马士革的路上"。

在 1916 年夏天的一个明媚的周日下午，荣格家的门铃响了起来，声音很大。荣格和两个管家去开门，却发现门口没有人。然而，门铃还是在响。"于是，我知道某些事情发生了，"荣格后来回忆说，"整个屋子都被填满了，好像有一群人在场，满是精灵。它们拥挤在门口，空气似乎都被堵住了，让人几乎无法呼吸。它们在大声喊叫：'我们从耶路撒冷回来，我们在那里没找到要找的东西。’”

7. 弗洛伊德与法国散文家罗曼·罗兰是彼此的朋友。罗兰尝试向弗洛伊德解释，所有宗教的核心都是让信徒有一种迷失在无限浩瀚中的感觉。1929年，弗洛伊德出版了一部重要著作《文明及其不满》(*Civilization and Its Discontents*)。他在书中以粗糙的精神分析术语解读了这种神秘的感觉，称之为“母亲和婴儿之间最原始的自恋结合”。换句话说，神圣的体验仅仅是一种向孩童状态的回归。

弗洛伊德此前的书信表明，他与罗兰两人在世界观方面有较大差异：一边是身为信徒的好友和知己对宗教的理解必然强调感觉经验，另一边则是自己的精神分析理论，弗洛伊德把所有形式的宗教都看作被压抑的性冲动和幼稚欲望的表现。然而，弗洛伊德还是尊重罗兰的看法，并试图增进对方对精神体验的理解。

弗洛伊德之前曾把于1927年出版的一本书《一个幻觉的未来》(*The Future of an Illusion*)送给罗兰。在这本书中，他从精神分析的角度探讨了宗教的起源。而他的这位朋友对此持保留态度：“你对宗教的分析很到位。但我更希望看到你分析自发产生的宗教感受，或更准确地说，宗教感觉。”对罗兰来说，这种感觉与教条、制度或经文，甚至和道德都没什么关系；相反，它包含了“所有永恒的感受”，也可能并不是永恒，简单地说就是没有界限，就像漂浮在汪洋大海上一样。弗洛伊德错失了良机：他将宗教理解为社会力量的产物，而不是一种深刻的个人经验。罗兰补充说，无限浩瀚的感受是主观的，因此精神理论家应该会对此大感兴趣。

罗兰很快就承认，他对这种无限浩瀚的感受相当熟悉。“在我的生活中，我一直都有这种感受；而我总是发现，它是我恢复活力的重要来源。”事实上，罗兰看不出宗教与精神生活有何冲突。尽管他不认可特定的教派或制度化的信条，他还是把自己描述为“极为虔诚的教徒”，还把他非常特别的神圣感受比作“一个地下的河床，我感觉正漂浮在树皮之下”。此外，这种无限浩瀚的感受与来世无关。罗兰写道：“就个人而言，我渴望得到永恒的休息，生存对我没有什么吸引力，但我体验到的这种感受，是施加于我的一个事实。它对我而言是一个熟人。”

给罗兰回信之前，弗洛伊德踌躇了大概 18 个月。他最终向这位朋友承认：“你所描述的无限浩瀚的感受让我无法平静。”事实上，他会把罗兰的描述作为《文明及其不满》一书的起点，开始重写（如果不是完全抛弃的话）自己对宗教的早期解读。尽管他对神秘体验产生了新的兴趣，弗洛伊德依然坚持性心理冲突是宗教情感的真正来源，它只是超我压抑、自我厌恶的外在表现。

弗洛伊德把罗兰无限浩瀚的感受，比作“面临死亡时，一个剧作家为他的主人公提供的一种古老而有些怪异的慰藉”。在致命打击发生的前一刻，这位主人公放心了：“我们不会远离这个世界。”随着死亡的迫近，出现了一种与外部世界合为一体、不可分割的感受。鉴于不能在自己身上找到任何这种无限浩瀚的感受，弗洛伊德把这种神秘结合归入防御机制的范畴，这一机制试图掩盖人们最终的悲惨命运，掩盖人们终将面对孤独的可怕真相。弗洛伊德经常探测自己的心灵深处以解读人类的痛苦，即便如此，他也没能解释为什么无法体会到这种感受。

实际上，体会不到这种感受并不奇怪：弗洛伊德对他自己的人类发展理论过于自信，他必然会把宗教经验作为自己世界观的另一个延伸。对他来说，宗教只是人类长长的怪癖清单中的一项，起源于内心的无意识冲突。始终保持怀疑的态度，同时又强烈地肯定着，弗洛伊德分析了人类思想和行为的方方面面，这就使得他只能把心灵的体验看作弗洛伊德式的存在，而没有其他办法。

8. 这一说法也得到了许多研究结果的支持，比如动物被麻醉后，它们的视皮层神经元仍然有反应。

9. 倘若“内部刺激”说的是重新激活过去刺激的记忆或想象，那么相同的系统控制着对外部和内部刺激的反应。倘若“内部刺激”说的是针对他人的特定的思想和感受，那么这就可能受到了内侧前额叶和默认模式网络（default mode network）的控制。这种默认模式系统与前面讨论的注意系统不同。

10. 这两个系统相互作用，事实上，两者之间的区别在某些情况下不是很明显。

11. 这两个概念可能是同一个东西。一种观点认为，选择性注意就是项目保持在工作记忆中的时间，或在其中激活的时间。

12. 只有与目前行为相关的对象、概念等才会被保留在工作记忆中。

13. 工作记忆就是把长时记忆中的东西取出来并积极用的机制。

14. 凸显刺激能俘获注意，进而觉醒。情绪凸显刺激更容易在阈值条件和空间区域下被检测，它们甚至能扰乱一个人在当前任务上所投入的注意。情绪凸显刺激能导致心率加快、皮肤电反应增强，以及强化对情绪反应的主观评价。

15. 指的是某个刺激与环境中的其他刺激相比所凸显出来的那块。

16. 认识两个刺激之间的关联能突出中性刺激。关于条件恐惧的大量研究表明，感觉皮层有很强的可塑性。所谓的条件作用，就是把非条件刺激（自身能引发有机体厌恶的某种刺激）与条件刺激（表明非条件刺激存在的某种信号）搭配起来，这样条件刺激最终能够像非条件刺激一样引发相同的反应。

17. 预测凸显刺激到来的线索本身也能变成凸显刺激，这就是经典的条件作用。

18. 烟民发现与吸烟相关的线索很突出。很多文献表明，在药物和酒精成瘾中存在注意偏差。在某些情况下，线索可被作为激励，以强化新行为，这和奖赏刺激的方式相同。

19. 凸显刺激俘获注意时，我们的感受会受影响，而这一过程感觉就像是自发的或不可控的。凸显刺激能引起快速而自发的定向反应。想把注意从凸显刺激上撤离出来是很困难的。

20. 涉及凸显刺激的大脑区域通过脑岛、下丘脑和脑干彼此联结。这些脑区有助于调节荷尔蒙，导致心率和皮肤电反应的自主性增强。脑干桥体部分的蓝斑与涉及情感突出的若干区域相连，比如眶额叶皮层、前扣带皮层和杏仁核。脑岛与杏仁核、前扣带皮层彼此连接。下丘脑与杏仁核有很强的关联。脑干和下丘脑是自主神经调节的一部分，它们负责反射行为、唤醒和定向。

21. 刺激能引发情感反应。情绪凸显刺激就是能导致情绪反应的刺激，包括生理变化，以及主观感受的改变。接触积极的和消极的唤醒刺激会导致交感神经系统的激活，其表现就是心跳加快、皮电反应增强，以及瞳孔扩张。

22. 突出可以指物体的物理特征，如明暗度、颜色、形状、运动轨迹、新颖度，或与其他物体存在明显差异的性质，也可以指感知者的态度、观念、目标、需求和欲望。自下而上的突出与刺激固有的低级特征有关，通过从周围环境中凸显出来而俘获我们的注意。在“弹出式”视觉搜索任务中，某个因颜色、大小、形状或方向而与众不同的刺激可以不受干扰物数量的影响而很快被发现。

23. 有特定目标的感知者，比如寻找手机，或观察房门，会把注意集中在与该目标有关的特征上。在大脑层面，前额叶系统调节视皮层激活，以便增强目标相关特征在感觉皮层区域的激活，降低为竞争刺激编码的相关区域的激活。凸显刺激也包括能改变我们感受方式的刺激。这些刺激能激发情绪，也能增强感知处理。

24. 奖赏和惩罚都是凸显刺激。对猴子进行研究后发现，与某一刺激相关的奖赏价值能预测初级视皮层区域的激活。对视皮层神经元影响的时长和幅度，也与选择性注意很像。被剥夺了食物的个体对食物相关刺激的选择性注意增强，超重或肥胖的个体对食物的注意偏差则会加大。

25. 凸显刺激也指情绪或情感方面的刺激。这些刺激具有或正或负的效价。情绪凸显刺激导致感觉皮层的激活，从而增强注意处理过程。

26. 与主要生活事件有关的刺激会变得突出。比如，患有创伤后应激障碍（PTSD）的人在处理与创伤有关的刺激时，表现出了注意偏差，他们的杏仁核反应性也增强了。研究者做了斯特鲁普实验，以观察个体对某些刺激的选择性注意。在斯特鲁普实验中，被试被要求命名某个词的颜色，同时忽略这个词的意思。在该实验中，被试之所以发现他们对凸显刺激的反应时较慢，是因为注意受到了词汇颜色的干扰。患有创伤后应激障碍的个体，比如有人曾出过车祸，那他在处理与事故有关的词汇时就会受到选择性的干扰。

27. 凸显刺激能影响心境，而心境也能影响刺激的突出性。在对亚临床抑郁症患者进行研究后发现，抑郁心境与注意涣散有关，也与注意框架过大有关，患者会对无关刺激表现出更强烈的反应。压力诱发的消极心境与对消极刺激转移或取消注意有关。有证据表明，积极心境能扩大注意范围。也有证据表明，凸显刺激不仅会更有效地竞争注意资源，还会更有效地激活唤醒网络。受到凸显刺激后会导致压力荷尔蒙的释放，以及交感神经系统的激活。这个唤醒网络包括蓝斑和去甲肾上腺素系统，它会调节视皮层的激活、提高对凸显刺激的感知能力。蓝斑的神经元会加快处理动机相关的刺激，压抑对无关刺激的反应。蓝斑被认为会增强对情绪刺激的注意和记忆，而这主要是通过调节视皮层的激活以及释放杏仁核中去甲肾上腺素来实现。

28. 当个体没有关注外部世界时，另一套系统则处于被激活的状态。这套系统被称为默认模式网络，包括内侧前额叶皮层、后扣带皮层，以及内侧颞叶区。1997 年，两位研究人员发现在处理目标导向的任务时，大脑中有一些脑区是不怎么活动的，而它们在任务停滞时或休息时则比较活跃。研究人员认为，默认模式网络在休息时比较活跃，这反映了这一区域的固有或默认功能，即它们在目标导向的任务中受到了抑制。

人们认为，默认模式网络会进行自我参照加工。当默认模式网络处于激活状态时，许多与任务无关的想法出现了，它们都是与近期或过去自我参照有关的念头。默认模式网络与较差的记忆编码相关，除非任务涉及情景记忆，因为这时该系统的运转会产生有利影响。某些默认模式网络的区域，包括内侧前额叶皮层、内侧和外侧颞叶皮层，以及后扣带皮层，会积极响应情景记忆或其他自传体记忆。

某种刺激的突出性会受到它与自我关系的密切程度的影响，做出这一判断主要由内侧前额叶皮层来负责。几项研究发现，自我参照的刺激比其他刺激更容易俘获注意。自我参照效应通常发生在注意低负载的情况下，很少发生在实验中。内侧前额叶皮层面对自我相关信息的反应是活跃的，它们包括自传体记忆、人格特质、价值观、情绪状态以及身体特征。

29. 每个人关注的焦点都不一样。比如，高度焦虑的个体难以把注意从威胁性刺激上转移开。

30. 思想就是人们表征世界的方式。心理表征包括对获得的信息进行“编码”。每个人的经验可以同时产生多重编码，但什么会被编码？单词和符号可以被编码，同样，声音、物体、颜色、价值、空间结构和运动都可以被编码。单词“水”可以被编码为某种透明液体的视像或概念，由两个氢原子结合一个氧原子的分子结构，也可以与“解渴”这个概念一起编码。

当老师在海伦·凯勒的手掌上拼写出“水”这个单词，而海伦的另一只手放在水龙头下面时，海伦是如何编码的呢？首先，老师解释说：“这天上午当海伦洗手时，她想知道‘水’怎么拼，于是我拼写出 w-a-t-e-r。吃完早餐后，我们去了水泵房，我让海伦捧着她的杯子放在水龙头下面，然后我开始抽水。冷水涌出来流到了杯子里，我这时在海伦的手心里拼写了 w-a-t-e-r。这个单词与冷水冲刷她手掌的感受如此贴切，她看起来吓了一跳。她放下杯子，站在一边，看上去很开心。她拼写了‘水’好几次……一路回来，她因为学会了触碰的那个东西的名字而感到非常兴奋。几个小时后，海伦所掌握的词汇新增了 30 个……第二天早上，海伦起床时容光焕发。她开始摆弄每一件物品并问它们的名字……每样东西现在都有名字了。”

海伦讲述了同样的场景：“当清凉的水流冲过我的手时，她拼写出‘水’这个单词，一开始很慢，接着就快了起来。我静静地站着，把全部注意都聚焦于老师移动的手指。突然，我对某些被遗忘的东西有了模糊的意识，就像再次拥有了获取知识的能力，不知何故，语言的奥秘开始在我面前一一展现。我知道水意味着某种流淌在我手上的神奇而清凉的东西。这个活生生的单词唤醒了我的心灵，带给了它光明和希望，以及使它快乐的自由……我们回到屋子里，我触摸的每一样东西似乎都因为生命而颤动。这是因为，我开始以一种新奇的视角看待身边的每一样东西。”

与“水”有关的编码涉及感受也涉及信息。每个心理表征都可以编码为信息或情绪层面。某些信息被编码时不带感受，而其他一些信息被编码时伴随着消极或积极的情绪。当感受被附加在信息中时，编码就有了效价。

重要的是，一旦信息和感受被编码，它们就联系在了一起。在日后的生活中，它们之间的关系会得到强化。

31. 杏仁核和眶额叶皮层在表征刺激的效价时至关重要，无论这一刺激是积极的还是消极的。眶额叶皮层会对某一刺激的奖赏价值进行编码。在各种状态下，包括味觉、体感、听觉、嗅觉和视觉中，眶额叶皮层中的神经元都更多地响应奖赏刺激而非中性刺激。杏仁核对刺激的效价比较敏感，能基于感知者的目标而选择性地做出反应。2003 年，研究人员尝试通过匹配气味的刺激强度同时来区分大脑中哪些部位与强度编码有关，哪些与效价编码有关。他们发现，眶额叶皮层为刺激效价编码，其中内侧眶额叶皮层对积极效价响应，而外侧眶额叶皮层则对消极效价响应。此外，杏仁核的激活与被试对强度的评价有关，但与效价无关。

32. 情感偏差注意的研究包括对图像在极端效价和唤醒状态时的一致性评价。

33. 注意受凸显刺激的影响，反之亦然。当意识阈限内存在许多相互竞争的刺激时，情绪凸显刺激更容易俘获注意。注意也影响凸显刺激的处理过程。对干扰物进行研究发现，做些转移注意的事情能缓解主观上的痛苦，也将降低参与疼痛处理的大脑区域的活动性。我们都很容易把注意集中在最凸显的刺激上。视觉处理系统倾向于来自感受野和大脑各个系统的某些刺激，如新颖的刺激、情绪凸显刺激。

34. 我们更容易因凸显刺激而分心。

35. 凸显刺激回忆起来更生动。若干研究证实，与中性刺激相比，人们对情绪刺激的记忆更好。根据几位研究人员提出的调节假设，对情绪刺激记得更清楚是调节最初记忆编码和长期巩固记忆巩固的结果。2002 年，研究人员发现，刺激物的情绪凸显性及其感知的生动性与在记忆中形象的生动性有直接关系。

36. 这些大脑区域包括凸显网络或奖赏网络。凸显网络会对诸多事物做出响应，包括疼痛、快乐、社交反馈以及面部表情。大脑中对凸显刺激进行评估和对凸显刺激进行初步加工的区域是不同的。刺激加工发生在感觉皮层，比如，位于枕叶的视皮层。另外，评估情绪凸显网络中情绪刺激，则涉及杏仁核、眶额叶皮层以及蓝斑。注意的自上而下加工发生在额顶区域，而对视觉凸显刺激的自下而上的注意加工则发生于颞顶额叶皮层，以及腹侧额叶皮层。

37. 杏仁核对刺激的情感特征很敏感。2010 年，研究人员认为，杏仁核是高级视皮层通过基底外侧核接收物体信息的"汇聚区"。

38. 杏仁核可以调节视皮层的激活程度，进而增强情绪凸显刺激的活力。杏仁核受损而视皮层完好的患者，缺乏对情绪凸显刺激的视皮层激活。

39. 杏仁核影响情绪刺激的记忆。我们获得和处理信息时涉及"内隐学习"这一概念，即在没有意识到加工过程时，就处理了周遭环境中的复杂信息和刺激。杏仁核能自动处理刺激，从而让恐惧条件作用的内隐学习成为可能。我们通过内隐学习而得到的信息也存储在"内隐记忆"中，且我们通常不会觉察这一过程。我们能以内隐方式学会新的行为模式和情绪反应。

40. 注意通过内隐学习所获得的信息而被引导着进行调度。恐惧条件刺激能自发指引注意。而且，在环境中内隐学习模式也能通过被称为“上下文提示”（contextual cueing）的现象指引视觉搜索。

41. 杏仁核和眶额叶皮层的激活与凸显刺激相关的感受（愉悦、厌恶、恐惧）相关联。其中，杏仁核参与条件作用。眶额叶皮层中的神经元会对某些线索做出响应，这些线索表明了初级奖赏的出现，如固有的奖赏性刺激。眶额叶皮层对于学习新的线索奖赏关联是有必要的，这在动物实验中得到了证明。动物实验表明，蓝斑会对强化刺激以及奖赏条件的改变做出响应。

情绪注意系统的激活是情绪调节过程的一部分。去甲肾上腺素和其他诱发压力的神经调质导致的唤醒与情绪唤醒相关联。这会导致一系列生理变化，比如心跳加快等。

大脑的这些部分之所以很重要，不仅是因为它们为凸显刺激编码，还因为它们参与了把凸显刺激与其他刺激配对的过程，从而使得后者成为“线索”。

42. 非人灵长类动物实验发现，猴子眶额叶皮层中的神经元对预期的奖赏值进行编码，其活跃度与它们获得的果汁数量有直接联系。眶额叶皮层与其他脑区以某种方式进行关联，从而使得它能决定显著性。它从所有感觉模块中接收输入信息，与包括杏仁核和扣带回在内的边缘系统紧密相连。有研究使用金钱来进行奖励与惩罚，发现眶额叶皮层的活跃度和奖赏与惩罚的力度有关。

43. 眶额叶皮层似乎整合了奖赏的各种特征，以决定它对有机体的价值，从而帮助我们基于某一刺激的情感意义来做决定。人们认为眶额叶皮层会将刺激与愉快体验结合起来。

与凸显刺激相连的线索自身也会变成凸显刺激。2007 年，研究人员做了一个非常出色的研究。其结果表明，即便缺少内在的奖赏特征，金钱依然有凸显性和奖赏性，容易引发情绪反应。通过经典条件作用，以前的一个中性刺激可以使视皮层反应增强，这与固有的情绪凸显刺激起作用的方式一样。此外，杏仁核或眶额叶皮层的病变会抑制动物通过次级强化物来学习新行为的能力，这表明杏仁核与眶额叶皮层对于学习奖赏条件和新的情绪凸显信息都很重要。

线索指引着注意资源的投放。线索物体更容易被检测。暗示某个凸显刺激存在的线索调节着注意。

这些系统中某些存在个体差异。比如，涉及去甲肾上腺素受体的遗传缺失变异会引发受体脱敏的丧失，导致某些个体的去甲肾上腺素水平升高，以及对凸显刺激产生更强烈的反应。携带 ADRA2b 变异基因的个体在回忆情绪刺激时的反应更强烈。在一个自由回忆任务的实验中，看过中性或情绪凸显刺激后，所有被试虽然都能更好地回忆起情绪图片，但携带这种基因的被试对于这些情绪图片的记忆强度更高。在消极唤醒刺激的感知中，这些被试的杏仁核活跃度更高。

去甲肾上腺系统的遗传变异与编码情绪记忆时的杏仁核激活水平差异有关。携带变异基因的人似乎也具有更大的杏仁核激活范围。在 2010 年的一项研究中，被试首先观看一段暴力电影（压力条件）或一段中性电影（非压力条件），接着完成第二项任务，即观看时而恐惧时而高兴的动态变化的情绪面孔。非携带变异基因者的杏仁核只在非压力条件下发生刺激反应，而携带变异基因者在两种条件下都表现出增强效应。因此研究人员指出，携带变异基因者的杏仁核激活范围更大，而在本研究中非携带变异基因者杏仁核的激活水平已达最高程度，无法继续提升。

44. 最有效的刺激就是那些能改变人们感受的刺激。情绪凸显刺激因为能提高激活水平而变得突出，被感知得更生动。有证据表明，人们更容易记住情绪凸显刺激，而且也记得更多细节。

45. 凸显刺激引发了大脑中与动机有关的神经回路。凸显刺激会激活自主神经系统，也会激活边缘系统，包括杏仁核，它对动机格外重要。动机回路让我们根据凸显刺激的性质来决定行动与否，并影响内分泌和自主神经系统对凸显刺激的反应。这一回路包括杏仁核，它从丘脑和海马体接收信息，并投射到负责调节人体行为的纹状体。大量研究表明，从丘脑到杏仁核的投射负责启动针对威胁性刺激的防御反应。杏仁核也投射到外侧下丘脑，这是负责自主神经和运动系统的脑区。凸显刺激会激活丘脑—垂体—肾上腺轴（HPA），这一内分泌系统控制着应激反应。动机回路决定了我们是否采取行动。响应凸显刺激时，内分泌系统释放压力荷尔蒙，这会促使运动神经元为身体行动做准备。

46. 神经元可以选择性地对凸显刺激做出响应。单细胞生理学的研究已证明，在视皮层中存在刺激表征之间的竞争。当两种刺激同时位于神经元的感受野时，神经元的反应不是它对每个刺激的反应之和，而是对那两种响应的加权平均。这样一种抑制性交互作用表明，刺激为了神经表征而相互竞争。在对猴子的单细胞研究中，当一只猴子注意到神经元射频中的两种刺激之一时，在 V2、V4 和 MT 等脑区对刺激的反应与这种刺激单独呈现时的反应相似。

对凸显刺激做出响应的神经元也会对这一刺激的特征做出反应。视皮层中的细胞会对诸如形状、颜色和运动之类的刺激特征做出反应。

响应凸显刺激时激活的神经元会对与这个刺激有关的某个模式、某种特征结合做出反应。关于物体知觉的理论各有不同，但所有理论都试图解释人们怎么从呈现的视觉模式中识别对象。

模式识别是层次化的。模式是更高层次模式的组成部分：从线条到字母到单词。视皮层处理始于简单和复杂的细胞。层次较高的神经元拥有更大的感受野，也会对日益复杂的刺激特征做出反应。

47. 响应凸显刺激的神经元，在处理与该刺激有关的模式时反应性会增强。情绪凸显系统倾向于感觉皮层的活动性，因此对凸显刺激的响应会被强化，而对不相关刺激的响应则被抑制。这种现象背后的一个机制可能是细胞外去甲肾上腺素增加，这会降低感觉神经元的自发响应率，但依然保持对感官刺激的响应。

与凸显刺激相关的模式将导致对这些刺激响应的神经元做出反应。

48. 人们能选择性地注意与凸显刺激有关的外部和内部模式，能够根据特定目标将注意指向特定的刺激。比如，如果我正在寻找一辆绿色的汽车，那么我的视觉处理会倾向注意环境中的绿色物体。人们还可以选择性地注意那些本身就很突出的图案，比如与周围物体形成强烈对比的颜色。如果我身在绿色的田野，那么我的视觉系统就会偏向于注意地上的红花。

与凸显刺激特征相关的模式会被选择性关注。凸显刺激激活自下而上的注意系统，该系统以右侧颞顶叶和腹侧额叶皮层为中心。情感凸显刺激涉及"前情感系统"，该系统包括眶额叶皮层、杏仁核以及蓝斑。

与凸显刺激相关的模式识别能够自发引导选择性注意和外部意识。甚至当被试被要求忽视它们时，对情感凸显刺激的偏见依然不可避免。早在刺激出现 50 毫秒后，V1 区的处理偏向于情绪凸显刺激。注意眨眼效应说的是在一系列快速呈现的刺激中，被试通常在第一个对象呈现后的 500 毫秒内都无法检测第二个对象，但这对情绪凸显刺激不适用。

如果没有其他更能引起注意的刺激的话，人们会选择性地注意新颖或意想不到的事物。单个神经元的感受野内存在刺激之间的处理竞争。新颖和意想不到的刺激在竞争中更容易获得青睐。某些刺激能改变我们的感受，让它变好或变坏，与这些刺激关联的模式会得到选择性的关注。目标导向的注意会青睐竞争中的相关刺激。

49. 与凸显刺激关联的模式会和与这种凸显刺激关联的感受（愉快、厌恶、恐惧）联系起来。通过与愉快或厌恶的事关联起来，刺激获得了情感意义。

人们的世界观是过去经历中凸显刺激的产物。注意过滤器会随时间而变化，也存在个体差异。注意过滤器受情感唤醒经验的影响。

人们关注的焦点会受到创伤的影响。比如，在 2003 年的一项研究中，受虐待的儿童表现出对愤怒面孔的注意偏向。

注意偏向可以被训练出来。研究者发现，使用一种被称为注意偏向调整（attentional bias modification，ABM）的方法，他们能减弱被试对消极刺激的注意偏向。ABM 是一种线索任务，对象会在中性刺激区域而非消极刺激区域出现得更频繁。尽管这一研究尚未成熟，但它被发现能降低临床和非临床人群的焦虑程度。

这些表征反过来又决定了人们看待周围环境和解读刺激的方式。注意过滤器可被反射性地运用，从而影响人们注意什么刺激、如何注意刺激，以及影响人们的情感体验。

50. 强烈的凸显刺激的感受本身也会变得强烈。这一过程反过来又会强化突出编码和选择性注意，使得神经回路自行反馈。

刺激的突出性取决于个体对世界的表征，而这反过来又取决于先前接触的显著刺激和对凸显刺激的敏感性。2005 年，一项研究指出情绪和认知过程之间存在双向关联，研究人员用一种动态系统模型的方法解读了这一关系。1993 年，研究人员检验了抑郁情绪与认知的关系，留意到抑郁的想法可以同时是抑郁情绪的前因和后因。抑郁情绪使得某些思维模式从记忆和过去的经验（因人而异）中被提取出来，从而导致人们以一种消极的态度解读当下的经历。

CAPTURE

第3章

俘获面面观：是什么让我们欲罢不能

俘获现象涵盖了广泛的心理概念，如注意、学习、记忆、触发物、敏感化、强化（即突出的刺激激发了重复的念头和行为）、强迫、动机、童年经历的持久效应、依恋[1]，以及或许最重要的是情绪和心境。

与俘获有关的感受有很多表现形式，同时在强度、持续时间和性质上有所不同。有时候，被引发的心理骚动仅仅持续片刻。但俘获的强度也能不断增加，产生旷日持久的影响。这种影响会变成某些类似“一根筋”的顽固之物，改变了人们的感受方式，也限制了人们的世界观。

因为被俘获，人们采取的行动也有很大不同。俘获的效应可能是暂时的，对行为只有轻微的影响；但也可能是深远的，甚至彻底改变某个人的生命轨迹。而且，这一过程开始时，人通常觉察不到。当俘获逐渐扎根，限制了注意时，人们就会觉得思想好像不受自己控制一样，这种感觉很可能会导致恐惧甚至惊恐情绪。然而，俘获也可能带来心流体验，让人感觉所有的意识都被导入某个单一方向，能不受干扰地产生积极影响。

下面的故事描写了人类的众多体验，包括浪漫的渴望、成瘾、艺术激情和绝望。有些故事展示出某一个简单想法或观念往往会以很普通的方式抓住人们，但会导致强烈的知觉上的改变。还有一些故事则描述了僵化的思维模式如何导致种种毁灭性的行为，令人痛苦。第一个故事是虚构的，来自某个小说人物——伊迪丝·华顿（Edith Wharton）笔下的达罗。这虽然是个虚构的故事，但华顿对达罗突然被俘获的描述，与大多数人息息相关。在这个故事中，你会看到，艺术通常诞生于俘获。可以说，艺术就是尝试把人们从俘获的控制下释放出来的有效表现。

爱人的拒绝

达罗迫不及待地想见到心爱的安娜。这时，他收到了一封电报：

> 我遇到了意想不到的麻烦。这个月 30 日之前请不要过来。安娜。

没有解释，没有什么借口或遗憾，正如华顿在 1912 年的小说《暗礁》（*The Reef*）中所写，安娜把达罗期待已久的相聚推迟了两个星期。火车驶离车站时，这封电报被达罗扔在了车厢里。他本来打算搭上火车，期待美妙的故事发生——他打算向安娜求婚。但现在，达罗觉得自己被耍了，他的世界突然坍塌了。他心烦意乱，无法想其他事情。

“从查令十字街到多佛尔的路上，电报上的每个字都在敲打乔治·达罗的耳膜。”华顿写道。火车到站时，达罗想着是否要留在火车上，一直坐到法国，而身体不听他的话。“现在，他从车厢里出来，站在海风吹拂的站台上，面向翻腾的大海，感到安娜的话好像被波浪送到了自己身旁，带着被人嘲弄的愤怒，刺痛他，蒙蔽他。”

显然，达罗被愚弄了，竟然以为安娜会嫁给他。不然，他怎么解释安娜的这道“指令”？

昔日记忆突然涌来，那是三个月前，达罗在伦敦的宴会上再次遇到了安娜。此时的他依然能感受到当初的惊喜，在安娜那双灰色的眼睛里，他能辨认出每一条小小的曲线和阴影，就像他小时候曾在一个房间里玩耍，过了半辈子以后他还记得房间里的细节……所有这一切以及她的微笑都在告诉达罗，不是“我还记得”，而是“我还记得你所记得的一切”。

二人曾在12年前短暂地相爱过。他们飞快地发觉被彼此吸引，难以否认，但他们还是太年轻，谁都没能意识到这种感情是多么罕见。安娜逃走了——达罗是这样认为的，他很难理解安娜为什么这么做。

12年后，他们再一次相遇，彼此都还单身——安娜成了寡妇，而达罗一直未婚。他们觉得命运不可思议，好像给了他们第二次机会。达罗被他视作命运的东西所怂恿，得出了结论：她就是自己命中注定的女人，达罗想和她安定下来，共度余生。

不过，收到电报后，达罗在头脑中重播了这段回忆，以批判的目光审视它，想知道他为什么会失算。或许，他特别需要，也特别想在安娜的人生“画布”上作画，但安娜仅允许他涂上几笔。或许，安娜从来没有体会过他体会到的那种强烈的感情，而他一直以为他们二人都有这种感受。

现在，一切都得重新解释。

最后，达罗的整个世界变得沉默、模糊，没有了色彩。路过的风景模糊成了彩色的条纹，而传入他耳朵里的谈话声变得难以理解。他焦躁不安，火车驶过的响声让他怒不可遏。任何与安娜无关的东西都让他恼火。

爱人的拒绝所带给达罗的刺痛让他对世界充满了敌意。现在，在耳边呼呼的风声中，达罗还是能听到安娜在电报中的嘲弄："你是我意想不到的麻烦。"走到外面的码头上时，达罗被周围的人推来搡去。嘲弄的合唱声在他耳边回荡："她不想要你，不想要你，不想要你。"过路人的雨伞和手肘似乎也都在这么说着。

然而，在达罗内心深处的某个角落，他知道，这封电报可能并非一口回绝，它有无数种可能的解释，而这些解释都是善意的，能解释安娜为什么突然推迟会面。即便如此，他还是无法平息脑海中回荡的"请不要来了"。

华顿对达罗的描写揭示了一种格外真实的现象：**寥寥几句态度不明的话语，也会让人产生痛苦的情绪**。

残暴的父亲

大人的世界看起来野蛮、荒谬而残忍。当儿童试图理解这样的世界时，他们格外容易被"绑架"。童年的回忆或任何具体的经历都能生出根来，留下深刻的印象给一个人带来极大的影响。

1919 年，卡夫卡在写给年迈父亲的一封信中，回顾了他早年充满畏怯、恐惧和混乱的感受，对童年时期的卡夫卡来说，父亲对他咆哮的每一句话，都像上帝的律法一样。然而，发命令的这个男人一点儿也不神圣，父亲坐在扶手椅上，统治全世界。父亲的意见就是对的，而其他人都是疯狂、野蛮、无理、变态的。即便长大成人，这位作家还是被与父亲相关的记忆困扰着，无法逃离自己童年情感的束缚。他坦言道："我的写作就与你有关。我所写的全部是那些无法伏在你肩头诉说的悲伤。"

卡夫卡是由一个粗壮、霸道、魁梧的男人养大的，年轻时的他痛苦地意识到自己的身材是多么瘦小。他的每一次失误都让父亲失望，他无法变得像父亲一样那么有男子气概。“我其实已与你保持了一点点独立的距离，”卡夫卡写道，“即使如此，我还是像条蠕虫，尾巴被某个人的脚踩在地板上，似乎快与前部肢体断开了，然后扭动着向一侧爬去。”卡夫卡给父亲写信，想解释自己为什么一辈子都在压抑对父亲的怨恨。信中记录了一系列痛苦的回忆，家庭生活中的每一件琐事都渗透了父亲的“暴政”和卡夫卡难以抗拒的无助与绝望。

卡夫卡的父亲制定了很多餐桌规矩。第一，在吃饭时，不许讲话，不许有鸡骨头裂开的声音；但他父亲公然无视自己的“诏书”，像原始人一样撕扯鸡肉，在餐桌上剪指甲，用牙签掏耳朵。第二，醋要优雅地只啜几口；但他父亲会咕噜咕噜地一阵猛灌，贪婪又放纵。第三，面包要切得横平竖直，干净利落；但他父亲会在面包上锯来锯去，刀子上沾满肉汁。第四，不要把废物丢在地板上；但用餐结束后，在这位“酋长”的椅子旁都会有一堆东西，异常醒目。第五，也是最重要的，每一餐的最后一口都要吃掉；可是，为什么他父亲会把母亲做的饭菜称为“猪食”，指责母亲是“野兽”，破坏了一顿完美的大餐？

年轻的卡夫卡还想起来，他曾在冬天的一个晚上，耗了几小时讨要一杯水，这样做既是想调皮捣蛋、惹人生气，也是想逗自己开心。这个小男孩不停哭闹，父亲就把他从床上拎了下去，把穿着棉睡衣的他扔到了公寓的阳台上，还把门锁上了。卡夫卡被关在自家门外，冻得直打哆嗦，他突然觉得自己在家中是可有可无的。“多年以后，这件事还在折磨我。这个壮硕的男人随时可以进出我的房间，不需要任何理由就可以把我从床上扔出去，这意味着我对他而言什么都不是。”

随着卡夫卡慢慢长大，这种感觉越发强烈。童年的记忆不仅影响了卡夫卡小说中阴暗的超现实景象，还影响了他对自己作为一个作家有何价值的初步认识。卡夫卡在现实中取得了种种成功，但从青春到成年，父母一直都在批评他：

当我因某件事而高兴，深受其鼓舞，回到家和你谈论它时，而你的反应就是带有讽刺意味的叹息，不停摇晃脑袋，手指在桌子上敲打着说："这就是你做的事？"或："我也想有这种烦恼！"或："竟然有人有时间想这些！"或："多么无聊的废话啊！"

卡夫卡的信件诉说的全是屈辱，是他在一位可怕父亲的"统治"下经历的一切。这个男人暴躁、苛刻，有时还吹毛求疵。尽管卡夫卡承认，父亲几乎没有真正打过他，但他带着恐惧，想起了并未实现的暴力威胁："然而，你的咆哮，涨红的面孔，以及匆忙解下背带并把它搭到椅背上的动作，对我来说都是雪上加霜。"

家庭冲突的场景在卡夫卡的叙述中很快产生了变形，几乎像炼金术产生的变化一样，变成了绞刑的场景：

好像有人就要被施以绞刑了。如果他真的被绞死了，一切就都结束了。但如果他经过了所有绞刑前的步骤，直到绞索在他眼前晃动时才得知自己获得了缓刑，那么他的余生都将受其影响。

一瞬间宣判死亡总之要好于无穷无尽地被人羞辱。就这样，卡夫卡大部分的成年生活都被即将到来的痛苦所笼罩。这不但会影响当下，还会影响未来的整个人生。就像他的短篇小说《在流放地》（*In the Penal Colony*）中的死刑犯一样，卡夫卡本人也生活在一种悬而未决的永恒状态中，好像在等待行刑一样。

卡夫卡虽然是一名成功的作家，但依然受制于自己的父亲。父亲从来都看不起他的抱负，老卡夫卡似乎成了卡夫卡一切无法弥补的缺陷的化身。最终，这位年轻的作家发现，他甚至无法从父亲那里得到一星半点的恭维，即便父子二人的观点偶尔一模一样，老卡夫卡也会习惯性地羞辱儿子。随着岁月的流逝，卡夫卡改写了自己的人生故事，挣扎着要从暴政下获得自由。

童年时的形象，成了这位作家全部苦难的缩影。卡夫卡在父亲的影子下抬不起头——“我骨瘦如柴、苍白虚弱，而你强壮、高大、结实”。年幼的卡夫卡为自己感到羞愧和痛苦，他领悟到：“在这样的时刻，过去所有的失败都会跑回来纠缠我。”

迷人的酒精

“我爱饮酒带给我的感觉，爱它特殊的魔力，它能转移我的注意，让我不再紧盯自己。”卡罗琳·克纳普（Caroline Knapp）在 1996 年的回忆录《饮酒：一场爱情故事》（*Drinking: A Love Story*）中这样写道。

> 很少有文学家或科学家能把成瘾的体验描写得这么好：
>
> 我爱饮酒的声音：软木塞被拔出酒瓶时的声音，把酒倒进玻璃杯时那种咕嘟咕嘟的独特响声，冰块撞击玻璃杯时的咔嗒声。
>
> 我爱这种仪式，爱和别人一起喝酒的友情。
>
> 我爱酒带给我的安定感，那种感觉温暖而感伤，我还爱酒带给我的勇气。
>
> 这的确是一个爱情故事，这个故事中有激情、快乐、沉沦、欲望、恐惧，以及令人怀念的渴望。这些需要是如此强烈，如此沉重。

对克纳普的某些读者来说，“冰块撞击玻璃杯时的咔嗒声”这种描述完全唤醒了他们。克纳普描述的场景中有一种强烈的体验感——对饮酒的期待。这种期待能引发兴趣，吸引注意，点燃欲望。克纳普写道：“直到今天，我还是不明白这种渴望到底是源于家庭内部，还是与生俱来的一种东西。”

事实上，俘获是学习与记忆导致的结果。如果这些线索与过去的经验毫无关联，那么它们本身就不重要。如果一个人从来都不是烟民，那么烟纸的起皱、喉咙的刮擦、袅袅的青烟、骆驼或牛仔的形象都无法引起共鸣，自然也不会突然让这个人心血来潮，想抽一支。

自己是什么时候爱上了饮酒的呢？克纳普回答了这个问题。这不是单纯的“一见钟情”。她形象地形容自己与酒精的关系不断发展，经过了很多年的悲欢离合。

亲爱的父亲：

你死的那晚我喝醉了。你下葬的那一晚我也喝醉了。葬礼后的第二晚，以及之后的每一晚，一年十个月又十三天，我都喝得酩酊大醉。

我们从来没谈过喝酒的事，至少没直接谈过：你喝酒，我喝酒，我们喝酒，这一切都以一种微妙而诱人的方式纠缠在一起。所以，我宁愿说出来。你是一名精神病医生，一名精神分析师，无论在家里还是在外头，你都应该做好心理准备，以备随时有人戳破这个秘密，因为这看起来很不体面：精神分析师的女儿是个酒鬼。

这让你感觉不舒服，不是吗？让你感觉难受。但你很清楚表象会如何欺骗人，即便在最可爱的外表下也会有骚动，会有喧闹，你也很清楚活着、尝试去爱别人、应对各种棘手的难题是多么复杂。

我记不清自己什么时候第一次喝酒了，但我怀疑是跟你一起喝的。

> 我们总会坐在客厅里，而你和妈妈每晚都喝鸡尾酒……很长一段时间，我都爱喝酒。我爱喝酒爱到极点，甚至都可以为它死，真的……我从你这里学会了喝酒，我观察你、模仿你。我发现，你下班后回来会搅拌倒满了马提尼的杯子，而且我还看到你的紧张感如何在喝下第一杯后慢慢消失……你总是处于悲伤之中。

克纳普找出了成瘾的核心原理，一位成瘾者也只能做到这种程度了。成瘾是一种强烈的、确信的需要，不可否认，这难以改变。这种"我需要它"的感觉受某些刺激的暗示而产生，注意从而被转移，像受重力影响一样滑翔，最终落入酒杯。从这个意义上可以说，不是那个物质本身俘获了我们，而是这些物质产生的感受窄化了我们的注意，让注意完全被对这种物质的渴望所占据。正如克纳普所言："我有时回想，酒鬼已把对酒的这种需求上升到了艺术或宗教的境界，需要用饮酒来填补空虚，一杯干了又来一杯，有时候就是在竭力自杀。他们可能会戒酒，但这种对酒精的追求很难停下来。"

酒鬼像宗教徒般对平静的索求，被克纳普拿来与童年时的诸多执着渴求进行了对比。她想要一双完美的漆皮宴会鞋，或者上一堂马术课，还有及膝马靴和适合骑马的黑天鹅绒帽子，或者最高的圣诞树。每一种情况背后都有一种特殊的欲望，渴求的不是表面对象，而是答应满足欲望的承诺，哪怕这种承诺是虚幻的。对克纳普来说，总是有某些能抚慰精神的诱饵被挂在棍子上，承诺带给人舒适和放松。

令人专注的疼痛

整个青春期，卡罗琳·凯特威尔（Caroline Kettlewell）都在持刀自残。在《骗局》(*Skin Game*）这本书中，她试图理解自己在 20 多岁时为什么经常自残。“当我动手时……我不知所措，真的，为什么我要割伤自己？我只知道必须这么做，虽然我也知道拿刀割自己很不可理喻。”这个貌似正常的青少年身边被焦虑和恐惧的阴影笼罩着，虽然每一天都是正常的起床、上学、吃饭、做功课、走路、谈话，但每一天她都感到越来越不受自己控制，“就好像我与那个卡罗琳之间只有最微弱的联系”。

凯特威尔这样描述她自残前的时刻：“可怕、浑身发痒、躁动不安。”这种不安逐渐变成一种难以忍受的紧张，就像有什么东西在身上爬，而她想把它们抖下去，就像马抖掉苍蝇一样。她坐在床上，用自己的手指甲抠脸，想把这层皮扯掉。有这样的想法能怎么办？

经历了这些事之后，卡罗琳试图弄明白，一个正常人该如何停止这种行为，这样做不只是自我毁灭，也完全让人无法理解。到底是什么在驱使她伤害自己？在卡罗琳十几岁时发生的“微不足道的小事”中，没有一件能给出充分的解释：“有多少麻烦才能为自我伤害找到一条合适的理由？”她列举了很多可能的原因：家族里的怪人，包括酗酒者、抑郁者和自杀者；极度想家，甚至近乎疯狂；夜晚的恐惧；梦魇。但任何一个解释看起来都不充分，也不像是她自残的真正原因。她所知道的，就是她必须想办法满足自己的需求，而当她持刀自残时，焦躁不安的感受就消失了。只有划伤自己，她才能熬过这一天，才能做好功课。

> 我让剃刀边缘轻触了一下左手肘附近的苍白皮肤，接着慢慢划了起来，非常慢，我能感觉到刀片遇到的最轻微的切割阻力，也能感觉到之后手臂上的肌肉突然给刀片让路。这是一种非常精致而优雅的疼痛，几乎不疼，就像一滴热蜡迅速烧掉一样。剃刀割过后，皮肤裂开了，露出乳白色的皮下组织，然后，珠串状的深红色血液从3厘米长的切口渗透出来。接着，血液涌了出来，开始破坏我精心打造的纯净而朴实的伤口

边缘。我头脑中的混乱变成了彻底的沉默，把自己的注意力都放在了眼前的手、刀、血和肉之中。

当卡罗琳感到挫败、屈辱、不安、负疚或孤独时，就会用刀割自己。“我就想为了割而割，”她解释说，“为毛细血管的细腻裂口而割，为凸出的静脉而割。我需要割，这种感觉就像一口气游到了水下，而肺需要空气那样迫切。”

卡罗琳对自残动机的寻找最终走入了死胡同。她一度希望找到的线索，如某些最初的情感负荷或记忆情境，从来没出现过。她渴望释放情绪，在“优雅的疼痛”时刻解开某些看不见的结，但这些感觉里似乎没有任何可理解的含义，除了那一刻充实的感觉之外，什么也没有。

从这个意义上，可以说卡罗琳发现了一种办法，把她的注意从使她分心或烦恼的事情上转移到自己可以控制的时刻。恰恰是这种控制“绑架”了她，形成了一种很难打破的反馈回路。理解这种行为的一个困难之处就在于我们很难判断它到底是原因还是结果。卡罗琳是因为自残而被“绑架”，因而在不适或焦虑时被这种行为吸引？抑或自残仅仅是被焦虑“绑架”后寻求解脱的一个结果？事实上，“绑架”能导致“俘获”。

童年创伤

诺拉的童年一直生活在困惑和恐惧中。因为她家人呈现的表象和她所经历的现实很不一样，这使她很难在关爱和供给、安全和危险、理性和混乱之间做出本质的区分。她推测所有家庭都有协议，有精心设计出来的体系，目的就是制造幻觉，掩盖真相。

长期以来，在家庭生活中，诺拉都与恐惧为伴。“在我最早的一段记忆中，”她说，“我坐在餐桌旁吐了。我们家的餐桌上铺着亚麻布，大人常在桌旁谈话，我们还讲究餐桌礼仪。我不知道自己那时是恶心还是紧张，我茫然无绪，但我吐得到处都是。在我记忆中的这个时刻，一切都是无声的，母亲的嘴张开又闭上，她大喊大叫，但我充耳不闻。我从餐桌旁跑开，而母亲则冲向我——现在我也能像看到慢镜头一样回忆起这幅场景。就在离餐桌几米远的地方，母亲追了上来，抓住了我。她强迫我吃掉自己吐出来的那些东西。我吓得尿了出来，湿了一身。而那之后的事情，我一点儿都想不起来了。”

这样的事多年来不断发生，有很多戏剧性的场景。比如，诺拉的母亲对着她骂了好几天，最后还把她锁在房间里，半夜把她从床上叫起来进行批评教育，命令她为一件从未发生过的事道歉，责备她把自己的生活搞得一团糟。

多年以后，诺拉把这些创伤经历和自己成年后不断出现的惊恐情绪联系了起来。她还记得自己盯着母亲时的想象：“如果我能把自己变得足够小，那么你就再也碰不到我了。”

到了青春期，诺拉发现，某些行为能给她带来暂时的放松，让她不必陷入难以抗拒的焦虑中。在过去的10年里，她持续地用一种强迫行为取代另一种，以此创造一个自己能掌控的世界。

“香烟能帮我做任何事，”诺拉说，“让我早晨起床，带我走出屋子，协助我跟人打交道。吸烟是最好的伪装，所有需要用手做的动作都可以用吸烟来掩饰。我感觉受到了保护。我可以抽出一支烟，吸上一口，就利用这么一分钟的时间整理思路，然后对别人做出反应。”

吸烟给了诺拉逃避他人的庇护所，而后来的药物给了她逃离自我的出口。

不久后，厌食又为诺拉提供了一条彻底逃离现实的路。这是一种克制又精准的极端行为，而诺拉在这么做时带着十二分的虔诚。她这样描述自己20多岁时的状态：“我喜欢计数。你能把一个苹果切成多少块？我在计数时感到自己做了一件道德上正确的事，觉得其他人都是错的。我喜欢无论何时都能感受到一点疼痛，我认为疼痛把我净化了。”

这个自我制造的宇宙如此满足诺拉的情感需求，她忽视了其他所有的一切：“虽然我的体重只有30千克，瘦到需要买童装，例假也不来了，但我还是非常乐观，觉得自己是世界上最健康的人，因为我将自己控制得很完美。”

然而，诺拉一次又一次地意识到，这些行为最终只能让她变得更脆弱，而不是更安全。因此，诺拉与这些行为一一划清了界限。诺拉不再吸烟，当她躺在医院，因为担心静脉输液会使过多热量进入体内而想要拔掉点滴时，她与厌食也一拍两散了。

诺拉承认，这些行为并不能让她长久地平复，也不能让她从头脑中不断出现的恐慌中逃离出去。

“我觉得自己变得支离破碎，我没有足够的力量建立防御机制以避开外界。任何请求或要求都会吓到我，”诺拉解释道，“比如去药店，也许会一切顺利，也许不会。而如果有一次不顺利——因为被吓着了而没有排队，那么有相当一段时间我就不会再去药店了。”

“你为什么害怕排队？”我问。

“我恐怕无法应付一大群人，我可能会当场出丑。我总是担心出问题，因此我总是在监控周围环境。”诺拉年轻时会开车去某个地方，如干洗店，但到了后来就一直坐在车里，不能出去。“出去的话，我就得说话，”她说，“这对我来说太难了。”

做任何事之前，诺拉都会耗费不可思议的精力来评估自己和周围的情况，这种“自我调节”已经无数次拖了诺拉的后腿。“在某种意义上，我感觉自己浪费了太多的生命，就只是为了保持现状，”她承认，“我一直都在挣扎，想要平息那些‘噪声’，平息那些焦虑、内在的自我厌恶和恐惧导致的干扰。我总是觉得，即使是状态最好的时候，我也是像要杂技一样应付着各种干扰。”

诺拉就是通过控制来“保持现状”的。哪怕是控制某件无关紧要的小事，也会使她感到平静，让她感觉更好。她越是能控制自己周围的东西，她就越感到安全。但这些施加控制的冲动也是自由的障碍，她对控制的需求变成了自身的牢笼，让诺拉陷入了永无止境的循环中。我问她，是否觉得自己能忽视这种时刻控制自身的冲动？如果能的话，会怎么样？

“我无法想象自己不去严格控制。”诺拉立刻回答道。

我认为诺拉的厌食症就是一种类似的自我调节练习，她最终成功地停止了厌食，解放了自己，尽管当她决定结束这种行为时感到非常失落。

“我人生的早期，任何事情都不受我控制。这就是重点所在，我没有权力，”诺拉反思道，“因此，我现在认为控制自己就是我的权力。这似乎是能让我活下去的唯一方式。我猜，正因为如此，我才不在乎自己控制的是多么细微的小事，比如盒子里棉签的排列方式，因为我掌控了棉签，这才是重要的。”

诺拉承认，如果放松控制，她会过得更开心。她也感觉到，不断努力地掌控自我让她心力交瘁。但如果不数棉签，她要把精力用到哪里呢？在她看来，她创造了一种精致而成功的仪式，能抵御一种源自童年的严重恐慌。

盲目的爱情

“我没有一天不在想他。”杰姬说道。她是一名成功的图书编辑，现年40多岁，住在纽约。

杰姬知道我想跟她聊一聊，因为她需要谈谈那个“他”。虽然杰姬在个人的职业生涯中非常成功，但她与一个已婚的罪犯的风流韵事把她推向了情绪崩溃的边缘，让她很容易就被其他消极行为“绑架”，比如酗酒和强迫性爱。

杰姬看了看四周，说：“我没意识到身在餐厅会让我这么焦虑。旁边放着装满诱人美酒的玻璃杯。”

大概10年前，杰姬年轻的妹妹劳拉，一位俄克拉何马州的律师，请她和一位名叫保罗的客户聊一聊，他在金融方面很有天赋，且是石油公司高管。保罗那时受到指控，有可能要服刑30年。同时，他还在对另一项指控提起上诉。劳拉很喜欢保罗和他妻子格洛丽亚，因此她很愤慨，要为自己的客户伸张正义，还说任何了解这个案子的人都会认为那些指控是夸大其词。保罗有兴趣写一本书，谈谈他在司法系统的经历。那么，杰姬会不会愿意跟保罗见面，分享她在出版界的心得呢？

2005 年 10 月，杰姬与保罗见面了。保罗人到中年，身材魁梧，西装笔挺，杰姬承认，她立刻就喜欢上了对方："他是被判了刑的罪犯，而且已婚，但是他看我的样子、对我微笑的表情，让我感觉整个宇宙都颤动了。"

杰姬从未如此掏心掏肺地介绍过自己。她的脸色绯红，周围的噪声全部消失，再也听不到了。尽管如此，杰姬依然表现得平静而干练。她为保罗提供了与写书有关的建议：如何设计结构，如何寻找代理。接着，他们就分别了。之后，他们通过电子邮件联系了几回，语气带点调情的意味，但杰姬本就性格温柔、和善，对她来说，这挺正常的。然后，她从妹妹那里听说保罗已被定罪，关到了一所中等戒备的监狱里。

讲这个故事时，杰姬很兴奋，滔滔不绝。她讲得很快，时不时要插入自己遗漏的细节。当我提到她明显很兴奋时，杰姬说她喜欢谈论保罗，这让她觉得自己朝气蓬勃。

他们第一次见面后什么都没发生。保罗不久就在监狱里开始了 13 个月的服刑期。出狱后，他又找机会跟杰姬见了一面，因为他又对写自己的故事有了兴趣。再一次看到他的脸时，杰姬感到一阵久违的兴奋。这一次，她立马就答应了保罗的写书计划。他们约好那天晚上讨论写书的事，在格林威治村找了一家餐馆，边吃边聊。那个夜晚的细节，杰姬记得再清楚不过了，那个夜晚比随后三年与保罗相处中的任何一个时刻都令她难忘。

那顿晚饭吃了好几个小时。随后，保罗提出送杰姬回公寓。当出租车驶进住宅区时，他把自己的手放在了杰姬套着长袜的大腿上。"他没有抓我的大腿。只是用手抚摸，徘徊在那里。那感觉像是三个小时，但实际上最长也就十分钟。"杰姬说在这个时刻，"门被打开了"。恐惧和欲望折磨着她，她知道自己的欲望是不合伦理的，而她害怕这种欲望将得到满足。

那顿晚餐后，保罗开始更频繁地给杰姬发邮件。而对杰姬来说，一开始令人困惑的吸引慢慢地变成了一种深层的需求。不久，除了保罗，她就不再想其他事了。当某位文稿代理人拒绝参与保罗的项目后，杰姬对保罗和他还没写的书产生了一种莫名其妙的义务感。“我知道写这本书对他有多重要。我觉得发生在这个男人身上的事太不公平，而我必须帮助他。我的想法是：我们必须写这本书，我必须这么做，这是我欠他的。”在杰姬看来，救赎保罗的唯一希望就在于讲出他的故事，而她是唯一能在出版方面给予保罗支持的人。保罗开始陆续把书稿寄给她，还说透露给她的某些内容甚至都不曾告诉过自己的妻子。而杰姬则着手编辑他的书，然后花几个小时打电话，跟保罗讨论这个项目。

“这本书给我的世界带来了意义，”杰姬说，“我完全陷入了保罗的故事里，而这个故事和这个男人是完全纠缠在一起的。”

在几周的时间里，他们打电话的时间变得越来越长，讨论的主题也从书变成了别的事。最终，保罗向杰姬吐露心声，说自己爱上了她。尽管杰姬也被保罗吸引，但她愤怒地做出了回应，提醒保罗他有家庭，而她也在和一位年轻的律师谈恋爱。杰姬的抗拒，用她自己的话说，部分是因为以前曾与一个已婚男人陷入过一段伤痕累累的关系。但保罗不为所动。“他直截了当地说，他爱上了我。我去了一家百货商店，思绪混乱地飘来飘去。”当商店里放的一首歌让杰姬想起了保罗时，她哭了起来，给妹妹打电话寻求建议。劳拉告诉杰姬，尽管她确信一旦案子结束，保罗就会与妻子离婚，但杰姬不该与保罗牵扯在一起。劳拉说杰姬一定是疯了，心智不清。当时，杰姬也同意这一点。

随后，保罗有所缓和，但马上又加强了求爱攻势。“这时，他开始给我发消息，说他是多么爱我，甚至爱我的手，爱我的手指。”杰姬回忆道。不久，保罗告诉她，他正在收集他们的邮件，有一天给他们未来的孩子看。他坚持说，他跟妻子已结束关系，而杰姬就是他想要的女人。最终，杰姬屈服了。她描述说，这个决定让她解脱了。“我终于投降了，”她说，“我再也受不了了。”

他们两个深陷爱河，也继续一起合作出书，这是一个方便的借口。他们醒着的每一分钟几乎都在交流，通过电话、即时消息和电子邮件。每次杰姬的手机铃声响起时，她都会下意识地跳起来，希望这是来自保罗的。保罗恳求她，不要在极为艰难的日子里离开他。他不停地说，等时机一到，他就会离开自己的家庭，与杰姬组建新家庭。“这将是最艰难的日子，”保罗说，“你不能离开我。”

对保罗的依赖让杰姬兴奋。她迷恋对方的身高、雀斑和自信。保罗似乎也彻底迷上了杰姬，这也让她欢喜。对杰姬来说，这是一种新体验，她被当成一个真正的美人来对待，而不仅仅是一个性感尤物。保罗的职业成就也令杰姬心动，有一部分原因是，财富对她来说一直是高不可攀的。杰姬的母亲是一名酒吧侍者，父亲是一名电工。而保罗这个男人英俊、富有，对她来说像个难以实现的梦。

他们背着别人偷偷约会了一年左右。这时，杰姬和保罗收到了晴天霹雳般的消息。2008 年 11 月，保罗的上诉被宣布无效，他很快就要重返监狱。杰姬说，在保罗把消息告诉她很早之前，她就有不好的预感：“那时我感觉自己就像被黑暗的能量吞噬了。”保罗把消息告诉杰姬之后，两个人去了附近的教堂祈祷。但他们的祈祷无人回应。就在 2009 年的新年，保罗被送回了监狱。

“就在那时，我对他的病态而执着、狂热的爱正像野草一样疯长，”杰姬说，“我靠每周的两通电话活着。”杰姬感觉到自己的朋友对此并不同情，于是她把自己孤立起来，只跟她的知己约翰神父交流。她会给保罗写很长的信，每晚都喝酒。只要有可能，她就坐飞机到保罗所在的监狱去探望。杰姬与其他来探望爱人的女人熟悉了起来，但她认为，自己跟这些人到底是不一样的。在杰姬的合理化解读下，保罗并没有犯暴力罪或卖毒品，而这里的很多囚犯都是因此而入狱的。保罗被一名心怀恶意的法官陷害，这名法官做出了“极不公平”的判决。杰姬自然也是这个不公平判决的受害者。“这个判决阻止我拥有自己的人生，”她解释说，“阻止我拥有自己的孩子。”追求保罗的自由变成了她生活的全部，成了一项她献身其中的事业。

杰姬欣然承认，遇到困难时，她不会手足无措，这些年来无一例外。从保罗被遣回监狱时起，她就联系了自己认识的每一位政界要人，也向所有可能愿意曝光这个案件的媒体人求助。她甚至让一个朋友接近一名国会议员，找一位有同情心的美国联邦检察官尽快确认这个案子，以便取消对保罗的指控。

那年 5 月，约翰神父邀请杰姬一起去以色列朝圣，她欣然接受了。杰姬在那里恳求上帝保佑保罗，获得了无数的念珠和其他图腾物，要带给保罗。参观一所监狱时她的情绪特别激动，因为据说耶稣在被钉死在十字架上的前一晚就关在这里。一想到两个男人都深受冤屈，杰姬就会陷入悲痛之中。自始至终，她都能获得安慰：“我觉得沉重，但我也感到自己正在做正确的事，我所有的祈祷和努力都会让我更接近胜利。”

保罗在当年秋天才获得假释。他先被转移到了一处过渡教习所，几个月后获准回家，但要携带监控设备。最终，保罗得到消息，一位新上任的美国联邦检察官，就是曾跟杰姬的朋友有联络的那位，撤销了这个案子。目前仍然不清楚这背后是否有杰姬的推动。

然而，就在收到这个好消息后不久，保罗开始出尔反尔，翻脸不认他在两人发生关系之初许下的承诺。他推迟了针对妻子的离婚诉讼，他的妻子当时也已经发现了他跟杰姬的风流韵事。此外，虽然保罗正在看纽约的房子，但他告诉杰姬，他并不希望两个人立刻搬到一起住。杰姬感觉被保罗甩了。一天晚上，杰姬一边喝酒，一边尖锐地评论了保罗的妻子。结果，两个人吵了一架。她提出分手，保罗答应了，然后她彻底崩溃了。

“我几乎无法呼吸，”杰姬回忆道，“我的心不停地剧烈跳动，身体很不舒服。”

杰姬描述自己在两人分手后失魂落魄的样子，就“像个僵尸”。在办公室里，她总是不由自主地去看电脑上保罗的照片，这让她又会去阅读旧邮件，看到啜泣。“工作时我不得不关上门，摇头叹气。”她说。她无时无刻不哭：在工作中，在地铁上，在家里，在晚上听与保罗相爱时一起听过的歌时。医生让她吃药，因为她一直哭，不停地哭。

之后，杰姬开始酗酒。她依赖酒精以平复心情，紧张时就喝酒，她现在的酒量“一飞冲天”。整个假期里她喝了无数瓶酒，然后在除夕夜酗酒一晚之后，杰姬脸朝下摔倒在公寓前的人行道上，被送入急诊室。但这次意外并没有吓住她，她对自己的疼痛无动于衷。她只希望自己能更独特一些就好了，更漂亮、更自信，或者随便哪方面更出众，想着若能更努力地追求保罗就好了。“我觉得自己的损失太大了，”她解释道，“也只有哭泣和让自己彻底憔悴才能纪念这次经历。”

在随后的四年里，杰姬继续酗酒，希望借此抹掉对保罗的记忆。但很快她就发现，她只是在用酒精麻痹自己，想忘掉被拒绝的痛苦。“我就想通过不负责任的行为来报复这个世界。”

最后，杰姬决定要清醒过来。现在她和保罗已多年没见了，她戒酒也有一年了，但对保罗的思念还是会像不速之客一样闯入脑海。“我依然会坐在地铁里幻想某些可怕的事发生在我身上，而保罗则会在他的余生中深感愧疚。”

让人放松的赌场

口袋里只有 5 ～ 10 个金路易[①]，而费奥多尔·陀思妥耶夫斯基直奔赌场。几个小时后，这位小说家闷闷不乐地回到家，身无分文，恳求妻子安娜原谅他这种“可鄙的冲动”。

安娜每夜在日记中都记录了丈夫的恳求：“他可怜巴巴地说，他为自己的软弱而责备自己。他说他爱我，我是他的漂亮妻子，而他配不上我。”

“接着，”安娜补充道，“他让我再给他一点儿钱。”

这一套路重复使用了很多年，直到家庭资金几乎为零。每天晚上的捶胸顿足和痛心忏悔只会导致进一步的鲁莽冲动：“陀思妥耶夫斯基央求我再给他至少两个金路易，这样他就能去赌桌上放松一把。”安娜从来就没把丈夫的赌博归咎于缺乏意志力，相反，她认为即便是一个意志坚强的人也难以抵抗这种诱惑。这是某种不能称之为病，但无药可治的东西。

每隔一段时间，陀思妥耶夫斯基都会兴冲冲地奔回家。为了取悦妻子，他急不可耐地聊在赌桌上赢钱的事。安娜也希望这些罕见的头奖能帮助丈夫

---

① 法国金币名，铸于 1641—1795 年，一个金路易约等于 20 法郎，也就是约为 23.3 人民币。——编者注

的文学事业，可这点儿收入很快就被花光。一旦赢的头奖再次流回赌桌，陀思妥耶夫斯基就得跑去典当行，当掉妻子的冬大衣、靴子，甚至他们的结婚戒指。

安娜千方百计想要引导丈夫远离这种自我毁灭的习惯，但“恶魔般的赌博”把陀思妥耶夫斯基变成了奴隶。在一封写给他哥哥米哈伊尔的信中，陀思妥耶夫斯基描述了这些年的经济动荡：“不到15分钟，我就赢了600法郎。这勾起了我的贪欲。但是，我突然就开始失利，失去了一切……我冒险赌了35个拿破仑金币，结果输光了。我还剩6个拿破仑金币，还得付房租、买车票。于是在日内瓦，我当掉了自己的手表。”

这种兴奋和绝望的循环，不仅在陀思妥耶夫斯基的婚姻中留下了印记，也影响了他的写作。在他的职业生涯早期，为了避免被债主送进监狱，陀思妥耶夫斯基和一个俄国出版商签订了一份极不寻常的合同。合同约定如果这位作家不能在这一年的11月1日交出一本小说，出版商将有权在9年内出版所有陀思妥耶夫斯基的作品而不必补偿他。陀思妥耶夫斯基慌了神，他在不到一个月的时间里就完成了一部半自传体小说《赌徒》（*The Gambler*），献给安娜。

《赌徒》以虚构的德国温泉小镇罗勒登堡（Roulettenburg）为背景，叙述了阿列克谢·伊万诺维奇（Alexei Ivanovich）的种种不幸遭遇。阿列克谢是一名年轻的教师，痴迷于赌博，无论在赌桌上还是在爱情中皆是如此。每一次轮盘转动时，阿列克谢都想借此把自己从各种痛苦中解脱出来，特别是当他没有赢得美丽而高傲的波林娜·苏斯洛娃（Polina Suslova）的感情时。每晚当阿列克谢考虑他的第一个赌注时，整个世界都消失了，时间放慢了，变得像一条闪闪发亮的带子。陀思妥耶夫斯基写道：“赌徒可以在牌桌旁坐上几乎一天一夜，甚至不朝左右看一眼。”小说中的许多赌徒都渴望这种吸鸦片似的投入。当另一名女赌徒安东尼达·瓦西列娃（Antonida Vasileva）看到一辆华丽的马车驶过时，她敷衍地抬起头来问：“那是什么？那是谁的？”

“但是，”阿列克谢叹了一口气，“我相信瓦西列娃根本没听我的回答。”

随着阿列克谢在情场的胜率不断减小，赌桌对阿列克谢的吸引力越来越强了。他不再考虑钱，相反，他仅仅为了赌博的快感而赌博。“那是多么奇怪的感觉！我记得很清楚，突然之间，一种对冒险的可怖渴望攫住了我，胜过任何虚荣心的刺激。可能是因为在体验了这么多种感受以后，我的心灵不再容易感到满足，只会被这种感觉刺激，而且希望这种感觉能更多、更强烈，直到我彻底筋疲力尽为止。”

在小说的高潮部分，这种极乐的状态被打断了，因为阿列克谢听到其他玩家惊叹他赢了那么多钱。他后来承认，那珍贵的几个小时里，他一次也没想过苏斯洛娃：“我当时感到无与伦比的快乐。堆在我面前的钞票太多了，简直像一座小山，到处都是，花花绿绿的。”

“这些赌徒无法让自己的手指离开屏幕。”娜塔莎·舒尔（Natasha Schull）解释道。舒尔是一名研究强迫性赌博的人类学家，她的研究对象是视频扑克的赌徒。

舒尔的所有被试都描述了一种醉人的放松状态，在这样一种状态下，他们觉得自己不再有社会身份，时间也不再存在，所有这些概念都烟消云散，时间、金钱、空间以及其他人的存在全都不见了。唯一存在的就是持续的牌局。

对这些赌徒来说，玩牌的目的就是淹没他们对其他一切事物的注意。舒尔的被试把自身的渴望比喻成一种磁力，这种磁力无情地牵引、拉扯着他们。当他们坐在扑克机前面时，时间好像停止了，他们很快就精神恍惚，像在自动驾驶飞机。他们会想尽办法待在这种另类的心理状态中，也就是待在这种彻底的沉迷、对现实的麻木中，能待多久就待多久。许多人可以傻坐着待上好几个小时。虽然舒尔的被试来自各个阶层，但文化背景和社会经济地位的不同对他们在扑克机前的体验没多少影响。对这些赌徒来说，最重要的就是要各就各位，保持节奏。

这种从痛苦的、熟悉的或令人失望的日常生活中逃脱的渴望是强迫性赌博的关键。对许多人来说，输钱的感受很容易就能忘记，但是在赌场里的感觉不会轻易消失。因此，输赢无关紧要，重要的是完全沉浸于赌博中的感觉。正如舒尔解释的那样，视频扑克机的制造者太清楚赌徒的这种心理了。这种游戏的设计要求就是保证平稳，不让任何东西阻挡玩家的心流，使他们停下来。

“他们说自己的身体消失在屏幕里了，”舒尔回忆道，“他们说‘我不在场，我不见了’。”

对身体的过度觉察

当人无法停止在意自身的脆弱时，这种俘获就会导致疑病症。这种心理煎熬来自对身体的过度觉察。

田纳西·威廉斯（Tennessee Williams）在写短篇小说《到来的脚步声》（*The Accent of a Coming Foot*）的高潮场面时，他突然听到了自己的心跳。他确信，心在怦怦地剧烈跳动。他的手边没有任何镇静剂，甚至没有一杯酒，他在日记里写道，他从打字机前跳了起来，冲向门外，跑到了圣路易斯街上：

> 我走得越来越快，好像通过这种方式，就能摆脱这种感受。我沿着圣路易斯街从大学城一直走到联盟大道，觉得自己每走一步都将倒地而死。这是一种动物本能般的反应，就像猫或狗被汽车撞时疯狂地到处乱跑，直到崩溃；或者一只要被杀掉的鸡扑扇翅膀，惊恐乱窜。这是在3月中旬，街道两边的树正在发芽。不知怎的，我一路疾行时抬头看到春天来临的迹象，逐渐让自己平静了下来。于是我掉头往回走，心悸的感觉消退了。

威廉斯把类似这种经历叫作“心脏神经症”，这种身体症状似乎源于恐惧和恐慌，却又能缓解威廉斯的焦虑。1936年3月29日，星期日，威廉斯在日记中写道：“我度过了怎样的一周啊！星期三，我获得了诗歌奖，那没有我想的那么难。事实上，那对我来说简直再容易不过了。颁奖时没有舞台，也没有演讲，只有一屋子疲惫而优雅的老妇人、两三个牧师，还有一些格外年轻的诗人。那是个温暖的地方，阳光充足。不过我还是心悸了大概五分钟。后来我喝了茶，跟别人聊了聊天。”

几年之后，在写一部戏剧时，威廉斯写道：“不一会儿我的神经就开始兴奋，心脏神经症这周出现了。就在昨晚，虽然之前也发作过几次，虽然我睡得很香，但今天早上我觉得很虚弱，很不舒服。我再一次感到被逼到墙角，无处可逃，不知如何才能杀出一条血路，我必须依靠一些外部力量把自己拽出泥潭。但那是什么呢？”

虽然一直在不停地寻找直接原因，但在某种程度上，威廉斯似乎了解了什么：“让这一切显得很愚蠢的就是，恐惧本身比令我恐惧的东西还要可怕……正是恐惧带来了这些随之而生的痛苦：可怕的紧张、广场恐惧症及幽闭恐惧症、神经性消化不良，还有肚子胀气。”

威廉斯后来依靠酒精和镇静剂对抗这些令人不安的身体感觉：“刚才，我的心痛苦地跳了一下。我拿了一瓶苏格兰威士忌……我想，总体上我相当平静。我服了一粒速可眠，又喝了一杯酒……还有唯一的一件事要做，那就是忘掉这次心悸，过完这一晚，就当它没发生过。”

频繁心悸和焦虑发作最终让威廉斯不管走到哪里，都得带瓶威士忌。医生也几乎不能提供什么帮助。

某年夏天，在孟菲斯（Memphis），威廉斯被一名年轻女性吸引住了。在酒店与这位新欢吃晚餐时，威廉斯又一次犯了病。他觉得恐慌，于是叫了医生：“那是一位医术很糟的女医生。她给了我一些镇静剂，沮丧地告诉我，我的症状其实特别严重。‘你无论做什么事都要小心、缓慢。’这个丧门星说。她告诉我，如果我能听她的话，就能活到 40 岁！”

数十年之后，《纽约时报》上威廉斯的讣告中写道：“田纳西·威廉斯于昨日去世，享年 71 岁。他以其戏剧创新和抒情意识著称，是美国戏剧界的主要人物。威廉斯于上午 10 点 45 分被发现死于东 54 街爱丽舍酒店的套房内。官方报道称，这是自然死亡，他身患心脏病多年，一直在接受治疗。”讣告称威廉斯是一名极端的疑病症患者，他痴迷于疾病、失败和死亡。有好几次，他都认为自己失明了，还做了四次白内障手术。他经常认为自己的心脏随时会停止跳动。无奈之下，他只好肆无忌惮地酗酒和吃药。

正如威廉斯预测的那样，恐惧本身比令他恐惧的东西还要危险。他死后 6 个月，纽约市首席验尸官报告说：“威廉斯明显是尝试摄取巴比妥类的催眠药物，结果被塑料瓶盖卡住喉咙窒息而死的。”根据埃利奥特·格罗斯（Elliott Gross）医生的说法，死亡的原因是窒息。那个使威廉斯窒息而死的瓶盖应该是用来装巴比妥类药物的。

完成艺术创作的信念

美国艺术家杰伊·德费奥（Jay DeFeo）花 8 年时间创作了一件杰作《玫瑰》（*The Rose*）。在此期间，一个想法一直盘旋在她心中：绘画必须有一个“中心”。

德费奥在画板上抹上一层又一层的颜料，又多次把颜料刮下来，有时候甚至把整层的颜料从画板上全部清除。据她的朋友布鲁斯·康纳（Bruce Conner）说，那幅画慢慢地占满了德费奥在旧金山的整间公寓：起初画布由凸窗框住，楔形硬线条从画面中央向四周辐射。当颜料越抹越多，整幅画变得很厚重，德费奥意识到画面需要超越窗口的边缘，向外延伸；这幅画继续变大，变成圆形，接着又变成方形。

这幅画最厚的部分近 30 厘米，成了一幅像雕塑一样的绘画，或者也可以说它是很多幅画，一张铺在另一张上面。德费奥在压钻机上打磨画刀，不断切削、修理表面，以实现这种效果。最后，这幅画大概 3.4 米高、2.4 米宽，画布上的颜料大概有 839 千克重。

> 德费奥更强调在每个阶段创作这件作品的过程，而非最后的成品：“我认为，它经历了自己的一生，包括许多不同阶段。”起初可以说是婴儿期，然后是一个几何图形的阶段，作品变成了结晶状的，没有任何曲线。接着，它变得更有组织、有特点，最终非常具有“超级巴洛克”的特点。“我实在不知道它怎么变得那么浮夸，”德费奥解释道，“有一天，

我走进工作室，整幅画似乎已完全失控。我觉得需要把它往回调，调回到某种更经典的样子。”

这幅画似乎永远都不会完成。“那个房间本身就是作品。”康纳解释说。德费奥公寓的地板上覆盖着“一块块血肉一般的颜料”，都是她从画板上刮下来的。进入这间到处散布着颜料的房间，康纳说那感觉就像走进了一座神庙。而这幅画还在“生长”，颜料飞溅在墙壁、天花板以及地板上。随着时间的流逝，《玫瑰》慢慢变成了德费奥与外部现实的唯一联系。艺术家、艺术品和工作室的边界开始变得模糊。越来越清楚的是，只有被一个来自外部世界的干扰物暴力中断，这幅作品才得以完成。

《华盛顿邮报》的艺术评论家玛莎·谢里尔（Martha Sherrill）这样描述德费奥：“《玫瑰》恢宏的‘生长’过程似乎耗尽了她的精力。这幅作品好像产生了奇怪的磁场，把任何东西都吸向它，包括人、颜料、工作室里圣诞树上的针叶，以及拒绝罢休的艺术家本人。大家开玩笑说，这幅作品只有艺术家死了才能称得上完成，德费奥和《玫瑰》的故事成了一段神话，艺术家表现出来的不仅是一种强迫行为、一种上瘾症，还有对作品注入的难以置信的、永无止境的爱。”

在德费奥创作《玫瑰》的第七年，她和丈夫被赶出了公寓，他们必须把画移走。因为这幅画太大了，搬家工人拆掉了公寓的一部分，以便把画运到博物馆，颜料块在这个过程中掉了不少。离开公寓以后，德费奥又继续在画板上工作了很长时间。只有在其他人开始对《玫瑰》产生兴趣，认识到这是一件真正具有历史意义的作品、给予其关注后，德费奥才如释重负。

23 岁时，德费奥从佛罗伦萨寄给母亲一封信，信中写道：“只有在我挥动画笔时，我才真正感到幸福，感到自己是活着的，是完整的[2]。我绝不能离开绘画。”

对德费奥来说，创作的冲动来自内心的不安。她承认在她看来，绘画的体验（而非画作本身）是扣人心弦的，这是一种能让时间停下来的方式。而要完成这一庞大、耀眼、沉重的工作，就要有一种内在的信念，那就是不知道这件作品最后会变成什么样子，只是凭着直觉不断创作。

对自杀的沉迷

对大多数选择自杀的人来说，这是拒绝再忍受痛苦的最终手段。对大卫·福斯特·华莱士来说，自杀提供了逃离痛苦难耐的世界的出口。而对美国诗人安妮·塞克斯顿（Anne Sexton）来说，与对死亡本身的迷恋（其实是一种强迫观念）比起来，痛苦的体验也黯然失色。许多人都把死亡看作逃离俘获的唯一出口，但塞克斯顿被死亡本身俘获了。

就像有些人无法解释为什么自己想吸毒一样，心灵被绑架真的没有什么理由。安妮·塞克斯顿这样向她的咨询师马丁·奥恩（Martin Orne）医生解释。

“总是有理由的：毒品让人上瘾。”奥恩医生说。

“自杀也让人上瘾。”塞克斯顿打趣道。

塞克斯顿的密友、诗人西尔维娅·普拉斯（Sylvia Plath）也一样，长期痴迷于死亡。想到普拉斯的死，塞克斯顿说：“她心里一直有自杀的念头。和我一样，和我们中的许多人一样。但如果幸运的话，我们不会就那么想自杀了，某些事、某些人会迫使我们活下去。”

在给密友安妮·怀尔德（Anne Wilder）的一封信中，塞克斯顿描述了彻底疏离世界的感受：“听我说，生活是可爱，但我过不下去……要活下去，是的，活下去，但我无法活下去。这真的很困难。我活得就像块石头一样……被锁在现实外面……你知道这种感觉吗？你能理解我说的吗？？？我希望，自己的死因明确，这样我就能变得勇敢，但如果没有死……要站在一堵墙后面，看着每个人都从容自在，而我做不到，要在一堵灰色雾墙后说话，要活下去但冲不出这片雾，或到错误的地方去……然后把一切都彻底搞糟……你能相信我吗……我想有个归属。我像是一个身处错误国度的犹太人。”

塞克斯顿有 20 多首诗都明确谈到了对死的渴望。许多评论家批评塞克斯顿的诗歌把 20 世纪中叶美国诗人爱好自由的风气表现得过于直接，她的诗读起来就像诗人在与她的心理医生谈话。《想死》（*Wanting to Die*）就采取了给奥恩医生写信的形式，塞克斯顿在这首诗里尝试解释藏匿于日常生活表面之下的最阴暗的冥思。这位医生质疑她的绝望，徒劳地想要恢复她的求生意志，而塞克斯顿的回应则是对自杀欲望的追溯：

> 既然你问了，大多数日子我都记不住。
> 我披衣行路，没有留下那次航行的痕迹。
> 接着，那难以名状的欲望归来了。

诗里，欲望的韵律与可预见的起落，变成了塞克斯顿内心想死冲动的一种隐喻。

一颗心如此彻底地被自身的痛苦所消耗，对这颗心来说，“为何”这一问题的重要性要逊于“如何”。在《想死》这首诗中，塞克斯顿坚持自杀“有自身独特的语言，就像木匠一样，他们想知道有哪些工具，而从来不问为什么敲打”。

塞克斯顿对死亡机制的痴迷围绕着生命的重负溶解为虚无的那一刻：

> 这种方式沉重而体贴，
> 比油或水还要温暖，
> 我已休息，口水从嘴角流出。
> ……
> 把所有生活塞在你的舌头底下！——
> 这本身就变成了激情。
> 死亡是块悲伤的骨头；你会说她伤痕累累，
> 但她仍在等我，一年又一年，
> 想要小心翼翼地抚平我的旧伤口，
> 要从这糟糕的监狱中抽空我的呼吸。

当情绪上的痛苦大到不可承受时，自杀就会成为一种一意孤行的理性选择。但塞克斯顿如何被锁进了这所“糟糕的监狱”？为什么非理性在这里看起来会这么吸引人？

医生和普通人都经常使用“崩溃”这个词来描述一种长期且严重的精神或情感痛苦。可以说在某个重要意义上，它暗示人就像一辆摩托车或一台洗衣机：零件会磨损或生锈，保险丝会烧断。不过，这些经历了崩溃的人与机械装置一样，至少从理论上说能被修好。

然而，对塞克斯顿来说，可以修复的承诺被证明是空洞无用的。虽然早在青春期，塞克斯顿就经历了躁狂和抑郁，但她第一次彻底崩溃似乎是被照料年幼孩子的寻常要求引发的。女儿患哮喘时，塞克斯顿整个晚上都睡不着，担心孩子就要死了。对孩子安全的担心，不久就发展成了她可能会伤害孩子的担心。在之后的岁月里，日益加剧的情绪波动让她深受其苦，在文学创作的间隙，塞克斯顿在精神病院里待了很长时间。

这一时期，塞克斯顿的日记显示，她几乎每天都会坠入痛苦的深渊："没什么东西有价值。我从一个房间走到另一房间，尝试想做点事情，有一段时间我会做点什么，做饼干或清理浴室，铺床，回电话，但一直以来，我身上总有这种可怕的能量……我坐在椅子上想阅读一本杂志，我抓自己的头发，直到它们乱糟糟地缠在一起，接着我路过一面镜子，从里面看到自己的样子，用梳子把头发梳好……然后我在房间里进进出出，来来回回，兜兜转转，我觉得自己就是一只笼中虎。"

开始时，塞克斯顿只是精神萎靡、混乱，然后这种状态逐渐积聚了可怕的力量，直到她的心灵完全转向了自己，外部世界的饼干、电话和杂志对她而言都不复存在。最后，她的心灵稳定下来，这让塞克斯顿能以幽默掩饰她的痛苦："好吧，我不想在医生的办公室里自杀，不想在他漂亮的地板上干这件事。"

时间一天天过去，自杀变成了一种自我改造的极端方式，也是塞克斯顿从她疯狂的心灵那里夺回控制权的唯一方式："看起来就像我要杀死某个人，但这个人就是我自己。"当塞克斯顿的心理医生问她死是什么感觉时，她描述了一个充满田园风情的场景："春天、温暖、树叶。"

然而，对塞克斯顿而言，不是所有死亡方式都一样。奥恩医生惊讶地发现，她对飞行，特别是喷气式引擎有一种极强的恐惧。为什么有人如此想要杀死自己，却会这么害怕死于一场飞机失事？塞克斯顿嗓音沙哑地描述了她对某些东西的病态迷恋："那些强大的巨型发动机，它们能载着不可思议的重物飞离地面，悬在空中。"

塞克斯顿提高了音量："这种重物只能被某种强大的力量提升起来，而那种力量如果出问题的话……"

奥恩医生困惑不解地说："你一遍又一遍告诉我，说你想死。"

"不是那样。"只有通过掌控自己的死亡，掌控死亡的时机、方式，塞克斯顿才认为在某种程度上掌控了自己的生命。

"为什么你害怕死于飞机失事？你服安眠药也一样会死。"

这时，塞克斯顿的注意已从咨询室中转移到了空中："我们就要起飞了……我听到了马达停止的声音。我们陷入了静默之中。"

幻想出的威胁

"我永远都不会承认，刚开始教书时，我害怕自己的学生。"夏洛特这样告诉我。我们在谈论她的第一份工作。当时，她刚从大学毕业一个月，就当了教师，在一所高中给高三学生教美国文学。这让她痛苦不堪。于是，她决定改教英语。夏洛特希望当学生们在阅读和分析小说中的人物时，自己能帮助他们思考个人的生活。即使到了现在，作为一个教了 15 年书的老教师，夏洛特还是很享受自己工作的这一方面。

然而，夏洛特还是担心，要成为受人尊敬的教师，她还缺少智慧，或者说缺少威信。她相信很多年轻同事都有她第一次教课时的顾虑：学生可能嘲笑年轻老师缺少经验，不够权威。毕竟这些年轻老师比高三学生大不了几岁。

在开始自己第一份工作的五个月前，两名高中生在科罗拉多州的科伦拜中学开了枪。“那时我在读大四，正参加教学实习，这件事把我们都吓坏了，”夏洛特说，“我记得后来几天，当我在电视转播上看到艾米·格兰特（Amy Grant）在追悼会上演唱时，我哭了，但那时我不担心某个类似的暴力事件将来会发生在我身上。这可能是因为学校的教学要求占据了我的精力，也可能是因为在那时，科伦拜枪击案对我们来说就像是新一代的事，与自己这一代人无关。读高中时，我曾看过有人打架，但没见过更吓人的。”

虽然夏洛特也为科伦拜惨案中的受害者难过，但她还是沿着自己选定的专业道路往前走。在最初的几年里，夏洛特把她的头发盘起，把隐形眼镜换成普通眼镜，在梅西百货的清仓货架上挑选套装。她避免自己与学生的关系过近。学生如果问她多大，夏洛特就会多说几岁，说自己已经 27 岁了。这个年龄听上去比较合适也成熟。

真正到了 27 岁时，夏洛特的确觉得对自己的工作更有自信了。她把头发放了下来，开始以一种更随性的方式工作，当学生问起她的情况时，夏洛特也会如实回答。每一年开学时她还是会焦虑，但多年的经验也让夏洛特学会了比盘头发、戴眼镜更有效的应对策略：幽默感。她发现，要改变学生的态度，运用智慧比课后留校更有用。

夏洛特现在表示，倘若她那时没有意识到自己的专业身份，悲剧发生时她会更手足无措。

“2007 年 4 月 16 日，我刚在下午 4 点钟离校，”夏特洛回忆道，“当我驾车驶出主干道时，听到了电台的每小时新闻。在弗吉尼亚理工大学的教室里，一名枪手朝众人开枪。”

“我没有去过弗吉尼亚理工大学，也不知道有谁去了那所大学，”夏洛特解释说，“但我的心跳停止了。我觉得寒冷、无助、害怕，我的手颤抖起来。我直接开车回了家，收听更多消息。我想知道有多少人死了，想知道为什么那个枪手瞄准了大学校园，为什么没有人阻止他。”

回到家里，夏洛特出门沿河边的跑道跑了起来。中途，她感觉自己的喉咙被堵住了，于是不得不停了下来，站在原地不动。她回忆道：“我气喘吁吁，担心我的喉咙会卡住。我拿一只手捏住喉咙，又继续往前走。我想回家。我怀疑自己是不是过敏了。我想，这像是被什么虫子咬了一口的反应。”

丈夫下班回家后，夏洛特告诉他自己跑步时发生的事。丈夫问她是否听说了弗吉尼亚理工大学枪击案，但夏洛特不想谈这件事。

“我们看了晚间新闻。我很早就上了床，但睡不着。我担心自己会在睡梦中呼吸困难，甚至窒息。”夏洛特说。

第二天，夏洛特照旧去上班。有些学生想聊聊弗吉尼亚理工大学发生的事，她鼓励学生在笔记本上写下他们对这一消息的感受。夏洛特记不起来她对有些分享了自己感受的学生说了什么，但她记得自己尽量避免在办公室与人讨论枪击案。

那天下午，夏洛特去跑步，又一次经历了气短。这一次气短时，她正在想弗吉尼亚理工大学的事。夏洛特担心假如有人在她跑步的路上掏出枪，她该怎么办。她扫视了路况，寻找藏身之处，想象躲避子弹的情形。这些念头一直等她回到家才消退。夜里晚些时候，夏洛特又开始心悸，于是她坐下来，用手撑住地板，试着喘气。

“丈夫回到家，我告诉他我需要去医院。我跑到外面，他跟在后面打了报警电话。我告诉他，自己好点了。走到外边让我稍微平静了些，也放松了下来。我让他挂断电话。这时候，我们两个都意识到，我可能经历了惊恐发作。”

梦魇从那晚开始了。夏洛特反复梦到这样的情形：她在一间满是学生的教室里站着，而一个枪手正要闯进来。他手里端着步枪，命令夏洛特挑些学生，他要朝他们开枪。如果夏洛特拒绝，枪手就会杀死所有人，包括夏洛特在内。

这些梦有的长有的短，但总是包括同样的最后通牒。“有时候，我目睹学生被枪杀，”夏洛特说，“这些学生里有我认识的，也有我不认识的。有一个女孩，她又瘦又高，棕色头发，穿着一件漂亮的上衣，望着我，泪流满面。”

在弗吉尼亚理工大学枪击案过后的几个月里，夏洛特不断做有关校园枪击的噩梦，备受困扰。“在我驾车去学校的路上，上课时，下午散步时（我的身体状况不允许我再跑步了），这个场景都在纠缠着我。”夏洛特说，“我没去想要挑哪些学生，把他们交出去，而是在想我怎么才能在类似的情形下打败枪手。我想着在每一次上课时，把教室的门锁上。接着我会意识到，把学生锁在教室里也可能导致更多人被害。我是从一位退休的老教师手里接过这个班的，她和其他老师曾把一根高尔夫球杆藏在墙上的橱柜里。我想把高尔夫球杆拿到讲台旁，这样我就能拿它当武器，但我不知道怎么把它藏起来。”

虽然焦虑有很多形式，但凸显刺激在各种焦虑中的表现都很活跃。这些凸显刺激几乎总是焦虑者感知到的某种威胁。换句话说，焦虑是一种歪曲的选择性注意，是提醒人们留意危险的求生机制。和许多焦虑者一样，夏洛特经常处于一种过度警戒的状态：她保持高度警惕，认为随时可能出现危险信号。她时刻检查着周遭环境，以发现威胁或任何预示威胁的线索，这使她提高了感知危险的敏感度，也使她变得更加脆弱。

夏洛特来自一个中产阶层家庭，受过良好教育，家人关系和睦，一家人常常因为父亲的工作而搬家。夏洛特并不介意转校，但她格外清楚其他孩子会怎么看她。

“我记得，自己一次又一次地观察身旁同学们幸福的样子。我也善于假装自己很幸福。我不想看起来不正常，也不想让父母担心。在我的童年时代，父母都干着不止一份工作，”夏洛特回忆道，“我没有不开心，但总是觉得有点儿难过。我最喜欢阴雨天，因为这样人们就有借口不出门了。其他孩子会抱怨，说这鬼天气妨碍休假，但我更喜欢室内活动，如棋类游戏和看电影，而不是捉迷藏或玩绳球。”

“我过去不喜欢睡觉。但与其说我害怕睡觉，不如说我害怕给自己安排的许多睡前任务。我会把卧室的灯点亮又关闭一定的次数，然后从卧室门口走固定的步数到床上。接着我就跪在床边，为家中的每个人尽快从 1 数到 500，包括我的父母、两个兄弟，还有爷爷奶奶。我担心，倘若我不这么做，就会有坏事降临到我头上。”

夏洛特厌倦了这套仪式。于是有一天晚上，她哭着祈祷自己能获得帮助。据她说，这些任务在那次祈祷之后确实变得不那么沉重了。

有时候，夏洛特想知道自己为什么这么爱数数：在医生的办公室里，她会数天花板上有多少个裂缝；在她家院子里的小篮球场上，她会数瓦片上有多少条裂缝；在阳台上，她会数护墙板上有多少条线。

“我不喜欢数数。当我发现自己在数数时，我就想要停下来，”夏洛特说，“我也试图停下其他的事情。比如在 8 年级时，我学会了打字。我会把对话中的台词记下来，在想象中把它们打出来，看着它们出现在我脑中的‘屏幕’上。有时我能让自己停下这种重复式的行为。”

不久，夏洛特被诊断患了强迫症。对强迫症患者来说，日常生活的常规特征会产生惊人的影响：感觉现象导致患者变得格外容易被看到、感到或听到的不对劲儿的东西搅得心烦意乱，如衣架转向了不同方向、大大小小的碗碟杂乱无章地放在架子上，或者书籍没有按高度统一排放。

纠正那些不对劲儿的东西，如把鞋子摆成指向同一个方向，或者暂且容忍这种不对劲儿的感觉，都能暂时地缓解不适，但这种轻松感持续不了多久。很快，长期建立起来的线索又会引发行动的冲动，而这种冲动联合了大脑中与动机和动作有关的回路，导致了重复式行为，而且让这种行为越发难以抵抗。

夏洛特对于数数的迫切需要最终消退了。但在整个童年期间，她还是反复遭受着梦魇的折磨。“我记得第一次做噩梦是发生在 8 岁之前。我梦到一群猫正在抓我们家的纱门，想要闯进屋内，扑到我身上，”夏洛特回忆道，“噩梦的内容随着我长大也变得越发成熟：我的父母死了一次又一次，一个巫师在停车场里追赶我，走过公园时我遭到一群心怀恶意的男学生追赶。即使是现在，我还是会祈祷，当我休息时，神灵能把我心灵中的梦魇除掉。”

“我想过与学校的心理咨询师或社会工作者谈谈自己的恐惧，”夏洛特继续回忆道，“但被自身的幻象严重困扰时，我不想告诉任何人。说到底，我也没有因此丧失行动能力。每天，我都能起床上班，做自己的工作。我只是不能控制自己的念头。我想要帮助，但我不知道谁能理解我的幻觉有多严重，那就像是一种挥之不去的疼痛，可我又不打算去看医生。”

虽然夏洛特从宗教中找到了些许慰藉，但她发现，助长她的恐惧更能带给自己安慰，即便很短暂：“我的脑子里不停地想着暴力场景，而我也越发依赖它们，把它们当作现实。我意识到自己在观察两个自我：其中一个参与现实生活，而更警觉的另一个，则经常为某些难以避免的事做准备。”

被控制的瘾君子

认识约翰·贝鲁西（John Belushi）的人都清楚，毒品把他毁了。大西洋唱片公司的迈克尔·克伦夫纳（Michael Klenfner）签了贝鲁西和丹·艾克罗伊德（Dan Aykroyd）参演《福禄双霸天》（*The Blues Brothers*）。“我一直都很喜欢贝鲁西，”克伦夫纳说道，“当他清醒时，他是这个世上我见过的最了不起的人。但当他堕落的时候，他能给你带来巨大的麻烦。”朋友们根本无法理解贝鲁西的自我毁灭。贝鲁西自己也挣扎着想搞明白，为什么他就不能放弃那些慢慢杀死自己的毒品。

鲍勃·伍德沃德（Bob Woodward）写了一本书，名为《连线：约翰·贝鲁西的短暂一生和成名时代》（*Wired: The Short Life and Fast Times of John Belushi*），书中按时间记录了导致贝鲁西死亡的诸多事件。在芝加哥参加拍摄《福禄双霸天》的最后一天，贝鲁西拒绝走出房车拍摄下一个场景。曾拍摄过贝鲁西参演的电影《动物屋》（*Animal House*）的导演约翰·兰迪斯（John Landis）打算与他谈谈他的反常表现。兰迪斯进了房车，发现贝鲁西蓬头垢面、头脑混乱，看上去就像现实版的布鲁托，这是贝鲁西在《动物屋》中扮演的角色，这个角色宣称“我给你的建议就是开始酗酒”。贝鲁西的桌子上摆着毒品，旁边就是瓶白兰地，酒溅得到处都是，一泡尿撒在地板上。

“你这是在自杀，”兰迪斯说，“这可行不通。别这么对待我的电影。”

贝鲁西几乎没能力开口回答，只是简单地点头。

“不要这么对我！不要这么对你自己！”兰迪斯吼了起来，威胁说要找一个摄影师进来拍照，这样贝鲁西就能看到自己现在有多可悲。但贝鲁西不太可能被吓住，他之前为了远离毒品专门雇过保镖。

兰迪斯把桌上的毒品拿起来，扔到马桶里冲掉了。贝鲁西朝他挥了一拳，兰迪斯回敬了一拳。结果贝鲁西摔倒在地板上，泣不成声。

“我太丢人了，太、太丢人了，”贝鲁西哭喊着，“请你理解。”

兰迪斯问贝鲁西为什么会吸毒。

“我需要它，我需要它，”贝鲁西回答道，“你不可能明白。”

就在同一年的早些时候，贝鲁西给妻子朱迪写信：

> 我害怕我自己，因为我可能会对你做某些事。如果我是我想成为的那种人，至少我确实想成为的那种人，那么我为什么要伤害你？难道就因为没有人能成为那种人？我在开自己的玩笑吗？当我没能成为那种人时，我又是谁？

我想照顾你，但我觉得自己没能耐。让你失望或发现自己无法帮你，对我来说是最难面对的事。我生病时，你照顾我；你生病时，我在嗑药。难道是因为我很无助？我能做什么呢？躲进……毒品里？

请你，请你，请你不要以为我会变回以前那样。我可能变得和以前不一样了，但我还是我。我真正需要的是宽恕，但我不值得被宽恕。

我要打败这个家伙，该死的！我知道我可以。我也许会让你痛苦，但我爱你。在这一生中，你是我的灵魂，我的心，我的眼睛。这种事可能会再次发生。不管那是什么，我只能说我将全力以赴，即便这可能还不够。如果真是这样的话，我会尊重你的选择，过你自己的生活，不要因我而痛苦和烦恼。

贝鲁西也向另一个女人提出了类似的绝望恳求，她就是女演员凯丽·费雪（Carrie Fisher）。她与贝鲁西同样在《福禄双霸天》中出演，但她很快与这部电影中的另一名男主演丹·艾克罗伊德（Dan Aykroyd）订了婚。费雪讲了一个故事。她和贝鲁西去了西好莱坞的一家俱乐部。“有一阵，我找不到约翰，然后他惊慌地找到我，说：‘哦，我的天哪，我刚才吸食了一点可卡因。’我说：‘约翰，我们现在就走。现在就走的话，不会有问题的。’”费雪回忆道，“而他呢，以非常恐惧的神情瞪了我一眼，说‘我做不到’。”

贝鲁西的嗜好以及他的强迫行为都是无意识的：毒瘾已经极为阴险且极为彻底地霸占了他的注意，以至于他无法思考其他的东西。

毒瘾的力量在于，它接管了大脑中的奖赏回路。每当人们遇到一个凸显刺激时，神经反应就会促使人们产生条件反应，一次次地做出同样的回应。每注射一次毒品，奖赏就会越发不可磨灭地编码在贝鲁西的记忆里。而对瘾君子来说，毒品与一套更广泛、更深层的神经网络联系在了一起。这些联系不可避免地和对自己是谁的理解交织起来。贝鲁西的自我意识无法和毒品诱发的感觉分离：他陷入了一个负反馈回路中，而这个神经回路只会随着他屈服于自身嗜好而不断强化。

“这是个典型事例，”《动物屋》的另一个导演哈罗德·拉米斯（Harold Ramis）这样评论贝鲁西的毒瘾，“人就是这样上瘾的，你以为自己再吸一点儿就够了，但你最终会越界，想要寻求某种长久的满足。”

和大多数人一样，贝鲁西最初只是尝试性地吸毒。他认为，这只是一种用来提供能量、激发创意的方式。当然，这种创意的一时爆发不过是昙花一现。

朱迪知道，很多线索都会刺激丈夫，让他想要狂嗨一番。比如，贝鲁西很想去《周六夜现场》（*Saturday Night Live*），但节目组并没有请他，这就会刺激贝鲁西；或者贝鲁西在某件事上大获成功，过于开心，也会让他产生吸毒的想法。

而贝鲁西只会给出这样的解释：“我必须这么做。”

吃还是不吃？

弗朗西斯是一名成功的作家，现居纽约。在读大二那一年的5月，她要参加印度文明这门课的考试。

“我不能很好地集中精力，总是想睡觉，而且我真的不怎么在乎分数，这让我感觉羞愧。我看着自己的两个朋友在疯狂地背诵印度各邦的名称，就开始恨起自己来，我怎么这么散漫啊！”弗朗西斯对我说。

而且第二天，弗朗西斯还有一门英国现代文学的考试。“从凌晨上床开始，我就一直昏昏欲睡。我从一个朋友那里找了一粒阿德拉（Adderall）[①]，考试前把它吃了。”几个小时后，弗朗西斯变得精力充沛。

“我没有食欲，但还是从塑料盒里挑了几粒风干的蔓越莓，我很高兴自己对吃的不怎么在乎。我回想起那样一段日子：我的身体总是感觉轻飘飘的，如此无足轻重。我怀疑，或许我不应该只轻度节食。”

“当然，我可不想像读高中时那样失控。但说实话，那时是我自己想要失控。我一直在进行一种消极的、妄想的反叛，希望其他人会留意到我纤细的手腕，或者伤痕累累的胳膊，把它们当作我绝望的声明。”

但弗朗西斯相信，她已经超越了这一切。“我告诉自己，这只是为了身体舒适和健康。对，为了健康。”

这学期结束后，弗朗西斯回家待了两个星期。她的父母都是全职工，所以她独自待在家的期间很开心。

“在某种程度上，我觉得自己那时并没有因食物感到焦虑。我那时以为自己有能力保持偏轻的体重。大多数晚上我吃圆面饼，吃鹰嘴豆泥，把它们当晚饭，但不久我开始担心起来。当我直接从塑料杯里吃鹰嘴豆泥时，我就忍不住会想自己是不是吃得有点多了。我想我吃的远超过普通一份的量了，我告诉自己应该用汤匙来吃，否则最好永远别吃鹰嘴豆泥。我开始每晚都测量鹰嘴豆泥的量，记下自己每次吃了多少。但这些规则还是感觉太模糊，因此我给自己定了鹰嘴豆泥的热量摄入。不久，我认为有必要记录自己整体的

① 一种用于治疗注意缺陷多动障碍及发作性睡病的处方药，被列为管制药物。——编者注

热量摄入状况。于是，我找了个蓝色的活页笔记本，随身携带。”

那一年 7 月，弗朗西斯搬回学校附近住，找了个很大的旧房子，这里离曼哈顿也足够近，她在那边参加暑期实习。她对自己体重的关注不断增强，虽然她顽强地暗示自己，她能控制局面，但这种关注还是近乎失控。晚餐变成了一道惩罚性地计算热量的程序。她吃得艰难而缓慢，每一口都细嚼慢咽，以免贪吃。

“晚餐我经常吃冻酸奶。我很害怕比萨，因为我特别喜欢它，怕自己吃上一口就再也控制不住。哪怕只是经过当地的比萨店，融化的奶酪气味也让我馋得不行，甚至有点儿头晕目眩。”

在周末，弗朗西斯会给自己派一些去市中心的差事，让自己有理由去那里一趟。搭乘地铁时，哪怕旁边有座位，她也会站着，因为她知道，站着比坐着更容易消耗热量，而且她还会设法拉着扶杆进行锻炼。周六下午，弗朗西斯会花几个小时逛菜市场，但其实她很少买东西。

暑假即将结束时，弗朗西斯在开学前几周回了趟家，发现母亲经常会打量自己的身材。“有一两次，她说我看起来瘦了，她的声音有点尖。我主动回避了这个话题。我告诉母亲，我正在出差，但事实上，我在当地的大百货商场里花了几小时试衣服，我认为这会有助于我变成自己想要的模样：优雅而整洁，纤美但又并非弱不禁风。我买了薄的纯棉针织衫、复古风格的宽松 T 恤，以及纤细合身的裤子。我买的都不是太暴露的衣服，我想，等我减掉了足够的重量，就能舒服地袒露自己的身体，不过大多数上衣的领口都很低，这样就能显出我的锁骨，我喜欢每天检查一番锁骨。”

弗朗西斯提前一周回到了学校，以摆脱父母的怀疑。“这没什么作用，因为我在学校的朋友也警觉地发现，我看起来骨架越来越细长。他们和我拥抱着打招呼时，我都能觉察到他们的手戳到了我的背，以感受我的肩胛骨有多突出。我穿了两条牛仔裤，以便让自己的腿看起来丰满一点，有时候里面还会穿一条紧身连裤袜。整个夏天，我只允许自己每天吃几粒冰糖，如泡泡糖或曼妥思。但当体重不再下降后，我认为有必要消灭这最后的恶习。于是，我就训练自己，每当我想要吃糖时，就会想象自己牙齿蛀烂的惨状。”

从最简单的层面上说，进食障碍[3]来自对食物相关刺激的选择性过度关注。厌食者被控制饮食的希望所俘获。事实上，许多人只能看到两个极端：完全控制饮食，或完全丧失控制。厌食症患者通常被认为有“完美主义”倾向，但这或许是在表明，他们在以刻板的方式应对失控导致的潜在焦虑。对饮食的控制变成了一种成就和安全的标志。撤销这种控制，他们就会不安，且通常极为担心；他们的饮食可能会变得混乱不堪，开始饕餮无度，暴饮暴食。厌食症很难治疗，因为这些患者的意志在控制饮食摄入方面极为坚定，拒绝做出改变。

对于有进食障碍的人来说，食物线索变得格外突出。高热量或垃圾食品被看成是特别危险的刺激。他们形成了针对这些线索的注意偏向，把这些刺激识别为对控制自己体重和身材的一大威胁。他们回避这些刺激，以减少恐惧和其他负面感受。限制食物摄入，成了让他们感觉良好的方式。

然而，这些痛苦会不可避免地反扑，导致一些人在面对食物线索时反而放纵自己。放纵饮食与限制饮食一样，也会减少糟糕的感受，虽然效果很短暂。在放纵地进食时，暴食者会完全把注意放在吃东西这件事上，从而排除了其他刺激。不久后，暴饮暴食对他们来说就成了避免糟糕心情的一种做法。但这样问题就会变得更严峻，因为暴食会导致羞耻感和厌恶感，这让人感觉糟糕。为了重获控制，暴食者又会采取种种厌食的做法。

开始读大三时，弗朗西斯就发现，自己更关心吃东西而不是做作业。“我的蓝色笔记本已经彻底变成了热量记录手册，里面偶尔还会提醒自己我很贪吃，是个胖子。我几乎从不外出。有几次我和几个朋友去了餐厅，我挑衅般地点了烤鱼或蛋清煎饼，看他们敢不敢提出异议。我每天都锻炼，虽然不像我希望的那样频繁。我经常爬楼梯回宿舍，每天至少两次，这可算是一项壮举，因为我住在 13 楼。”

秋天来临时，弗朗西斯的行为变得更糟了。她看了心理咨询师，还绝望地想要吃得好一点，但总是失败。“即便在思考关于吃饭的问题时，思考吃什么、什么时候吃、怎么吃，对我来说都成了折磨。我常常都计划好了，但我得挖空心思才能执行它。我对自己说：‘你应该做的是完全不吃东西，但你现在太虚弱了，不得不吃。’通常我会吃一根能量棒、一些奶酪，或随便什么东西。举个例子，假设晚上要吃一根能量棒，我会给自己定一个固定的时间。错过了这个时间，就只能怪我运气不好了。我必须在 9 点前吃晚餐，因此我会在 8 点左右就开始思考吃的问题。每天晚上，我都会来回踱步，与自己争辩吃能量棒有什么利弊。我会把外包装撕开，把能量棒放在那儿，再次踱来踱去。然后走到能量棒跟前，用指尖挖下来一小片，一边踱步一边吃掉它，就这么重复、重复、重复。25 分钟后，能量棒终于吃完了。接着，我会坐下来，筹划自己第二天要怎么过。”

抑郁的黑狗

“请你描述一下，那是什么感觉？”我问道。

韦斯沉思了很长时间。

他终于开口，谨慎地描述了自己的抑郁引发了怎样的身体感受：“那是一种使人虚弱的不安和焦虑，几乎到了令人反感的地步。当我尝试理解它时，它就成了一把来回拉扯的锯。这是一种焦虑，但我又没有因为某样具体的东西而焦虑。假如你找不到自己的孩子，肚子上就会出现一个坑，身体会告诉你一些事，而你会自动知道需要做什么。但如果那个坑是你的整个身体毫无理由地压着你所造成的，那该怎么办？什么都没发生，至少你没感觉到任何事情发生。这种时候，你无法主动做任何事让它停下来。”

“哪个先出现？”我问，“思维过程还是感受？”

“我尝试找出答案，但这个过程太快，”韦斯回答道，“我很难分辨。”

在我们的谈话中，韦斯描述了自己的体验，同时，他也尝试理解抑郁如何俘获了他：“你不能简单地为了改变而行动。你在告诉自己，假如某些东西在日复一日的生活中一直不改变，保持原样，你就无法摆脱这种情形。但你也无法促使这一过程发生有利的变化，因为你无法把注意放在其他任何东西上。”

我要求韦斯详细说一说这一点，告诉我当他有这种感受时，脑子里发生了什么；那些侵扰他的、阻止他专注于其他东西的念头，到底是什么。但韦斯没回答这个问题，他不认为自己要以这样的方式抗争。他解释说，自己被他的思考方式，而不是某个具体而重复的恐惧或怀疑的念头所“绑架”了。

“它不是某件事或某几件事，它就是它自己。它不是某个我尝试停止的念头，它是这个过程。它不是‘我不喜欢自己’的念头，而是生活品质和它给我的感觉都不是我想要的。”

韦斯解释说，他总有一种消极的基线感受，那就是每天早晨刚醒过来时的状态，而他也努力改变他的生活，尝试提高这种基线水平。韦斯说："我对自己的医生和咨询师描述过目前的状态，我目前的状态是个零，我已经让自己从负的状态变为了零。从零开始比从负数开始更容易，但之所以说零是好事，也仅仅是因为它不是负数，并非因为零本身有什么好的。"

通常，引发情感脆弱的原始触发物会从记忆中淡出，但韦斯的情形似乎不是这样。他并不认为存在某种如早年创伤、自我妨碍的念头或艰难遭遇等东西引发了他的抑郁。"它开始于意识，开始于思考，开始于自我的形成，"他斩钉截铁地回答，"存在性强迫思维开始于我最早有记忆的时候。"

虽然韦斯能想到这个思维过程引发的某些感受，但他还是认为，这些情绪并不是他不幸的根源。"'孤独'是一个错误的字眼，因为有一些事我喜欢一个人做，'孤独'是对一个活动的某种评价。"当我让他描述某些使他不舒服的事情时，韦斯谈论道，"如果你享受做任何事时都是单独一个人，没有人知道发生了什么，这些事还重要吗？"

研究人员还不知道导致抑郁的主要原因是强调消极面还是忽视积极面，但很明显两种过程都参与其中。现在的技术已允许研究者高度精确地研究人类的情绪反应。有的工具可直接追踪眼球的运动，从而揭示人们到底把注意集中在哪里了。同样，医学成像设备也允许研究者观察大脑，看它如何对刺激做出反应。这些成像结果提供的证据表明，抑郁者大脑的某些区域活动增强，如杏仁核、海马体以及前额叶，但在其他一些区域则活动性较弱。

对抑郁者来说，消极刺激不仅比积极刺激更容易引起反应，也更容易被锁定在记忆中。即便是一种客观上被认为是中性刺激，如某位同事的表情，也会被抑郁者以消极的角度看待、以扭曲的思维分析。

抑郁还有一个典型特征，就是会过度地总结自己的一些经历，也就是会强调以往的消极经历，还认为它们代表某种必然。比如有一位抑郁者，尽管自己的职业生涯很成功，但一度被上司责骂的经历仍让他内化类似这样的观念："大家都不喜欢我。"某篇文章被编辑拒稿、某段关系结束了，甚至某个店员无心说出的某个字眼，在抑郁者眼里都不是孤立的事件，而是对他们自我价值的贬损。

抑郁的一个典型特征是反刍思维，即不断地、不由自主地甚至是强迫性地回到某个念头上。对于抑郁者来说，这些念头都是聚焦于自我的消极想法。如"我是个糟糕透顶的家伙""我把所有的事都搞砸了""我不配得到幸福"。抑郁和反刍思维之间存在双向的影响：**有反刍思维的人抑郁发作和复发的频率更高，持续时间也更久，而反刍思维本身也是与抑郁有关的"俘获"过程的副产物。**

抑郁的典型特征包括无用感和绝望感，它们会导致自我毁灭的行为，如从社会交往中退缩出来、暴饮暴食，或沉迷于酒精或其他药物以进行自我治疗。这些感受也会引发如失眠等身体反应，还会强化和夸大抑郁中的种种偏差。这种疾病将慢慢变成一种自我喂养的反馈环路，难以被打破。

当然，谁都可能抑郁。压力事件可能对每一个人来说都是凸显的，以前的压力源会让人们应对某个生活事件时更容易产生压力。某些人会比其他人做出更激烈的反应，而他们的敏感也会使自己更容易陷入抑郁[4]。也许只有追踪某个人一生的遭遇，检验某次经历如何影响了随后的反应，人们才能揭示这种消极的凸显刺激为何会令某些人束手无策，而对其他人没有影响。

韦斯沉默了很长一段时间，才向我解释："害怕退步的感觉最糟了，害怕又退回到零以下的负数状态。即便这种感受能暂时缓和，但还会经常出现在我的头脑中。”我让他举个例子时，沉默的时间更长了。“达到稳定的状态是不可能的。因为这种恐惧，路上的一点儿颠簸都会带来灾难性的感觉。根本没有产生积极情绪的基础。”

韦斯说抑郁从他身上夺走了很多东西，让他觉得很遗憾。他说：“我经常想那些失去的时光，被浪费的好多年。那真的是相当长的时间。突然之间，好多年就过去了，而我的感受还是一样，没什么变化。”

韦斯的内心满是浓重的悲伤，他对此也承认。先是对他的生活状态感觉不满，接着因为这种感受而浪费时间，最后又为此而失落。这样的循环导致他被抑郁“绑架”。

躁狂发作

用罗伯特·洛厄尔（Robert Lowell）自己的话说，1949 年，他遭遇了“一种病态狂热的袭击”。当时，有人看到这位诗人在印第安纳州布卢明顿（Bloomington）的街上一路疯跑，还大声咒骂着魔鬼和同性恋。

虽然洛厄尔被公认为是美国 20 世纪最伟大的诗人之一，但不可否认，他成年后的大多数时间里都在同躁郁症斗争，还经常陷入躁狂状态。

洛厄尔出生于波士顿最古老、最显赫的家族之一，他们的血统可以追溯到五月花号。[①] 洛厄尔第一次把自己想象成拿破仑时才 7 岁。那时他就愤

---

① 五月花号是一艘英国轮船，于 1620 年 9 月 6 日载 102 名清教徒出发前往美洲，其中 41 名成年男子共同签署了《五月花号公约》，创立一个自治团体，这个团体是基于被管理者的同意而成立的，而且将依法而治。《五月花号公约》是美国历史上第一份政治性契约。——编者注

怒而狂躁，强迫性地记住了200名法国将军的名字。他在1936年写给埃兹拉·庞德（Ezra Pound）的一封信中表明，在洛厄尔的大部分青年时期，他很容易出现躁狂发作。“根据正常标准来看，我这一辈子都很古怪，”他甚至有点骄傲地承认道，“我有各式各样的狂热追求，通常表现为收集行为，我收集工具、鸟类的名字、弹珠、蝴蝶、蛇类、乌龟等，还买与拿破仑有关的书。”但这些收藏品很快就被遗弃了，因为洛厄尔总是三分钟热度，很快就去收集别的了，他在信中写道：“我更感兴趣的是收集更多的东西，而不是针对某一样。我抓过30只乌龟，把它们都放到井里，结果因为缺少食物，它们都饿死了。我在学校里赢的玛瑙石和弹珠比其他人都多，还慢慢地收集了数百个兵人雕像，但最后还是把他们放在够不到的架子上了。”虽然他在回忆中清楚地了解自己的古怪行为，但还是请求庞德收他做门徒：“我再一次恳请你留下我。我不会让你难过，我会带来铁与火，我不是在演戏，我的生活很清醒，我没有过分夸张。”

事实上，洛厄尔的生活一点儿也不清醒。在大学期间，他把孩提时的收藏热情转化为一系列对自己人生使命的强烈信念。洛厄尔脑中的自己有多种形象，有时候他会同时把自己看作一名英语诗歌的传承者、一名精神的先知、一名政治改革家，以及一位热情澎湃的情种，随时准备为了理想而离开这个世界。他曾经是“基督、撒旦、亚哈[①]、白鲸、美国和上帝”，任何违背他的事情都会使他无比愤怒。当他的父亲罗伯特·洛厄尔三世（Robert Lowell Ⅲ）司令官，得知自己儿子的女朋友曾私自进入其房间时，怒气冲天的司令官立刻给这位女孩的父亲写了一封信。而洛厄尔的复仇也来得迅速又惊人。他开车带女朋友去他家，把她留在车里，接着冲进屋子，挥拳把自己的父亲打倒在地。

---

① 古代中东国家北以色列王国的第八任君主。——编者注

洛厄尔对美国诗歌的评价，反映了自己生命中躁狂和抑郁的跌宕起伏：“对那些日常生活中平淡无奇的俗物，我们都有些不耐烦，其他国家才可能对它们有奇怪的耐心。琐碎无聊确实是令人难以忍受的痛苦。我们只为了崇高之事而飞跃。”洛厄尔飞跃了一次又一次，从一个崇高飞跃到下一个。1936 年，洛厄尔第一次亲吻女朋友安妮后，他立刻宣称这是他永恒的爱。这一吻变成了天然磁石，让洛厄尔的整个人生围绕它进行重组。对洛厄尔来说，这意味着他们已彻底而坚定地走在了一起，跟结婚差不多。他把祖父的腕表给了安妮，庆祝他们的结合。

虽然他们很快就解除了婚约，但洛厄尔继续观察周遭环境，寻找跟他命运有关的隐含线索，他常常能在每一天的无常变幻中找到意义。雅都（Yaddo）是纽约北部的一处艺术家聚集地。当洛厄尔在这里闲逛时，两名联邦调查局特工来到这里调查那些同情政治犯的人。当时，洛厄尔相信雅都的高官伊丽莎白·艾姆斯（Elizabeth Ames）秘密且深入地参与了关于政治犯的政治活动。他很快发起了一场运动，打算把艾姆斯除名。洛厄尔组织了一次董事会议，他担任首席顾问，严加盘问目击者。洛厄尔对董事会宣布：“假如董事会不采取我们认为充分的举措，我打算找纽约的人协商，还会立马召集一次更大的会议，请雅都曾经的政要人士都参加。在那场会议上，我们将再次详细讨论这件事。”

最后，董事会发现，整个案件纯粹就是洛厄尔的道听途说。他们因为洛厄尔无凭无据就给人乱扣帽子而指责了他。

这场运动失败后，洛厄尔宣布打算重回教堂。他的朋友罗伯特·菲茨杰拉德（Robert Fitzgerald）记得，洛厄尔慢慢陷入了躁狂：“那天早晨，洛厄尔往浴缸里放了冷水，他先把手和膝盖放进去，接着弓起背，大口呼吸。他所有的动作都是严谨而精细的，而且他觉得像是有一根钢针进入了他的身体，让他走起路来直挺挺的。”几个星期后，有人发现洛厄尔在布卢明顿的街上乱跑。不久，他就被送进了马萨诸塞州东北部的一家私人精神病院。在一封写给乔治·桑塔亚纳（George Santayana）的信中，洛厄尔说自己有相当丰富的体验。在给威廉·卡洛斯·威廉斯（William Carlos Williams）的信中，他说医生学的东西跟他一样多。而在另一封信中，他声称“我要去另一座雅都，但这次我将大获全胜”。

洛厄尔在余生不时地经历躁狂发作。1958 年，在写给庞德的一封信中，他说：“你认为，像我这样经常发疯的一个人能参加并赢得竞选吗？我心里惦记着国家参议院的职位。”

奖赏性刺激，比如成就和好评，对于像洛厄尔一样容易躁狂发作的人来说格外凸显。躁郁症患者会以不正常的积极情绪期待或回应奖赏。自然，每个人都喜欢被赞美，但如果你告诉一个躁狂者，说他们在某件事上表现卓越，他们的快乐通常要比其他人持续得更长久。

于是，躁狂者很有动力追求成就，而随之而来的鼓励又会增强他们的动机。很多事在他们眼里都可能具有特殊意义，如在考试中拿了高分，或受到朋友和同事的恭维，然后他们就会下结论认为自己拥有某种罕见的天赋。洛厄尔也经常这样。而这种结论就会变成一种自我实现的预言，因为躁狂者会仔细观察他周遭的环境，寻求证明他们天赋异禀的迹象。渐渐地，他们整合了各种此类线索，利用风马牛不相及的东西编造各种难以置信的故事，这使患者彻底与现实脱节，从而产生妄想甚至幻觉。

对大多数躁郁症患者来说，躁狂与抑郁结合在一起，他们的情绪常常剧烈波动。躁郁症患者同时被积极刺激和消极刺激所俘获，但躁狂是这一病症的典型特征。

惨遭背叛

1950 年，十七八岁的诗人西尔维娅·普拉斯在日记里写道："我很沮丧吗？是的。为什么呢？因为我不可能成为神明，成为普世皆知的人，或成为其他类似的人……我想尽可能充分地表达我的存在，因为我偶然想到，这样我就可以证明自己存在的合理性。"虽然年纪那么小，但普拉斯还是毫不掩饰地描述了一位雄心勃勃的女性在这个时代面临的挑战——社会对女性的双重标准、不得不在职业和婚姻之间进行选择的沮丧，更不用说两者兼得看起来毫无可能。普拉斯有足够的天赋和动机，她的远大追求一点儿也不像是妄想。

然而，普拉斯也备受折磨，她 8 岁那年父亲去世的经历，使她心里总是有一种深深的被遗弃感。这影响了普拉斯和母亲的关系，她甚至认为母亲要为父亲的死负部分责任。这也影响了她与英国诗人特德·休斯（Ted Hughes）的婚姻。普拉斯后来这么描述休斯："他弥补了我因丧父而产生的巨大悲伤。"

普拉斯对被遗弃的强烈恐惧，也导致了她对背叛的担忧。她于 1958 年写道："休斯对女人不忠的情形唤起了我的恐惧，这种恐惧与我对父母和死亡女神的关系的恐惧是相同的。"这种不信任持续地召唤她，让她回到父亲死后的空虚中，从而造成了一种矛盾：即使普拉斯正在坚决地依靠写作开辟一条新路，但她还是冒险把自己的身份界定为一位妻子。

1956 年，普拉斯获得了富布赖特奖学金（Fulbright Scholarship），进入了剑桥大学，在这里遇到了特德·休斯。他们在几个月后结了婚。这时，除了被认为是该校最有魅力的性感男人外，休斯已作为一名诗人崭露头角。休斯后来成为英国的桂冠诗人，但在与普拉斯结婚的最初几年，休斯在伦敦的文学圈里就已享有一定的权力和名声。普拉斯渴望与丈夫一起写作，分享田园诗般的时光，但她不是在忙着打字录入丈夫的手稿、当他的代理人，就是照顾孩子，不过她仍觉得丈夫是个天才，为了他，无论如何牺牲自己的时间、花费自己的精力，在普拉斯看来都是有价值的事。

1961 年 8 月底，这对夫妇离开了他们在伦敦的狭窄公寓，搬到了德文郡（Devon）北部一个老镇子，离喧闹的伦敦有四个小时的车程。即便对逃离都市生活有所怀疑，普拉斯还是义无反顾地投身于努力打造完美人生的劳动中：装修房屋、修理草坪、结识邻里，同时还生了第二个孩子。

最重要的是，这是普拉斯有生以来第一次拥有私人空间写东西，她有了一张宽大的办公桌。普拉斯开始在这里写她到当时为止最复杂的诗，准备把它们结集出版，还给杂志写短篇小说，同时还在编辑她第一本小说的手稿。这本小说名为《钟形罩》（*The Bell Jar*），取材于她的大学往事：当时，普拉斯自杀未遂，在精神病院里待了一段时间。从那时开始，虽然普拉斯对大大小小的挫折和快乐还是极为敏感，但是她的精神状态开始变得相对稳定。她曾在日记中如此写道："就像我的生命被两股奇特的电流控制着：欢乐的正电流和绝望的负电流。无论哪一股正在流动，都会占据我当下的生活，像洪水一样淹没它。"她的诗里也充满了这种界限不明的敏感。一方面，普拉斯敏锐地观察外部世界；另一方面，她内心的世界充满了情感和想象的张力。内外两个世界的边界在她那里相互渗透，变得格外模糊。她就一直生活在这种状态中。

次年 5 月的一个周末，续租了普拉斯伦敦公寓的年轻夫妇杰克和阿西娅来普拉斯家里拜访。休斯与阿西娅的绯闻也很快传到了普拉斯的耳朵里。

这种感觉出现在普拉斯在他们拜访的第二天写的一首诗里：

我感觉到一种沉默的忙碌，似乎某个意图浮动着。
我感觉双手捧着茶杯，沉闷而迟钝，
白瓷在丁零作响。
他们多么期待他啊，这些小死鬼！
他们像情人一样等待着。他们使他兴奋。
而我们，也有一段关系——
像电线紧紧缠绕着彼此，
钉子扎得太深无法拔掉，而心就像一个环
滑动着飞快地套住某些东西，
这种约束也正在把我杀死。

然而，当普拉斯的母亲（有什么问题时，普拉斯通常都会向母亲坦白）不久后来看她时，她还在坚持描述某种幸福的错觉："我拥有了自己生活中想要拥有的一切：一个杰出的丈夫、两个可爱的孩子、一个温暖的家，我还能写作。"

在这对夫妇第一次拜访的6周后，普拉斯仍然被自己的猜疑搅得心烦意乱。一天下午，买完东西回到家，她听到了电话铃响，虽然休斯很快跑下楼，努力想第一个冲到电话旁，但她赶在丈夫拦住她之前抢到了听筒。普拉斯听出了电话里伪装的女声，对方要找休斯。两个人心怀鬼胎地聊了几句，对话极为简短，而普拉斯的内心震惊不已。

那些绯闻看来是真的。挂掉电话后，普拉斯把电话线拽断了。让她一直担心的情感破裂就这样发生了。这种背叛可以说摧毁了她的身份认同。普拉斯被激怒了。她为休斯牺牲了那么多，但他不仅与另外一个女人背叛了她，还在他们两人同居的事上向她撒谎。普拉斯对朋友伊丽莎白·西格蒙德（Elizabeth Sigmund）描述她的痛苦："你把自己的心全部给了一个人，而他不想要它时，你就无法把心拿回来了，它永远地丢失了。”

从这时起，在普拉斯的日记、信件和诗歌中，她开始经常详述自己受到的公开羞辱，无论是八卦的村民提出的窥探性问题，还是伦敦文学圈的冷嘲热讽。她预见到休斯的名气将会在余生中折磨她，她将永远不可避免地听到休斯的新作品、新得的奖，以及新收获的声誉。“我现在认为，我生了孩子，写了小说，这吓坏了他。他想要的就是个不能生育的女人，像他妹妹和那个女人一样，不写东西，只是崇拜他。”普拉斯这样自我安慰地写道。

普拉斯与休斯发生了激烈的冲突，而普拉斯决心与对方一争高下，绝不妥协。“休斯也许是个天才，”她写道，“但我也有智慧，他无法阻止我。”普拉斯开始以安眠药来对抗失眠，但在凌晨时分，药丸的作用会消退，这时她就开始写作。在普拉斯的描述中，这个时间也是一天里她感到最抑郁的时期。她的医生建议她可以利用这段时间，这时孩子还在睡梦中，她可以写点东西，而不是翻来覆去地折腾。于是，普拉斯开始一天写一首诗，那段时间她写出了自己最好的作品。

到了 1962 年 10 月，普拉斯居然已写了 25 首诗。她还向朋友描述，说自己的灵感突然爆发，一口气完成了它们。她在无数的信件中解释说，她一直都相信自己需要一种稳定和安心的家庭生活以便写作，但现在所有的一切都陷入了混乱，“就好像家庭生活扼杀了我”。

然而，这种顺利的写作期并没有持续很久。在普拉斯生命的最后几周，这种创造性的能量不再爆发，而一场风暴让她的生活完全陷入了黑暗。普拉斯想要进一步释放自己，远离休斯，于是她尝试与某个密友开始一段浪漫关系，此人是一位很有影响力的编辑，但他拒绝了普拉斯，这让她万念俱灰。

《钟形罩》于1963年1月在英国出版，但在美国没能引起出版商的兴趣。同样，普拉斯在美国出版的第一部诗集问世之后也是反响平平。她的诗作被一位又一位编辑拒绝，许多人认为它们令人担忧。同时，伦敦的天气前所未有得寒冷，疾病肆虐。普拉斯和她的孩子不断患流感，而休斯频繁地来看孩子，这严重干扰了她，让她无法写作。

在生命的最后几天里，普拉斯的心情明显改变了。她与家里的女佣吵架，与休斯的关系也越发紧张，对方威胁要诉诸法律，告她诽谤。普拉斯刚从一场严重的呼吸道感染中恢复过来，两个孩子又患上了流感。2月初，医生诊断说她得了病理性抑郁症，希望通过抗抑郁药治好她。阿西娅那时也怀孕了，尽管她会在几周后打掉胎儿，但现在不清楚的是，普拉斯在死前是否知道这次怀孕的事。

在普拉斯临死前写的一首诗中，她这样描述了不久后的自杀：

> 这个女人很完美。
> 她死去的
> 尸体上还带着有成就感的微笑，
> 一个希腊人必然会有的错觉
> 流淌在她宽袍的褶皱里，
> 她赤裸的
> 双脚看上去在说：
> 我们走了那么远，都结束了。

我很快就要疯了

最终俘获弗吉尼亚·伍尔夫的是她的恐惧。1941 年，伍尔夫自杀身亡，时年 59 岁。根据她的侄子、传记作家昆廷·贝尔（Quentin Bell）的说法，在此之前，伍尔夫至少两次自杀未遂。恐惧伴随了伍尔夫几十年，至少从她 13 岁时就已出现了。当时她母亲死了，那是她第一次情绪严重崩溃。昆廷写道："从这时开始，她就知道自己疯了，而且还会再次发疯。"之后几年，伍尔夫又经历了几次疾病发作，一位神经科专家诊断她神经衰弱。伍尔夫有很多焦虑症和抑郁症的典型表现：忧虑、失眠、易怒、易兴奋、头痛、刺痛感、头晕，对失败感到痛苦、羞耻和内疚，以及对未来的绝望。她还有其他常见的症状，如讨厌自己的身体、不想吃东西、偏执妄想，以及偶尔对他人抱有敌意。她的丈夫伦纳德·伍尔夫（Leonard Woolf）相信，妻子患有躁郁症，昆廷也同意这一点。

虽然伍尔夫的状态多次都很糟糕，有几次时间还很长，但在大部分时间里，伍尔夫既不抑郁也不躁狂。她的信件和日记，她的小说和散文，她的大量阅读和众多评论，她的同事、熟人和朋友都可以证明伍尔夫充沛的能量、乐观的精神，以及高尚的职业道德。这些都表明，长期以来，伍尔夫很健康，她有才华，甚至可以说她是个天才，她很容易快乐起来、喜欢社交、有幽默感、充满魅力。她的朋友、作家里顿·斯特拉奇（Lytton Strachey）曾经说（抛开当时两人之间的爱情），伍尔夫是任何人都想拜访的那种人。然而，即便状态很好，伍尔夫还是对某些刺激很敏感，比如噪声；生病时，她也经常被头痛、失眠、兴奋和注意涣散所困扰。伦纳德相信，这些症状是潜在危险的迹象。伍尔夫的创造力和幻觉之间的界限，以及社交热情和不可控制的喋喋不休之间的界限，并不总是那么清晰。

伦纳德经常认为，伍尔夫要么对刺激过于敏感，要么过于劳累。甚至在他们结婚之前，伦纳德就发现她的病情很重。随后几年里，伍尔夫的病情变得更糟糕。伦纳德知道，伍尔夫的思绪会迅速而彻底地陷入混乱，变得不理性、危险和病态。伦纳德说，为了避免崩溃，伍尔夫需要立刻退缩到一个“安静的茧”里，进入一种接近冬眠的状态。他对生活的坚持、他想要的乐趣和自由，都因伍尔夫而止步不前。害怕失眠也是导致伍尔夫焦虑的一个原因，她害怕自己变得不可控制。所有针对她的无伤大雅的批评和玩笑，都会在伍尔夫心中回响，她也明白，自己的情绪反应太夸张了。“我把鸡毛蒜皮的小事带回家，到了半夜，它们就会放大，变为赫然裂开的伤口。”她写道。

伍尔夫十分沉迷于这种通过写作表达自己的本能，以及这样做所带来的快乐。她的日记中书写了很多文学作品、形而上学、政治观点和个人的关切，显示出她不断变化的心境。先是抑郁：“陷在椅子里，几乎不能坐起来。一切都平淡无奇、无味、无色。休息的欲望十分强烈……只想一个人在户外待着……我的写作能力像某种不可思议的东西，属于别人，我再也不会拥有它。头脑一片空白……了无生趣；但感觉似乎更习惯于存在了。弗吉尼亚·伍尔夫的性格和气质完全沉没了……难以思考要说什么。自动阅读，就像一头牛在反刍。睡在椅子上。”

慢慢地，伍尔夫的心情好转了：“身体感觉疲劳，但脑子稍微能运作一下了。开始注意……更清晰、更轻快。我原以为自己可以写作，但还是抗拒或发现这不可能。想要读为星期五准备的诗，这让我感觉自己的个性又回来了。读了一些但丁和布里奇斯（Bridges）的作品，理解起来没有困难，主要是乐在其中。现在我打算写笔记，但不想写小说。”

然后，伍尔夫记录了心情和感受明显变好的过程：“每幅景象、每个单词的提示力量都大大增强了。”几个星期后，伍尔夫就预感到痛苦要卷土重来，也感受到了它的存在：“哦，它开始了，它又来了——恐慌——身上感觉像一阵疼痛的波浪淹没了心脏——折腾我。我不高兴，不高兴！感到失落——天哪，我只愿自己死掉……我希望自己只有几年活头。我再也不能面对这种恐怖了——其波浪扩散到我全身。它持续下去；好几次，带着各种恐慌……为什么我这么无能为力？它不可信，也不可爱。我的生命为何会有如此多的废物和痛苦，它就是原因。”

伍尔夫如此总结这种恐惧：“我希望它能在我的脑子里生活一周。它受到极其狂暴的情感波浪的冲击。怎么回事？我不知道。它从我清醒时开始出现，而我从来都不知所措——我该高兴吗？我该痛苦吗？”

伍尔夫的日记和她的某些信件都给人一种感觉：她对自己的性格和脆弱有一种复杂的感受。比如，伍尔夫明显懂得，她的疯狂有相当高的文学价值：“我敢向你保证，发疯这种体验很吓人，别人不能嗤之以鼻；但在发疯的过程中，我依然能找到可写的大部分东西。”这样的场景就是“我该怎么表达它？它有神秘之处，有些事发生在我心中，但它没有留下印象。它把自己封闭起来，变成了虫茧”。

伍尔夫看不起迁延时日的休养治疗法，这是医生针对她的病情给出的方案。她觉得，月复一月地过度进食以及强制身心不活动很不人道，特别是有时她觉得自己可以读书写作，却不能这么做。“没有什么比这更悲惨……我不指望医生倾听或理解。”有一阵子她这么写道。治疗只会让她对自己的症状更为困惑，也更害怕，因为它们的发作预示着会有一种更糟糕的治疗过程，在伍尔夫看来，这比症状本身还吓人。在治疗进行到第八个月时，她这么写道：“我觉得我实在不能继续忍受这种折磨了，我的意思是，很快我就会跳下窗去。”

前后算起来，伍尔夫在崩溃和恢复之间徘徊长达几十年，但她非同寻常的创造力也伴随了她多年。考虑到这一点，我们有充分的理由推测，她也许同样能从最后一次病情发作中复原。但这次发作为何会有所不同呢？自然，当时的世道格外艰难、晦暗和不祥，即将到来的厄运可能恶化了伍尔夫的精神状态，也似乎是她内心状态的一种写照。1941 年，伍尔夫面临的问题不只是担心自己会发疯，她（以及整个世界）还担心纳粹德国即将入侵。她和伦纳德以及其他许多人，都在讨论万一德国人入侵，他们具体该怎样自杀，他们已经认定自己无论如何都会死。1941 年 3 月初，伍尔夫给一位朋友写信，说“你是否像我一样觉得……现在就是最糟糕的时期？我的确这么想。我对伦纳德说，我们没有未来”。

然而，最终让伍尔夫难以承受的显然是她内心的混乱，而非整个世界的混乱，内心的混乱最终从伍尔夫那里夺走了任何可能复原的信心。治疗她的医生在 3 月 12 日这天写道，伍尔夫承认她感到绝望，沮丧到了谷底。她常有这种感受，但眼下的这次尤其令人感到无力。3 月 21 日，伍尔夫告诉医生，她的传记作品是“失败之作”，她说自己失去了这门技巧，还承认当无法写作时，她就开始擦地板。她那时可能很激动，无法入眠也无法思考。在伦纳德的催促下，3 月 27 日，伍尔夫最后一次去看了医生。尽管伍尔夫承认，她害怕自己会失去写作的能力，但这次会面没什么效果。伍尔夫宣称自己没什么问题了，完全没必要接受咨询。当然，她也不会回答任何问题。第二天，伍尔夫就自杀身亡了。

伍尔夫留下了三本自杀笔记，两本给了伦纳德，最后一本给了她姐姐瓦妮莎·贝尔（Vanessa Bell）。这最后一本最能让世人理解伍尔夫的内心，她这样写给瓦妮莎：“我现在肯定，我很快就要疯了。这次和第一次发作时一样。我总是听到各种声音，而且我知道，我这次无法熬过去……我再也不能清醒地思考了……我曾跟它抗争，但我再也做不到了。”

不堪重负

这是一个医生所能犯的最令人痛心的错误。他错误评估了风险，损失也难以挽回。

梅奥诊所的精神病科主任霍华德·罗梅（Howard Rome）医生，与患者详细讨论了自杀这个话题。他们谈到了患者父亲的自杀，患者自己的自杀"冥想"，甚至他以前对自杀的尝试。

1961 年 7 月，就在罗梅医生把欧内斯特·海明威（Ernest Hemingway）从医院放出去几天后，这位作家用步枪射杀了自己。四个月之后，罗梅医生尝试回答一个问题，他已不止一次问自己这个问题。而现在，海明威的妻子直接向他发问：我们原本可以做些什么？

在写给海明威妻子的信中，罗梅医生认为海明威被自己可能再也无法工作的念头缠住了。罗梅医生从海明威身上观察到了激越性抑郁症的一些典型表现：丧失自尊和价值感，因为没有为家人、朋友以及无数依赖自己的人提供力所能及的帮助而产生了一种焦灼的内疚感。这些症状最终促使罗梅医生采取了电休克治疗法。

海明威还表现出一种强烈的忧郁型执念。他无法信任自己的律师和财务顾问。罗梅医生在信中这样说："好几个星期了，我们一直在谈论他毫无根据的坚持到底有何意义。他认为，倘若没有成为一名合法的爱达荷州居民，自己就会破产。我们的谈话不断地回到对未来的设想，比如说当爱达荷州的永久居民，与在欧洲甚至非洲的某个地方定居相比有何利弊。"

同时，海明威也开始密切留意自己的健康状况。他通常会仔细检查护士对他血压的测量记录，还会详细记下他的体重，以及踩在体重计上时他穿了什么衣服。

在和罗梅医生讨论时，海明威还主动提起了自杀这个话题。

> 他说我可以相信他。他告诉我，我没有别的选择，只能相信他。为了证明这一点，他说如果他真想毁掉自己的话，他有玻璃片、腰带，以及偷偷想好的很多方式。
>
> 你问我，你可以做些什么……但我不知道你还可以做些什么。他常常说，他知道自己是个很难相处的人，而你学会了与他相处。他为你感到骄傲，尤其是你能与他分享一些他经常认为是自己脑子里的东西，他这么说时常用食指敲敲自己的太阳穴。
>
> 我想，我理解这对你来说意味着什么。你面对着现在这个可怕的结局，脑中响起无尽的回声：为什么？为什么？为什么？为什么？而你得到的答案完全不是你想要的。对于一个我们认为拥有性格很温柔的男人来说，这种惨烈的结局实在令人难以接受……根据我那时的判断，他已从抑郁症中彻底恢复，所以我能建议他离开医院了。你真心诚意地接受了这一点，但我错估了风险。

我联系了海明威在最后几年中的一位亲密知己。“见到海明威时，我大吃一惊。从前，他性格活泼，对任何东西都有兴趣，总是吸引大家表达自己，而那段时间他并不忧郁。”瓦莱丽·海明威（Valerie Hemingway）说道。她第一次在西班牙见到海明威是在 1959 年，当时她 19 岁。不久之后，她就在海明威身边扮演了多重角色：女儿、缪斯和雇员。海明威死后，她嫁给了他的儿子格雷戈里。

瓦莱丽继续说：“我在西班牙过得很惬意，我们每天晚上 11 点才会坐到餐桌旁用晚餐，而离开餐桌通常是在凌晨两点，甚至可以聊到凌晨三点。在有些情况下，海明威要大家陪着自己谈笑风生还有一个明显的原因，那就是他不想上床睡觉。”

虽然海明威的写作生涯很成功，名声也很好，但他面临着诸多令人沮丧的挫折：他那时已是第四次结婚了；他在多次车祸和飞机意外中受了重伤；他的许多亲密朋友都死了。海明威亲身经历了抑郁症。不过，通过旅行，通过良好的社交，最重要的是通过写作，他常常能克服抑郁。

但是，在海明威离开西班牙之后，情况发生了戏剧性的变化。瓦莱丽回忆道：“1960 年 1 月，当我去古巴跟他待在一起时，我看到了一个完全不同的海明威。”正是在海明威的新家园古巴，他开始不堪重负。瓦莱丽说，这种不堪重负使海明威陷入更艰难的境地，而他挣扎着想要振作起来时也变得日益憔悴。

回到海明威在哈瓦那的心爱住所瞭望山庄（Firca Vigia）时，他发现自己陷入了一种糟糕的无望处境。美国驻古巴大使菲利普·邦斯尔（Philip Bonsal）于 4 月的一天晚上拜访了他。邦斯尔和海明威一家维持着多年的友情。“邦斯尔告诉海明威，他必须得离开古巴。”瓦莱丽回想起来，那时她跟这两个人坐在一桌，听他们交谈。海明威不想走，他说他住在古巴没有别的目的，而是因为这里是一个珍贵的家园，是他的写作圣地。邦斯尔走近一步，说了“叛徒”这个词。最后，邦斯尔再次强调：海明威必须马上离开。

海明威想着“叛徒”这个字眼，瓦莱丽说：“这让他担心不已，浮想联翩，他明白这个指控威力巨大……一旦某个词被广泛传播，它就会被人接受，变成一种定义标签。这令他格外不安。”

这种威胁也意味着海明威要放弃瞭望山庄。而就在这里，他有很多雇员，他将他们视作自己的亲密朋友，其中一些人与他一起工作了好几十年。这种威胁迅速颠覆了海明威的安定感。“一个一丝不苟的人对于意料之外的变数会非常困扰，”瓦莱丽·海明威说道，“我在海明威身上清楚地看到了这一点……失去瞭望山庄对他来说是一种真正的负担，因为在这里他有很多朋友。他总是喜欢有一群可靠的人聚在自己周围，与外面的世界隔离开。”

就在第二年春天，海明威又遭到了一次打击：他的视力开始下降。海明威以前几乎每周都读三本书，但是视力下降后，他就很难再读书了。此外，他每周两次的外出，他去皮拉尔（Pilar）钓鱼的事，以及对视力要求较高的事，如观察水中的游鱼和涟漪，也都不可能了。海明威过去所做的一切，也是他喜欢做的事，的确都要求他有良好的视力。

海明威确信自己的生活已变得岌岌可危，充满了不确定，他又把注意投向了一个焦虑了很久的老问题上：他的经济状况。早在 1928 年，恐惧的种子就在他心里种下了。当时，海明威目睹父亲因为一个糟糕的房产投资吞噬了家里的大部分积蓄而心情糟糕。不久，父亲就自杀身亡了。海明威不得不翻阅一大摞不平衡的支票簿、未收回的票据以及未付的退税，以确定父亲身后到底留了多大的烂摊子。现在，他对钱财的担忧加重了，因为他看似安全的经济状况突然之间被彻底颠覆了：在 20 世纪 50 年代，他的会计报告说没给海明威缴足税金，因此这位作家还需要向美国政府支付总共五万美元的欠款。事实证明，当年他写作和版税的收入比他想象的要少。海明威第一次发现自己被钱难住了。“海明威觉得自己很穷。他觉得不能信任周围的人，”瓦莱丽解释说，“某一年你觉得自己很富有，但下一年你就什么都没有了。什么事情都可能发生，他开始习惯这一点。”

所有这些问题都加重了海明威的失眠，而晚上长时间不休息，只会让他第二天的写作计划泡汤。到了最后，无法写作成了海明威绝望的核心。“他酷爱写作。对他来说，写作比任何东西都重要，”瓦莱丽说，“他觉得，如果自己不能比以前写得更好，那么活着就没意思。在这个特殊的春天，当他起床打算写作时，他的确受了刺激。他的整个性格都变了，他变得暴躁而忧郁。”

海明威的恐惧很快开始加剧：他担心其他人会暗害他，担心妻子会离开他，担心他的律师没有汇报赌博赢了的 4 000 美元，担心他因为在《生活》杂志（*Life*）的一篇小说中对一位著名的西班牙斗牛士的描写而遭受强烈指责。

1960 年夏天，当瓦莱丽第二次去西班牙看海明威时，她看到的是一个憔悴的、像被遗弃的人，就像是一年前她见过的那个人的鬼魂。“我觉得那个人已不在那里了，”她说，“我根本无法以任何方式让他敞开心扉。”

事实上，海明威的某些偏执念头是源于现实的。从20世纪40年代开始，美国联邦调查局就在追踪他的行动。当时的联邦调查局局长埃德加·胡佛（Edgar Hoover）决定，密切关注海明威在古巴的活动。但聚焦于他的脆弱，只不过是放大了海明威的偏执罢了。曾帮助海明威克服恐惧的创造性，以及写作时的想象力，已调转矛头攻击他自己了。

不同状态背后的相同机制

驱车回家的那天晚上，拉尔夫·霍夫曼（Ralph Hoffman）买了一份外卖放在后座上，那是一份热气腾腾的咖喱饭。他留意到，一路到家所经过的每个路口，交通灯居然都是绿色的。

一开始，霍夫曼还没意识到这一连串的巧合，直到第四个路口，他突然发现自己马上经过第五个绿灯。这种情况非常罕见。“我忽然觉得不可思议。到底发生了什么事？是什么力量在控制绿灯？于是，转瞬之间，我有了一个偏执的幻想——我确信，某种外部力量正在控制交通灯。”

霍夫曼是耶鲁大学精神病研究所的专家兼主任，他通过这件事描述了精神病患者的体验，他们通常能从日常巧合中发现隐秘的含义。“如果我当时有精神病倾向，”霍夫曼说，“我一定会抓住这个惊人的巧合。”

我把自己的俘获理论讲给霍夫曼时，他意识到，我不仅描述了大多数精神病患者的体验，也描述了他那晚的状态。他认为，俘获已不可避免地在人们的生活中引发了连锁反应：人们赋予某些刺激意义，使自己的注意逐渐偏离，并观察周围环境以寻找相似的刺激。霍夫曼认为，这是一个自动化过程。一旦注意被某种刺激吸引，人们就会在所处环境中发现以往没有发现的刺激，以及意义的来源，而这只会令人更加过度警觉。或者用霍夫曼的话说，患者“想寻找那些驱使他们发疯的东西”。

注意窄化的循环很可怕。因此，精神病学家很想知道，为什么有些患者最终会康复。怎么做才能打破这一循环？

霍夫曼提出，精神病可以从俘获的角度来理解。有研究发现，总人口中约 70% 的人在隐隐约约睡着之前都听到过某种声音（该研究还表明，长期缺乏睡眠会让人们很容易就产生这类体验）。这种“正常”的体验与精神分裂症[5]患者体验到的强烈幻觉和妄想有什么区别？霍夫曼解释道，对容易患有精神病的人而言，入睡前听到的某种声响具有不可抗拒的权威，它是凸显的[6]。说到底，如果一个精神病患者没被他的妄想俘获，他就不可能继续妄想下去。霍夫曼说：“这是一个最重要的指标，它能告诉我们患者是否正逐渐康复。如果他能够忽视这些声音，那么它们可能很快就会消失得无影无踪。”

在霍夫曼看来，躁郁症就是对某种情绪状态的成瘾[7]，带有高度的强迫性和激励性。躁郁症患者被他们自身的特殊感俘获了[8]，接着又被任何能支持这种感觉的证据再次俘获。躁郁症的躁狂阶段特点是，一系列高度凸显的线索能强化个体非凡的自我价值感。与此同时，躁郁症患者通常会忽视某些潜在的驳斥这种自我价值感的相关证据。这种注意偏差将会导致患者相信，他们拥有某种罕见的天赋[9]，比如能洞察人类的起源，或与天神有格外紧密的联系。因为狂热的信念获得了支撑，就像罗伯特·洛厄尔突然相信他被赋予了某种特殊使命那样，任何可能打破这种确信感的线索都会很快被忽视或消除。

无论是精神病还是躁郁症，主要的药物治疗（也就是所谓的第二代抗精神病药）都是针对凸显的神经回路，这毫不奇怪。通过抑制人们对某些凸显刺激的投入，这些药物允许患者在某种程度上再次控制他们的注意。不幸的是，患者常常发现这些药物削弱了他们所有的反应，让他们的情感世界变得平淡无味，让他们的日子变得索然无趣。

抑郁症患者的心理过程与躁郁症患者的恰好相反。他们对环境中的另一套线索变得过于警觉：“我让父亲失望了。我是个糟糕的失败者。没有人会爱上我。我将永远孤独下去。”或者，他们可能将自己对这些线索的解释向外投射，认为世界是冷漠无情、缺乏公正的：“为什么坏事总是发生在我身上？”为了缓解这种令人窒息的自我厌恶感，抑郁者经常从药物、酒精或食物中寻求安慰，而这些东西只会令他们更缺乏价值感。

当我们讨论这些情形时，霍夫曼医生一次又一次地谈到一个关键的悖论。我们都很容易被俘获，都需要在朝自己狂轰滥炸的随机刺激中寻找意义。然而，对大多数人来说，这种敏感性被抵消了：我们有能力重新定向自己的注意，不让它到处乱逛。霍夫曼坚持认为，正是这种反抗力把很多患者从“被绑架”的深洞里拽了出来。毕竟，他在自己患者身上看到过这种能力。

不过，这场战斗就像是在爬坡。霍夫曼也承认，大脑发现凸显刺激的驱动力，可能与寻找快乐或奖赏的驱动力一样强大。他说：“人们通过体验来寻找凸显刺激，要么通过感官，要么通过内心的状态，如信念、意象和记忆。当大脑被这些高度凸显的体验绊住，从而无法继续进行日常的心理活动时，就会产生精神疾病。”

俘获会在没有任何精神疾病症状的健康个体身上起作用，也会在被精神痛苦麻痹的个体身上起作用。俘获的过程不是精神病理的同义词，它也绝不是导致精神疾病的唯一力量。相反，它是一种普遍机制。通过它，我们能更好地理解从日常生活到极端案例中的一系列精神痛苦。

这种貌似不相关的各种经验背后的相似性将会促使人们重新思考目前对精神痛苦的理解。在过去的 35 年里，精神病学诊断的标准是患者的症状。随着时间的推移，贴给一系列症状的名称标签被人们接受，被当成了引发患者痛苦的原因。结果，这些标签，比如“躁郁症”和“抑郁症”，就被认为是解释而非描述。悲剧的是，这种混淆导致了注意的偏离，大家已不再关注精神痛苦与大脑机能之间的核心关联。

不过，越来越多的证据表明，在貌似不同的精神状况背后存在一种普遍机制。比如，有研究证明，五花八门的精神治疗，无论是药物治疗还是心理治疗，对一系列精神障碍都是有效的。几种精神类药物治疗焦虑和抑郁症的效果良好。左洛复和百忧解等抗抑郁药被批准用于很多精神疾病的治疗，如重度抑郁症、强迫症、惊恐障碍、创伤后应激障碍、经前焦虑症以及社交焦虑症。同样，所有这些疾病的共同特点都是凸显刺激激活了关键的神经回路。不断有研究显示，抗抑郁药正是通过减少对这些刺激的情绪反应而起作用的，从本质上说，这些药物有助于抑制俘获引发的激活。

长期以来，人们忽视了关于在各种精神痛苦背后，甚至在艺术和精神超脱中存在一种普遍的神经机制的研究发现。我希望，通过检验俘获在个体身上的影响，人们将理解某些刺激如何以及为何会霸占自身的注意。只有这样，人们才能找到更有效、更安全的策略，以便治疗种种极易令人衰弱的俘获模式。

知识延伸

1. 英国心理学家约翰·鲍尔比（John Bowlby）在整个职业生涯中都在研究依恋，这是类之间形成的一种独特的情感联系。鲍尔比由一个保姆抚养长大，在他四岁那年，对方离开了他们家。在他母亲看来，这很危险，因为孩子总是不断要求得到关心和疼爱。在他七岁那年，鲍尔比被送进了寄宿学校。多年以后，他谈到了自己早年的学校生活："不快乐的情绪在一个孩子身上不断积累，因为他在黑暗的隧道里看不到尽头。一个学期的 13 个星期就像 13 年那么长。"

拿到医学学位之后，鲍尔比决定接受培训，成为一名精神分析学家。但不久，他就发现自己卷入了儿童精神分析不同派别的斗争之中；尽管他最终选择了著名精神分析学家梅兰妮·克莱因（Melanie Klein）作为导师，但鲍尔比无法接受克莱因的观点，即行为主要受到内驱力的激励。相反，鲍尔比坚持认为，环境、孩子对周围世界的感受和体验，将塑造他们的内心生活。

到了最后，克莱因的"客体"概念赢得了鲍尔比的认同。客体可以是一个人、一个东西或一个观念，它们被心灵赋予了某种象征意义。很快，鲍尔比就把客体重新命名为"依恋对象"。他将把自己职业生涯大多数的时间投入到构成依恋对象的人类经验中。在生活的各个阶段中，它们都是人类经验不可分割的一部分："与特定个体建立强烈情感联系的倾向是人性的基本成分。"早期童年依恋特别重要，因为它们影响个体的心理发育，以及成年后的精神健康。

鲍尔比确信，依恋的生物学根植于人类的进化史中。依恋增加了后代存活和繁荣的可能性；它推动了强烈情感联系和社会纽带的建立。不过，鲍尔比的许多问题仍然有待回答，比如，形成依恋关系的神经学基础是什么？为什么它们有时候会失效？

2. 杰伊·德费奥觉得，她真正的自我在形状和绘画里。15 岁那年，苏珊·桑塔格（Susan Sontag）被文字迷住了。在语言中，她发现了一种适合了解自身欲望的形式：在青春期和成年初期的日记中，她通过一系列的捕捉来记录辨别自己身份的过程。

1948 年 5 月 26 日，桑塔格在日记中写道："孤独永远存在，不可改变。奇怪的是，我觉得自己的意识变得更敏锐了，那是一种疯狂而饱受挫折的、想要彻底坦白出来的渴望。天哪，我永远都不会说我真正的感受是什么！"

然而，这种渴望与现实相抵牾——"周围的一切会把我淹没"，"真正的'我'"被掩埋在"平庸之徒的大部队里，有一种被活埋在山底下的感觉"。对年轻的桑塔格来说，寻找真正的"我"等于永无止境地创造自我。她把自己建构成一种由俘获她的碎片做成的东西；这是一个开始，它将在永恒的重塑状态中逐渐变成一座大厦。

"在那些转瞬而过的时刻中，它们过去得太快了，就像我确定今天是圣诞节，而我此时正幻想在一个悬崖上蹒跚而行。"1948 年 12 月 25 日，她如是写道。维瓦尔第的 B 小调协奏曲滑过这位早熟的 15 岁少女心头："我用自己的身体去倾听，作为回应这种激情和悲伤，我的身体开始疼痛……肉体上的‘我’感觉到了难以忍受的痛苦，然后是一种沉闷的焦躁。这时，在旋律中营造的世界突然闪烁，又突然没了光芒。”

这种音乐所带来的感官上的和完全抽象的体验，唤醒了桑塔格体内一种纯粹可能性的意识，把她送到了一个远离父母期望和社会习俗的领域中：“我千万别想太阳系——别想横跨数不清的光年的无数的银河系——别想无限的宇宙。”

随着音乐逐渐走向尾声，日记开始转向内心，在犹豫和兴奋之间找到平衡。“我问，什么让我如此混乱？我怎么才能诊断自己？”慢慢地意识到了她自己性别的存在，桑塔格写道：“我的性取向令我不安。我现在感觉我有同性恋倾向，写下这一句时我很不情愿。”这样的声明在 20 世纪 40 年代的美国可谓激进，因为当时的女人被期望升华她们的性欲望，而同性恋在那时被认为是一种病。

当 1949 年年初进入加州大学伯克利分校时，桑塔格的欲望被束缚住了。她写道：“我在爱，就是在爱！”回想起她第一次与一个女人发生性关系，这位年轻的作家描绘了一种纯粹释放的时刻：“一切都如此紧张，我的心头受了伤，但在面对她的紧张中，在她的身体压在我身上时，在她的嘴和手的爱抚下，这一切都消失了。”

“我该怎么办？”桑塔格问道，随后只是给了一个含糊的回答，“当然是，自由自在。”对桑塔格来说，自由自在最终意味着不受限制地追求性快乐，无论是与男人还是与女人。“我从来没有真正理解，你能活在你的身体里，而不做任何可怕的二分法！”这位作家拒绝双性恋，因为它就像“我同学和老师的好听恭维话，或者我在家里听到的陈词滥调”。

桑塔格不仅被对自己性取向的日益觉醒所俘获，也被作为艺术家的激进自主性所俘获。她在自己的语言实验中和在波希米亚式生活方式中，都发现了一种令人兴奋的自由。她不再受环境的约束，不再被围绕她的“可怕的二分法”限制。在求爱、婚姻、生子和抚养方面，性甚至爱突然从中脱离了束缚。抛开她往昔的雄心壮志，如读研、进入学术界等，十几岁的桑塔格转而投身于一种高度理智化的乐观主义：“我打算做任何事……要有一种评估经验的方式，不管它令我快乐还是痛苦，我会非常谨慎，力避痛苦。我将期待快乐无处不在，因为它的确到处都存在！”

3. 除了食物线索之外，关于体重和身材的线索也会对有进食障碍的人变得高度突出。与积极词汇相比，有进食障碍的人会更注意与体重和身材有关的消极词汇（如“胖”），对此也会记得更好。比如，他们更关注自认为身体“丑陋”的一面，同时更关注别人身体“美丽”的一面。这种选择性注意导致对身体不满的加剧，又会进一步导致身体检查，比如强迫性地称重，或者经常照镜子。如果对检查结果满意，他们会继续强化这些行为；如果不满意，他们就会采取催吐、过度锻炼或者节食等错误方法。

4. 这种对压力增强的敏感性因为下述事实而加剧，即抑郁会让人获得新的压力源。比如，压力可能导致精力衰减，导致自我孤立的冲动，这些又会影响工作表现，导致经济上的困难，从而诱发更多压力。

5. 实证数据表明，精神分裂症的许多症状来自对环境中异常的凸显刺激分配，而在同样的场景下，正常的大脑会把它当成无关因素。比如，在 2009 年的一项研究中，研究人员要求精神分裂症患者和正常人学习某一刺激的两个维度与奖赏概率的联系，以便在一个考验反应时间的游戏中赚钱。在这个任务中，该刺激会在两个视觉维度上变化，即颜色和形状，但只有其中一个与奖赏概率有关。结果发现，与正常人相比，精神分裂症患者不太可能认识到这一关联。妄想症患者更可能把异常突出（aberrant salience）[①]归为与奖赏无关的维度，而这种异常突出归因模式也与阴性精神症状有关。

在 2006 年的另一项研究中，研究人员向被试展示正性、负性和中性词，这些被试由精神分裂症患者（其中有些有妄想症）和正常人组成。研究人员发现，妄想症患者更倾向把中性词汇归类为负性词，他们在将中性词汇正确归类时也花费了更长的时间。研究人员把这一现象解读为，中性刺激的错误归因，这一点在有妄想症的精神分裂症患者身上最明显。

有些理论试图解释这种异常突出分配与精神分裂症症状之间的推定关系。2009 年，研究人员提出了一个注意和突出归因的贝叶斯模型。在这个模型中，与多巴胺神经传递有关的预测误差信号传导的中断，导致了违反预期的错误信号出现。而违反预期又意味着对此分配更多的注意和突出归因事件，这可能会让个体感知环境的变化，因此，他们需要更新自己目前的

① 异常突出是指无关刺激被归因于实现特定目标的动机，从而不当地吸引注意、影响行为。——编者注

信念。通过这种方式，嘈杂的预测误差信号将导致患者把突出和意义归因于偶然的刺激上，他们因此就会基于看似不重要或不确定的信息而采纳妄想信念。在两篇理论性的论文中，几位作者提出了一个类似的模型，其中高多巴胺能状态导致把突出性异常归之于一个人的经验元素。他们进一步提出，幻觉是这种异常突出内部表征的经验反映，而妄想则代表了个体的认知努力，这些人试图使这些看起来突出的经验富有意义。在这一框架的基础上，他们提出，抗精神病药物的作用机制是“抑制这些经验中的突出”以便缓解症状。

电生理学研究也开始揭示精神分裂症中异常突出分配的神经机制，特别是在早期的感觉门控因素对突出归因的背景下。这类研究的一致发现是某种迟钝的“错配消极性”（mismatch negativity，MMN），它是一种事件相关电位（ERP），标志着环境中的变化，被认为是一种预测误差的信号。这种缺陷被解释为反映了在预测误差产生过程中受到的损害，或新异刺激的突出归因。电生理学研究聚焦于早期知觉过程和感觉门控的异常，它们可能会导致精神分裂症中有偏差的注意分配。比如，一项研究发现，在刺激处理的不同阶段中，与健康人相比，精神分裂症患者在凸显与非凸显刺激之间的电生理反应差异更小，研究人员认为这代表了一种突出信息在选择性“输入”方面的失败。在另一项研究中，精神分裂症患者和正常人被要求聆听一系列音调，然后在某一个音调出现时按某个特定的按钮。研究人员发现，在多个方面，患者对突出音调的反应减弱，比如在对目标音调进行响应时，参与做决策的 P300 波潜伏期延长了。这些结果被解读为反映了多种注意缺陷，他们在选择性聆听策略上的计划与实际执行并不匹配。

神经影像学研究发现，精神分裂症患者与注意和突出有关的区域的结构和功能都出现了异常，研究者甚至还发现了这些神经影像学测量与歪曲的现实感知之间的具体关联。比如，2011年，研究人员报告说，精神分裂症患者的前扣带皮层和腹侧脑岛的体积缩小，还发现大脑右半球这些部位的体积缩小与患者歪曲现实的严重性有直接关系。这一发现表明了在精神分裂症患者的大脑中，与幻觉和妄想有关的一个重要机制关联的灰质区域存在缺陷。还有一项研究使用了金钱激励延迟任务来探讨精神分裂症患者的奖赏加工。结果发现，面对最突出的呈现（忽视或接受奖赏相对于中性结果）时，尽管正常人在右外侧前额叶皮层表现出最高的激活水平，但精神分裂症患者并没有表现出这种基于突出激活的区分模式。后来，一项研究重复了这一发现，还发现在正常人中，前扣带皮层的活动性随着奖赏的增加会出现一种线性增强的模式，但这一模式在精神分裂症患者中并不存在。

另一项研究检查了双侧岛叶和前扣带皮层之间的功能关联，构成"突出网络"的区域被认为在利用相关脑区处理感觉信息时很重要。在这项研究中，精神分裂症患者和正常人在fMRI扫描时右手食指会被施加某些触觉刺激。结果显示，与对照组相比，精神分裂症患者在这一突出网络中的关联减弱，从而证明了患有这种疾病的患者存在某种分配异常突出的潜在机制。

6. 精神病已被概念化为一种对突出异常归因的状态，主要是由对日常生活中观察到的各种刺激（或事物，比如霍夫曼医生经历的交通灯案例）赋予了错误的意义所驱动。

7. 许多躁郁症患者将躁狂状态描述得相当愉快。在《不安的心灵：心境与疯狂回忆录》(*An Unquiet Mind: A Memoir of Moods and Madness*)这本书中，约翰霍普金斯大学的精神病学教授凯·贾米森（Kay Jamison）描述了她的躁狂体验：

> 当你兴奋时，它无与伦比。观念和感受快速且频繁地出现，犹如流星，你一直追随着它们，直到你找到了那颗更漂亮的流星。你不再羞怯，那些自认为正确的话语和手势频频而出，那种自信感吸引着他人。在无趣的人身上也能发现有趣之处。欲望无处不在，且十分强烈。感到放松、热烈、幸福和无限力量，以及深入骨髓的欣喜若狂。

或许令人惊讶的是，某些躁郁症患者会拒绝治疗，他们希望还能继续体会这种欢快的状态。2010 年，曾有研究人员为临床医生提供建议，以帮助自己的躁郁症患者克服对治疗的抗拒情绪。

8. 在取得成功或实现目标后，躁郁症患者更可能把这些结果扩大化，相信这是他们某些积极特征的反映。比如，在一项研究中，研究人员使用了轻躁狂人格量表以及一个测量积极扩大化的量表，该量表测量的是把某个积极结果扩大化为自我意识的倾向。结果表明，躁狂风险较高的人更可能进行积极扩大化，表明这种对成功的反应与躁狂风险有独特的联系。

9. 在躁狂症的精神症状中，夸大妄想是最主要的表现。

CAPTURE

第二部分

俘获的危险模式

测一测　关于俘获的知识，你了解多少？

3. 为了避免被送进监狱，陀思妥耶夫斯基创作了哪部著作？【单选】

A.《罪与罚》

B.《卡拉马佐夫兄弟》

C.《赌徒》

D.《白痴》

4. 大卫·福斯特·华莱士为何会陷入俘获的困局？【单选】

A. 长期否定自我

B. 给自己设定了过高的目标

C. 缺乏爱

D. 没有朋友

扫码下载“湛庐阅读”App，
搜索“被绑架的心灵”，
获取答案。

CAPTURE

第 4 章

当俘获指向自我：再说华莱士

要理解俘获的全部影响，我们必须把它视为一个人一生经历的结果。大卫·福斯特·华莱士的人生提供了一个案例，它告诉我们，当俘获指向自我时会发生什么：极端的敏感变成了完美主义，进而变为无情的自我批评，而这种敏感又与无法正确分析自我联系在一起。华莱士就是陷入了这个循环，进而感到绝望，最终认为自己无法逃离这种绝望。

到了 16 岁，作为一个还有一年就要毕业的高中生，华莱士开始了一场保持自己情绪平衡的紧张战斗。孩提时，华莱士就特别害羞，在青少年时期，他更加苦恼。按照妹妹艾米·华莱士－黑文斯（Amy Wallace-Havens）的描述，他的冲动就是“认为世界和人类的行为都很荒谬可笑”。这并不是说华莱士心眼坏，她说这更像是表明华莱士或许来自别的星球，并且与自己的族人走散了。

华莱士也会去找自己的社交圈，而且还找到了。他加入了一支网球队。12 岁时，他就开始上网球课，而且表现优秀，获得了参加区锦标赛的资格。在同一时期，华莱士还发现，吸大麻能缓解自己内心的狂热，于是他开始经常这么干。

打网球和抽大麻这两种活动能让华莱士感觉变好，但无法彻底消除他心中不断滋生的、要将他击垮的恐惧。华莱士曾告诉他的挚友马克·科斯特洛，说自己读高中时有过深深的无力感。他说，曾有一段时间，自己无法离开卧室，但他说不出因为什么而恐惧。他深受广场恐惧症和惊恐发作之苦，他父亲说华莱士曾“面色灰白、恶心、颤抖”。华莱士还受暴怒发作之苦。有一次，他做得很过分，跟妹妹在学校吵了一架之后，他拖着妹妹，让她沾了一身狗屎，为此两个人都被禁闭了一段时间。

“他在高中时就考虑过自杀，”华莱士的另一个大学朋友回忆道，“我们谈到了这个话题，因为我们一致认为自杀很诱人，坠入了地狱似乎不存在什么出路，自杀可能是唯一的解脱方式，它能让痛苦停止。”华莱士不是他们家族第一个考虑这种方式的人，他的叔祖父和姨妈都自杀了。

然而，在高中时期，华莱士依然格外依赖母亲。在每周六黎明来临时，母亲都会很早醒来，在网球赛季期间开车送华莱士去参赛。她每晚都去孩子们的卧室，与每个人谈谈彼此的生活。读大学时，华莱士经历了背井离乡之痛。艾米说，在很大程度上，这是因为他害怕在没有父母（特别是母亲）支持的情况下生活。

即便如此，当华莱士去阿默斯特学院上学时，他还是希望能改变自己，而且在一段时间里，他也经历了某种改变。根据大一室友的说法，华莱士有时候会在早上推开宿舍的窗户，大喊一声：“我爱这里！”

华莱士也找到了志趣相投的朋友，而这给了他慰藉。他很早就遇到了科斯特洛，他们住的地方很近。他还认识了科里·华盛顿（Corey Washington），一个与父母住在一起的15岁天才，因为当时学院认为科里年纪太小，不能独立住校。“出于自我保护的原因，他们在感情上很好。”阿默斯特学院的安德鲁·帕克（Andrew Parker）教授这么形容华莱士和他的两个朋友。

戴夫·科尔马（Dave Colmar）是华莱士后几年在阿默斯特学院结交的朋友。他回忆说："我们肆无忌惮地谈论种种大多数人认为可笑的事情。我会说 6 种语言，当时正在撰写一篇涉及两门外语的论文。我真的对语言和语法的细节很感兴趣，华莱士也是。他不是为了争论而去争论分离不定式的用法，或他母亲对'less'和'fewer'两个词的看法。这些问题对他而言真的有其意义。我们分享的是语言本身的语言。不过，我们当时真正分享的是一种与孤独和疏离等有关的情谊。这是阴暗的一面。我们在一起吸了不少大麻。"

查理·麦克拉根（Charlie McLagan）是一位富有的芝加哥人，华莱士读大一时就遇到了他。他也提到了类似的阴暗面。"我们在一起嗑了很多药。"麦克拉根说道。华莱士第一年在阿默斯特学院时总是一成不变，每天总在下午 4 点整，与住在附近的一群人一起吸大麻。

有一个紧密联系的朋友圈在很多方面满足了华莱士与人交往的强烈欲望，这种欲望在很大程度上推动了他日后的写作。这个圈子也有助于缓解华莱士在大学里的不适感。早在高中时，他就强烈地体验到了这种感受。"有学生给他起外号，叫他'脏脸'。他也有点儿超重，至少我不会认为他长得很有吸引力，"麦克拉根回忆道，"我觉得他不知道自己有这么一个绰号，但我肯定，他多少能感受到这些人的鄙视和厌弃。"

不过，最重要的也许还是在阿默斯特学院时，华莱士发现自己很聪明，这也得到了大家的公认。"他很快就引起了教授们的注意，"他的一个同学这样说，"教授们第一次看了华莱士的作品后，很快就挑战他，以激发出更卓越的表现。而华莱士也格外崇拜阿默斯特学院的教授们，他很卖力地想要取悦他们。”华莱士当时的成绩非常好，从来没有低于 A-，甚至有一个学期全拿到了 A+。

然而，即便取得了这么多成就，华莱士从来没有体验过持久的满足感。一开始，他面临着适应新环境的社交挑战，特别是这个环境和他家里的生活大相径庭。“大卫来自伊利诺伊州边远地区的公立学校，家里没钱，而周围的家伙们都来自私立学校，或者来自南方腹地、纽约和波士顿的贵族世家，也有人来自华盛顿特区的外交官家庭，”一位同学回忆道，“他们习惯了待在自己的小圈子里，深受女孩子的青睐，而且在大学这样的环境下如鱼得水，应对自如。但对大卫来说，情况大不相同。显然，大卫敏锐地觉察到了这种差异，虽然那些人肤浅轻薄，但他望尘莫及。我知道，这让他很不舒服。”

许多年后，在 1999 年接受阿默斯特学院的校报采访时，华莱士自己也承认了这些：“我当时没加入兄弟会，也不参加派对，而且大学生活并不丰富。我只有几个亲密的朋友，就这些。我总是在学习，所有时间都在学。我是那种直到图书馆闭馆了才走的学生，星期天吃过早餐后，我就会出现在图书馆的台阶上，等着开门。我之所以这样学习，背后有开心的理由，也有可悲的缘故。阿默斯特学院对学生期望很高，这里有著名的教授和让人想要自杀的学习任务，但我喜欢读书，喜欢写作，喜欢想东西。从很多方面来说，我在那里如鱼得水。但我总在担忧，阿默斯特学院的一些东西让我害怕：它的美丽、传统、精英主义，以及高昂的费用。”

如果单纯靠自己的话，很多大一新生会面临种种困难。虽然有一个崭新的开始预示着闪亮的前程，但华莱士还是被一种认识毁灭了：他不仅无法克服自己早年的脆弱，而且尽管他已强迫自己勇敢前行，前方仍有新的困难等着他。

无法解决的谜题

“我们两个小时候都没有蛀牙。直到华莱士读八年级时，他长了一颗蛀牙，他简直被吓坏了，”华莱士的妹妹回忆说，“我记得听到了他的吵闹声，他被吓着了，觉得恶心……我想，他就是想一切都尽可能达到完美。我认为，他喜欢把自己与其他人隔开，或与任何被认为是正常的东西隔开。这种倾向让他认为有一颗蛀牙是不可接受的事。大卫喜欢听人说他是多么奇特，无论是哪方面的奇特，包括牙医说的‘这就是那个惊人的男孩，他一颗蛀牙都没有’，还有在学校里取得最好的成绩。”

这是华莱士早年面临的困境：他设定了如此严苛的期望，最终注定会失败。他可能是为了向自己证明自己的卓越，却反过来引发了一种注定的内心悲剧，在他一生中反复重演：华莱士没有符合标准，他的生活是场骗局，他是一个失败者。这种极端的自我批评，在他的每一次成就背后叫嚣，持续不断地伤害他。

这种多愁善感也延伸进华莱士的个人生活。詹姆斯·华莱士解释说：“如果有人对大卫说‘我爱你’，大卫的反应就会是‘我又这样了，我欺骗了这个人，没让他发现自己糟糕的地方’。”

然而，尽管自己在诸多方面不认可自己，华莱士总是希望得到更多：更多的成就、更多的认可，以及更多的爱。

华莱士在很小的时候就一心想要给父母留下深刻印象。他的父母都是知识分子，而且评判标准严格。华莱士的父亲是一位敬业的学者，数十年来一直怀着深沉的热情探讨艰深的哲学问题。母亲萨莉则是伊利诺伊州一所社区大学的英语教授，在家里很有威严。她爱玩文字游戏，爱研究某些短语的发音，对语法也极有热情，还于1980年出版了一本书，名为《轻松学英语》（*Practically Painless English*），目的就是以轻松的方式教人学语法。萨莉与她的孩子分享这些兴趣，华莱士热情地做出了回应。他们两人会在私下彼此开玩笑，摆弄单词的意义和读音。“高中时，大卫放学回家后喜欢对我大喊：‘动物出生时带着的单薄覆盖物是什么？’我会回应：‘胎膜。’大概一直到华莱士读大学前，他都在玩这种游戏。”

“大卫真的很想让父母为他骄傲，”艾米这么说她哥哥，“他认为父母不明白他有多聪明。”

在新环境中，情况对华莱士而言会有所不同。但当华莱士在阿默斯特学院读大二时，这种使人振奋的希望就慢慢消退了。华莱士总是强大且忙碌的内心在读大一时多少已因为对生活的适应而平静了下来。1981年秋天，他回学校后不久，这颗心又开始不安起来。

“当你对大卫说话时，他会很敏感，既对你说的明面意思敏感，也对隐含的意思敏感。他会想你这么说的意图是什么，说这句话带有怎样的深层情绪，”阿默斯特学院的威廉·德弗里斯（William DeVries）教授解释说，“我认为，他在感觉上对自己所处的物理环境并没有多了解，但我相信，他对人类活动及环境和情感层面的东西很敏感……我不认为他仅凭想象得出那些认识，而是看到了这些更深的维度。就像我们看文字时看到的是有意义的语句，而非图像模式或像素一样，他同样直接看到了人类活动的社会意义和情感意义。”

抑或像华莱士的前室友描述的那样：“他有一颗极不安分的心，我在其他人身上从没看到过。跟其他人相比，华莱士的头脑运转起来要快5倍。而问题在于，这不是说效率是别人的5倍，只是速度比别人快。他的头脑绝对在超速运转。”

那些曾带给华莱士安慰和满足的老习惯，开始给他带来更多问题。比如，他喜欢吸大麻，正如他朋友科尔马所说，这种行为曾让他的过度警觉消失不见，让他舒适而自在，但现在让华莱士感觉失控。起初，华莱士相信自己找到了一种合理的办法，能安抚紧张不安的情绪；他甚至认为，他写出某些最好的作品（他在读大二时就开始尝试写小说）就是因为吸了大麻。“当然，这都是谎言，因为掌控感慢慢消失了，”华莱士后来在接受采访时说道，“情况不再是‘我想要做’，而变成了‘我觉得我需要做’。这是个巨大的转变。”

此外，华莱士想要打动父母的愿望，以及从教授那里得到赞扬，现在则造成了一种令人生畏的决定和对失败的恐惧。他告诉阿默斯特学院的一个朋友：“每次醒来时，我都执着于把事做好，努力做好。”

而且，跟以前一样，华莱士也未能实现自己设定的那些不可能的期望。“我觉得大卫不只是想得 A，”另一个同学回忆说，“他不像是要努力在试卷上取得好成绩，然后进入下一阶段。他不一样。他努力奋斗，对抗他自己的标准，而这比阿默斯特学院设定的标准要严苛得多。他想解决一个问题，一个由他自己制造出来的谜题，一个某种程度上无法解决的谜题。”

充斥紧张与恐惧的循环

到了读大二那年的 11 月，华莱士遇到麻烦了。他的焦虑增强了，进而注意窄化，强迫性地留意貌似美好的东西。比如，他开始紧张兮兮，担心把最喜欢的钢笔弄丢。华莱士每晚都会在刚要睡着时下床，检查钢笔是不是还在书包里。就在那个时期，用科斯特洛的话说，华莱士在上床前会喝烈酒。

“他使自己消除疑虑的能力受损了。”科斯特洛解释说。而且，这导致华莱士开始绝望地试图找到某些方式麻痹恐惧，以重获对自身的控制权。

“恐惧和紧张的循环，焦虑，无法享受生活，甚至无法看到东西或注意它们，这就是大卫当时表现出的症状，”科斯特洛解释道，“我认识一些抑郁症患者，他们就像失去了力量，每天起不了床。但是对大卫来说，抑郁就像一种负面的能量，循环地在脑中狂奔。大卫的头脑以超高速运转，他的情绪受到一种真正强大的、富有想象力的智慧驾驭。”

华莱士的另一个朋友评论道：“我都能‘闻’到他的恐惧，他把自己吓坏了。他感觉有一个怪物纠缠着他，这是一种自卑感。”

华莱士看清了自己会变成怎样的人，或许他一直以来都是这样的。“我想，他意识到自己可能以某种无法抵抗的方式失去对头脑的控制权，这对他来说是一件很吓人的事，”科斯特洛说道，“他有这样隐秘的倾向，好像会转错弯一样。他有策略来应付这种倾向，依然能去阿默斯特学院上学，还能表现得相当好，但他总是担心，这个怪物迟早会出现。”华莱士在余生中将与两个想法殊死搏斗：第一，他在根本上存在缺陷；第二，他应该向其他人隐藏自己的脆弱。

有一天晚上，就在华莱士开始仪式性地追踪那只“幸运钢笔”后不久，他把自己最爱的连帽衫弄丢了。那是一件破烂的、难闻的运动衫，华莱士每晚睡觉都穿着。他整个晚上都在找它。在这场疯狂的寻找中，他还找来科斯特洛帮忙。科斯特洛留意到，华莱士丧失了幽默感。往常在恐慌发生前，他会至少想办法表现出一本正经的滑稽，但现在，他纯粹是满怀恐惧地寻找运动衫。他跟科斯特洛回想在图书馆自习时的情形，但无济于事。这标志着华莱士状态的一个转折点。“我做不到，”他告诉科斯特洛，“我无法继续了。”

三天后，华莱士搬回了家里，搬到他的旧卧室里，就这样过完了剩下的学期和之后的夏天。在这期间，他读了书，偶尔也写作。春天里，他找了份短工，当了一段时间的公交司机。华莱士希望能再一次驯服这个隐秘的怪物。当他觉得自己的状态够稳定时，他回到了学校。

华莱士在1982年秋天回到大学，理论上来说他还是个大二学生。他选了威廉·肯尼克（William Kennick）的古代和中世纪哲学这门课程，跟着这位教授，华莱士将在阿默斯特学院度过他余下的学习时光。华莱士开始跟随肯尼克教授认真研究维特根斯坦的理论。此前，他已多少熟悉了这位哲学家的论点，事实上，维特根斯坦的一个弟子教过他父亲。维特根斯坦作品的主题从广义上来说，就是语言是否能提供一种孤立或共享的经验，这一点引起了华莱士的注意。

尽然这一年可能开始得并不顺利，但对华莱士而言结局很圆满：他在哲学系里找到了某种感觉，所有课都拿了A+，还和科斯特洛合办了一本杂志，名为《萨布里纳》（*Sabrina*），很多同学因此崇拜他们。更好的是，学校里有几个女孩也对华莱士投来了青睐的目光。他带着好心情回家了，希望自己能再一次大步向前。

但就在当年夏天，华莱士的父母在经过了一年的分居之后，告诉他们的孩子，他们正打算离婚。然而两周后，华莱士的母亲搬回了家里，与丈夫复合了。没有一个孩子要求他们解释，他们也没有给出解释。华莱士感觉到，令他担心的恐惧再一次降临，他开始频繁遭受焦虑的袭击。“大卫的确因为这件事受到了很可怕、很可怕的伤害，而我们完全没有意识到。”艾米这么描述哥哥当时的反应，“大卫总是认为，他了解自己的父母，可以信赖家庭的稳定性：我们是一个家庭，彼此诚实而友善。当时他觉得这种感觉被夺走了。”

问题不只是家庭的深刻变化，还有一种正在出现的身份危机。“在我大学生涯的大部分时间里，我都是一个语法高手，一个擅长数学和逻辑的哲学系学生。确切地说，我在这方面很出色，主要因为我把大部分的自由时间都用来进行这方面的学习了。不管我是不是高手，我正在追求一种特殊的忙碌，一种偶尔出现的特殊时刻，”在 1993 年接受采访时，华莱士对美国文学评论家拉里·麦卡弗里（Larry McCaffery）这么解释，“一位老师把这种时刻叫作‘数学体验’。我那时不知道的是，数学体验在本质上带有美学性质，就像乔伊斯所说的顿悟一样。这种时刻，是指完成证明或算法的时刻；或者你花很长时间解一个问题，突然想到了一个很简单的答案。叶芝称这种体验为‘精致的盒子发出的咔嗒声’，就是这样的东西。那时我非常擅长技术哲学，因此每个人，包括我自己，都期待我以后从事这个领域的工作。但我在大概 20 岁时抛弃了技术哲学。我厌倦了它，这让我心里发慌，因为我突然从一件本应乐在其中的事上得不到任何乐趣了，而我从前乐在其中也只是因为我擅长这件事，大家喜欢我在这件事上的卓越表现。”

1983 年秋天，华莱士回到学校，他告诉科斯特洛，自己有了一套策略，能取得成功，这也许是因为他前一年的学业成就使他信心大增，但华莱士不久就认识到这是自欺欺人。在开学后不久，他搬回了家里，第二次从阿默斯特学院休学。

华莱士给科里·华盛顿写了一封信，认真、详细地说明了他离开之前的情况（在此之前，他只跟科斯特洛说过这些）：“从高中毕业后，我就深受很多神经症的折磨，其中一些科斯特洛知道，你可以问他。但在过去的几年里，我越来越多地受到某种类似于抑郁发作的影响，这种影响越发频繁，日益严重。我以为，如果我一个学期不上课，自由自在地在小树林中散步，把我下巴上的胡须刮干净，就会消除这一切。结果证明这种想法很愚蠢，我的抑郁发作变得越来越明显，这种情况以前没有，以后也不会好转。”他继续解释说，自己已找了一位精神科医生，但没告诉父母；医生给他开了抗抑郁药后发现，这种药反而使他的情况恶化了。到了夏末，华莱士写了一封信，说他的抑郁已变成了“我所经历过的最糟糕的事”，但还是认为大三的一年“看起来很幸福（这是一种要把溃烂的脓肿藏在我大脑中的疯狂欲望，这是一种顽疾）”。

然而，华莱士也不断热切地寻找自己的活力，那是一种他在窗边大喊“我爱这里”时体验到的感情。因此，即便他在那个夏天忙于与抑郁作战，也同时发掘了一种新的热情：写作。

华莱士在1997年的谈话节目中向主持人查理·罗斯（Charlie Rose）解释说：“可能大多数艺术都有这种神奇之处，有一阵子，我和这种艺术之间存在一种调和与交流，这种情况在其他时候都不曾有过。”不过，在1983年，他用一种更简单的说法向科斯特洛描述了自己的超然感受：“我在椅子上感觉不到自己的屁股。”对华莱士而言，写作提供了两种希望：一种是体验文学的美妙和非凡，另一种是缓解在日常生活中体会到的痛苦。

“那年秋天，我阅读、写作，在文学中也找到了成就感，”华莱士在麦卡弗里的采访中说道，“我的确很幸运，当我不再能从数理逻辑中得到成就感时，我开始从小说中得到它。”

第二次从阿默斯特学院休学回家时，华莱士写了一篇短篇小说，讲的是一个有心理疾病的学生从大学退学的故事，小说名叫《“吹拉风”星球及其与“坏东西”的关系》（*The Planet Trillaphon as It Stands in Relation to the Bad Thing*）。在小说中，一个匿名的叙述者遭遇了“坏东西”。华莱士会在自己的小说中反复探讨“坏东西”这个概念，这是他对抑郁症的通俗说法，表达了一种内心的沮丧，通过这样简单的命名，华莱士赋予了这种心境一种无聊乏味的概括性。

华莱士写道："想要摆脱'坏东西'或与之斗争的话，就要改变思维方式，与自己理论，要改变自己的感觉、直觉，以及处理事情的方式。但你需要自己的头脑来做这件事，你的大脑细胞、原子、心理能量，以及所有一切，你自己，而这些恰好就是'坏东西'损害的部分，这使你过于虚弱，无法正常运作。"

向外界寻求帮助

意识到自己被困在了这种恶性循环中，华莱士小说中的叙事者问道："坏东西是如何做到这一点的呢？"华莱士又写道："你仔细思考了这件事，这是为你自己好——然后，你突然明白了……'坏东西'能让你变成这样是因为你自己就是坏东西！'坏东西'就是你。"

1984 年 1 月，华莱士回学校不久，就在学生主编的《阿莫斯特评论》（*Amherst Review*）上发表了这篇小说。也就在那一年，写作成为华莱士消化和表达不安能量的主要方式，也是更有效的方式。

"华莱士会在课堂上讲一些事情，他陶醉于写稿子，当我写作时他会帮我，通过这三件事，我清楚地认识到，他如鱼得水、驾轻就熟，"科尔马解释道，"他有基础。但同时，他做这些事时也带着某种胆怯、某种腼腆——'腼腆'可能是最合适的词。我不经常使用它，但这么说绝不是夸大其词。"

在阿默斯特学院的最后一年，华莱士下决心要成为一名作家，他开始写毕业论文，那是一篇小说，名为《系统的笤帚》（*The Broom of the System*）。故事中有一个名叫莉诺·斯通西弗·比兹曼（Lenore Stonecipher Beadsman）的年轻女人，她的祖父曾是维特根斯坦的学生，她宣称："我的生活中只有那些可以言说的东西是真实存在的。"

《系统的笤帚》是华莱士对语言游戏的一次尝试，也是他在向维特根斯坦致敬[1]。维特根斯坦在《逻辑哲学论》(*Tractatus*) 中提出了语言的图像理论，称词语就像小图像，一一对应每种经验。这种理论最终使人们陷入自己的私人世界，在这里，人们永远不能确定语言是在建一座桥，还是在建一座牢。简而言之，华莱士说："你面对的是唯我论。"

华莱士对维特根斯坦的极大关注主要来自这样一个事实：这位哲学家认定自己不能忍受唯我论的结局，正如华莱士写的"他认识到，没有任何结论会比唯我论更可怕"。于是，维特根斯坦进行了一次大的转变，他在《哲学研究》(*Philosophical Investigation*) 中提出，只有当语言是人际关系的一种功能，是依赖于人类社会的，语言才会成为可能。正如华莱士所言，这种思路依然没有解决问题，与他人谈话时，每个人无法知道与对方是否说的是同样的图像，尽管"我们此刻至少还在一起"。

华莱士还发现，"只存在自我，除此之外，没有什么能被认识或理解"是一种可怕的观念，无论从哲学上说，还是从个人角度来说。科斯特洛说："大卫生活中产生的便是这种对唯我论的恐惧，这是一尊毁灭之神。唯我论更像是主角，仿佛病毒一样，不时地出现，有组织地发动袭击。大卫格外关心描绘这种情形可能会发生什么，当然，这种描绘的行为就是他的一种自卫反击。这是他的作品最令我感动的一个地方：描述行为本身，为了读者能得到启发而描述它，向读者伸出手……我认为在某些时候，他的写作带有一种自信的光亮，而我们会朝那光亮走去，胜利最终属于我们。但在其他时候，他又不是这样。不过毫无疑问，这是他试图克服的东西。"

华莱士凭借他的这篇论文，以最优成绩从阿默斯特学院毕业，《系统的笤帚》获得了 A+ 的评价。

毕业后不久，华莱士就崩溃了，因为大学时的女友和他分手了。他满脑子想的都是她，无法忘怀，而他周围的人也留意到华莱士在面对他人时开始退缩。“他给人一种有点儿想要远离你的感觉。”科里・华盛顿描述道。华莱士的父母带着他去了当地医院的精神科，他在那里待了好几个星期。就是在那里，华莱士第一次因为抑郁服用了苯乙肼，这种药在他成年后的大多数时间里稳定了他的病情。

到了 8 月，华莱士的病情好了不少，已经能去亚利桑那大学读创意写作的艺术硕士课程了。“这里的诗歌课程简直棒极了。大多数学生都很好，他们的诗激荡人心，精彩绝伦。有的小说写得相当差，也有的写得实在是好，”到亚利桑那大学不久后，华莱士在给阿默斯特学院的朋友发去的一段录音里这么说道，“这里的某些人已经出版了很多作品，赢得了很多大奖，教授们总体来说也都很不错。所以我喜欢这里。”

然而，华莱士提到科里・华盛顿时淌下的眼泪或许更能表明他的心情。“是啊，伙计们，想到科里时，我哽咽了，”华莱士承认，“对我来说，谈论情感总是很难。”

事实上，华莱士在攻读硕士学位的过程中经历了极大的困难。“在他参加过的所有艺术硕士项目中，”妹妹艾米说，“亚利桑那大学的课程可能对他的写作风格产生了负面影响。”华莱士仅用了两年时间就修完了课程。

华莱士有一种倾向：离开某地后，他通常会把对那里的回忆浪漫化，即便他当时的经历令人沮丧。他有一种强大的迷信，那就是他有能力在某些环境下奋笔疾书，效率极高，这会掩盖他写作时产生的令人痛苦的情感挣扎。就这样，到了 1987 年，华莱士回到了阿默斯特学院，在那里教了一学期的课。“请，请带我离开这里，”他到了阿默斯特学院之后，在给出版代理人邦尼·纳德尔（Bonnie Nadell）的一封信中这么写道，“我忘了自己曾经多么仇恨阿默斯特学院……我还在这里上学时，这里的教授要么认为我是一个疯子，要么认为我是个麻烦制造者，或两者都是。现在他们一边拨弄我的头发，一边跟我谈论对教职的规划。”

华莱士在下一年回到了亚利桑那大学，教本科生一门课程。而在那里，他感觉越来越绝望，也害怕情绪再次崩溃，于是加入了一个康复小组，开始采用匿名戒酒会的 12 步戒酒法来戒酒。12 步戒酒法中有一步要他给自己的前任教授威廉·肯尼克和戴尔·彼得森（Dale Peterson）写信，于是他写了，为自己曾使用二手来源的文献写论文等过失道歉。“我试图论证（但没怎么成功），认为‘心灵’是活着的并非不朽的观点，是基于一个似是而非的前提——是心灵让一个人活着，这种观念还不如‘使一个人生病的病毒本身就是病’的说法更真实。”华莱士在信中还不打自招，说他写的关于《斐多》（*Phaedo*）的论述不是他自己的想法，而是他父亲的，论述的内容来自与父亲的一场讨论。“我没有勇气去你的办公室向你承认这一点。”

华莱士也决定停止服用苯乙肼，因为他意识到在匿名戒酒会，这种药会被很多人当成麻醉剂。然而，一个月后，华莱士就给母亲打电话，让她来找他。尽管下了很大功夫调整自己，但华莱士还是陷入了人生中的第四次危机。他再次回到了家里，再次服用苯乙肼，与妹妹谈起了他经常对生活产生的恐惧：“就说最基本的问题吧，你怎么才能让自己早上起床，找到一个目标，并为实现这个目标，做你应该做的事？”

华莱士的父亲试图安慰他，让他远离绝望。父亲回忆道：“我带他出门去了公园，那里离家大概十几公里，非常漂亮。我们到处走，我尝试跟他聊聊，但我们之间就像隔了一堵墙。我只希望，我能用这次美好的户外体验，让他多少和我说一点东西，这或许会有帮助，但这没有打动他。他总是陷入困境，感到焦虑和恐慌，在阿默斯特学院发生了一些事，让他需要回家，需要远离那些使他感觉糟糕的事，等他从亚利桑那大学回来后他又是这样，我那时候真的担心他会自杀。”

在艾米打算开车回自己的住处的前一晚，华莱士恳求妹妹在父母家中多待一阵子。但艾米解释说，她必须回去，因为马上要上班了。

“当我回到自己的住处时，电话铃响了。是我妈妈，她告诉我大卫正在重症监护室，他试图自杀。”他服用了过量的安眠药。“听起来很奇怪，”艾米说，“但那一次经历带给我的痛苦，比我实际上得知大卫自杀身亡时的痛苦还要深重。”

《系统的笤帚》于 1987 年由维京出版社出版后好评如潮。角谷美智子（Michiko Kakutani）在《纽约时报》的书评中写道：“显然，华莱士极有天赋，对当代的习语信手拈来，又有讲故事的天赋。他似乎拥有无穷的创造力，以及绝不妥协的精神。”但为了获得认可，为了拥有稳定的收入，华莱士还得努力奋斗。

考虑到这些因素，以及想要获得更安全的生活的愿望，华莱士决定以威廉·加斯（William Gass）为职业榜样。那是一位令他钦佩的作家，加斯在成为一名学术哲学家的同时也创作了广受好评的后现代小说。华莱士认为，这种职业规划可以让他以学术为主业，同时也会迫使他写出更多的作品，因为他必须珍惜余下的时间。

1989年春天，华莱士与科斯特洛搬到了马萨诸塞州萨默维尔（Somerville）的一间公寓里（当时科斯特洛在波士顿做法务专员），准备开始在哈佛大学修读哲学博士课程。

尽管华莱士的心理状态已比较稳定，但他马上要进入一个以前并不喜欢的领域。“我从来没有听过他充满热情地谈论哲学，”科斯特洛这么评价朋友的决定，“他喜欢哲学，因为哲学很容易学，让他表现稳定、良好。但那只是工作，不是热情。”

“大卫发现自己是一个格格不入的哲学学生，”华莱士的父亲说道，“他有些天真地认为，老师和学生会以多少平等的学术身份彼此讨论。大卫从来都不怎么懂得服从权威。”

华莱士在哈佛大学过得并不顺利，他的家人和朋友对此不怎么惊讶，最终华莱士自己也不觉得奇怪了。科斯特洛回忆说：“我认为有些家伙很爱炫耀，自高自大。有些人还伤了大卫的虚荣心，他们对大卫在小说界取得的成就完全没有印象。但他难道还能期待别的吗？大卫很聪明。他在那里只待了6个星期，这6个星期里他的状态都不好。这不是哈佛大学的错。”

那个时候，华莱士已经放弃了他在亚利桑那大学学会的12步戒酒法，开始吸大麻、酗酒，比科斯特洛以前见过的还要放纵。

华莱士后来解释，自己更加依赖酒精和大麻是有意而为的，但他这么做的理由很不合逻辑。他写道：“在20世纪80年代后期的大部分时间里，我‘戒’毒的方法就是从一段时间只吸毒变为一段时间只喝酒。然后，我再吸毒，以此‘戒’酒。”

科斯特洛回想起这段时间，华莱士像是陷入一种恶性循环："我记得在萨默维尔，他变得越来越郁闷……他最关注的就是自己这种状况永远不会改变，永远不会变好。他认为，如果自己不再清醒，就会失去理智。但他已经陷入了这种失控的强迫性念头之中，不断地被这种念头抓住。"

华莱士告诉科斯特洛，他打算在通往哈佛大学哲学系的入口自杀，他想要"把自己吊死在哲学系的大厅里"。

然而，华莱士最终来到校医院，承认他有自杀倾向。学校工作人员坚持要华莱士到麦克莱恩（Mclean）医院就诊，那是一家位于马萨诸塞州贝尔蒙特（Belmont）的精神病院。华莱士在校医院的办公室给科斯特洛打电话，科斯特洛回忆说："他解释了情况，他的声音听起来空虚而疏离。他要求我给他带些东西。他给了我一份清单，上面包括香烟、浴袍和笔记本。"

华莱士在麦克莱恩医院住了一个月，被诊断为抑郁症和酒精中毒。这些疾病当时深植于华莱士的身体里，就像是他自身的一部分。"'坏东西'就是你。"这条他在第一篇小说里写的，此时依然能引起他的共鸣，他把成瘾的感觉描述为就像进入了他曾经待过的牢笼里。

1989 年 11 月，华莱士搬进了格拉纳达（Granada）之家。这是一家小客栈，他开始参加那里的匿名戒酒会。这几乎是他最后的办法了，麦克莱恩的医生说得很清楚，华莱士最后也接受了，他必须停止吸毒和酗酒，否则就是死路一条。"没有人会为了戒酒就来这里，他们只是想进行日常社交，"华莱士后来会在《无尽的玩笑》中这样写匿名戒酒会，"每个来到这里的人，有着死气沉沉的眼神，脸几乎要埋到膝盖间。"

华莱士需要一段时间才能感到自己有能力好转。"一旦你被某种药物奴役，需要停止嗑药以挽救你的生命时，奴役药物对你来说已变得如此重要，当你离开它时，你甚至会精神错乱，”他在《无尽的玩笑》的另一个段落中如是写道，“或者有时候当你摆脱药物时，你开始希望自己精神错乱，你希望可以把自己的心用一张旧报纸或别的什么包起来，放在一个没有你的小路上，让它自行离开。”

华莱士早年对治疗的抵抗锻炼了他的智力，无论在上学时还是在写作时，华莱士都在进行这方面的练习。“我既想得到帮助也不想。我可以让别人很难帮助我。我可以在某一天去看精神病医生，一整天都流泪、绝望，接着在之后的两天里跟他争论荣格理论的细节，”他在一篇名为《从前一位住户的故事》（*An Ex-Resident's Story*）的短文中这样写道，这篇短文被他匿名发表在了格拉纳达之家的网站上，“我可以跟药物顾问争论一个粗俗的实用谎言跟一个仅为美而说出的‘美丽’谎言之间的区别；我可以指出 12 步戒酒法中的明显错误，让其支持者大为困窘。”

然而，最后正是 12 步戒酒法的简洁性战胜了华莱士，让他卸下心防。当他来到匿名戒酒会认识他的同伴时，感觉这些人像是“由甘地和有文身的罗杰斯先生[①]组成的奇怪组合”，在《无尽的玩笑》中，他写到由一群小说人物组成的康复小组，“他们肝脏肿大，没有牙齿，他们曾殴打妻子、欺骗女儿，现在大讲特讲自己的排便过程”。但是，这些人也赢得了华莱士的羡慕和尊重，因为他们赢得了华莱士已失败了多年的一场战斗，于是他让步了。

“大卫必须找一个普通人去谈心，而不是某个知识分子，”了解华莱士

---

① 罗杰斯先生是美国电视剧《罗杰斯先生的邻居》（*Mr. Rogers' Neighborhood*）中的主角，他性格温柔，影响了一代美国儿童。——编者注

的康复过程的一个亲密朋友这么说，“有一件事令他非常欣慰，那就是规则变了，他不再需要与最优秀的人去竞争。他的某些想法突然变得和普通人一样，他决定去做正确的事。”他能够不再带着以前的社交关系中经常出现的恐惧、评判和竞争心理与人交往。匿名戒酒会给了大卫一种舒服的感觉。

科斯特洛把这叫作有条件投降，因为华莱士不能再凭“聪明”继续生活，所以他不得不求助于其他的东西。

发表了《无尽的玩笑》之后，华莱士描述了他的感受和在小说中表达的心情，同时也成功避开探讨自己的内心体验：“这本书里谈到的悲伤，还有我那时正在经历的东西，是一种真切的悲伤。我是白人，属于中上阶层，浸淫于良好的教育之中，有很多职业选择，比我希望的还要多，但我随波逐流。我的很多朋友都是如此，有些人深陷毒瘾，有些人是难以置信的工作狂，有些人每晚都去单身酒吧。每个人都有不同的生活方式，但归根究底又都差不多。我有一些朋友去了匿名戒酒会。我并没有打算写与匿名戒酒会有关的东西，但我知道我想写吸毒者，我也想开一家小客栈。我跟朋友参加了好几次匿名戒酒会，认为它效果惊人。我有了一种感觉，就是像我们这样的美国人，到了 30 岁，必须找到一种方式，不再做幼稚的事情，而是直面与灵性和价值观有关的东西。或许匿名戒酒会并非唯一选择，但它特别能带给我活力。”

在华莱士的余生中，他每天早晚各祈祷一次。在将近 20 年的时间里，不管去哪里旅行，他都会寻找当地的匿名戒酒会，并参加他们的聚会。在华莱士逐渐康复后，他在一本日记中列了一份名为“平衡是什么样子”的清单：

每天写作 2 ～ 3 小时；

睡到八九点；

一周只有两三天熬夜；

每天锻炼；

花最少的时间教书；

每周花两晚陪其他朋友；

每周参加 5 次匿名戒酒会；

去教堂。

寄托于爱

到了 28 岁，华莱士变得头脑清醒了，他每周执行这份清单上的行为准则，开始写可以说是他最好的作品，他的一个朋友推测他“混迹于一群非知识分子之间，以获得安全感”。

然而，没有了酒精和大麻，华莱士的强迫性能量开始以新形式表现出来。一个朋友说：“他会感觉糟糕，于是不写，进而因为自己不写而自责。或者，他会感觉格外糟糕，于是跟他认为不应该与其上床的人上床，接着他就感觉更加糟糕……他滥交，利用性来攫取权力、享受快乐……他不该这样，因为他知道这会让他沉沦。但他还是那样做了，然后他暴食、催吐……”

尽管如此，华莱士仍然坚持清单上的行为准则，这是他在前方唯一能看到的灯塔。他在一次匿名戒酒会的聚会上认识了玛丽·卡尔（Mary Karr），他们以前在一次聚会上见过面。那时卡尔是一位小有名气的诗人，住在马萨诸塞州的贝尔蒙特，有丈夫和一个年幼的儿子。他们开始建立友谊，卡尔认为这是一种文学家之间的情谊，华莱士则认为这是一段潜在的浪漫爱情。

1990 年，华莱士开始作为兼职教授在爱默生学院（Emerson College）教书，这份工作是卡尔帮他找的。就在这一年里，两个人走得越来越近，华莱士也越发专注地追求卡尔。他开始告诉朋友们，他跟卡尔在一起了。他甚至还在自己的前臂上刺了带有卡尔名字的文身。然而，卡尔否认与他有任何牵扯。这一年年末，卡尔在位于锡拉丘兹（Syracuse）的雪城大学找到了一份工作，带着家人住到了那里。

华莱士痛苦不堪。他的一位朋友说："我只是想，他有一种上瘾者的思维，他宁愿坐在那里忍受可能将他击垮的痛苦、他必须起床每天写东西的痛苦，或他要写什么东西的痛苦，他执迷不悟，作茧自缚，痴迷于逃避现实……他肯定痴迷于那个女人，非常痴迷。"

"华莱士似乎把她捧上了神坛，把她当成某种梦想，"另一位朋友说道，"她已婚，这整件事处理得很不成熟。他们交往的方式会让你以为他们还是高中生。他的情况当时正在好转，结果与一个有孩子的已婚人士闹出了婚外恋，这很令人不安。不知为何，他决定自己要写完这本书，以此得到她。"

华莱士心里想着卡尔，在一年的时间里没能完成一部小说，之后他开始认真地写小说，就是后来的《无尽的玩笑》。"1992 年的关键在于马萨诸塞州的玛丽·卡尔，"华莱士在他自己一本书的边缘潦草地写道，"《无尽的玩笑》仅仅是一种赢得她的手段。"

到了 1992 年春天，华莱士把《无尽的玩笑》部分手稿寄给了他的代理人。同样是在那个春天，他听说卡尔的婚姻走到了尽头。5 月，他搬到了锡拉丘兹。到了 8 月，他的坚持最终得到了回报，与卡尔在一起了。

然而，即便有卡尔在他身边，华莱士还要继续挣扎。为什么他必须如此努力？什么让他不成熟？为什么他持续不断地走偏？在匿名戒酒会的推动下，华莱士不断地寻找真相，寻找一个现成的答案，直到找到了他认为是导致他长期不安的根源。

“华莱士那时正在剖析自己的心理是怎样受影响的。在12步戒酒法中，如果你对自己和别人不诚实，那么你就会感到非常羞耻，而你要利用这种羞耻，”华莱士的一位前女友说道，“如果你有秘密，你也会利用它。这不是说你应该写一部小说，但你必须告诉你的某些支持者。因此，他就是从这个角度分析自己的。”

华莱士觉得这样做正在挽救他的生命，他的前女友说：“他知道，这是唯一的机会，他能因此成为自己想成为的人，成为一个更有责任心的人，成为一个诚实的人。”

华莱士已开始相信，他的母亲是一个不快乐的完美主义者，她过于远大的理想使她产生了一种强烈而无法表达的失望感。华莱士很快就相信，母亲养他是要把他作为自己的延伸。爱丽丝·米勒（Alice Miller）写了一本畅销书《天才儿童的传奇剧》（*The Drama of the Gifted Child*）。在这本书中题为“感受失落世界”的一章的书页边缘，华莱士写道：“成为自恋剥夺型母亲想要你成为的那种人——表演者。”

在小说里，华莱士也刻画了孩子对一位严苛的母亲的反应。这篇小说名为《自杀是一件礼物》（*Suicide as a Sort of Present*），收录在他的小说集《与丑陋之人的简短对谈》（*Brief Interviews with Hideous Men*）中。华莱士写道：“随着他慢慢长大，年幼的孩子对母亲的爱超过了世界上所有其他东西之和。如果孩子有能力以某种方式说出自己的想法，他会说，他觉得自己是一个恶劣而令人讨厌的孩子，但他拥有世界上最好的母亲，她有爱心和耐心，还十分美丽。”

然而，小说中的这位母亲充满了自我厌恶和绝望。她把自己孩子身上所有的不完美都埋在她自己的内心深处，承受着这一切，因此赦免了他，救赎了他，使他重新振作，同时增加了她自己内心的厌恶。

“当然，她无法表达这一点。而那个儿子跟所有孩子一样，渴望偿还这种只从母亲那里获得的完美的爱。于是，他为母亲说出了这一切。”

华莱士与卡尔的关系从一开始就不太和谐。卡尔有一个儿子，华莱士想与其争夺和卡尔在一起的时间，但卡尔觉得华莱士过于自我。华莱士向卡尔求婚，但卡尔拒绝了他。最终，在 1993 年春天，华莱士勉强接受了位于布卢明顿的伊利诺伊大学提供给他的教职，他意识到是时候放下这段恋情继续前进了。7 月，他搬到了布卢明顿，新学期到来时开始教课。

同时，华莱士继续创作《无尽的玩笑》，他把部分手稿给了出版公司，写作进程很顺利。在布卢明顿待了一年多后，华莱士就把这本书写完了。

华莱士在这部小说中借用了自己的诸多经历，他带着残暴和幽默审视自己经历的每一件事，包括抑郁、学习电影理论、网球、药物滥用、康复项目，由此写出了史诗般的文本，模仿同时代作品，指出当时的社会追求娱乐性的强烈需求。

科斯特洛说：“在这本书中有很多大卫，那是他自己的不同版本。匿名戒酒会的战斗者大卫，我认为更像是唐·盖特利（Don Gately）；但是加入匿名戒酒会中之前的大卫，也就是那个病大卫，那个问题大卫，我认为更像是哈尔·因坎登扎（Hal Incandenza）。”

极度成功却带来极度痛苦

1996年，《无尽的玩笑》的出版给当时33岁的华莱士带来了他期待已久的特殊认可，评论家认为这本书极具价值，是部杰作，展示了极佳的风格和主题。并不是每个评论家都这样毫无节制地吹捧这本书，但几乎每个人都同意，这是一位杰出且慷慨的作家写出的作品。“华莱士是他这一代人中一位了不起的人才，一位看起来无所不能的作家，一位挑战极限的后现代主义者，他能够创造出有血有肉的人物和真实感人的情节。”角谷美智子在《纽约时报》上这样评价。然而，她随后的话就没有这么热情了：“随着读者在《无尽的玩笑》中艰难跋涉，明显可以看出，书中涉及盖特利、因坎登扎和加拿大恐怖分子的陪衬情节也提供了一个脆弱的支点，撑起华莱士先生不断增长的观察和冥想。事实上，整本小说看起来像是一个借口，华莱士先生仅仅是在炫耀他作为一名作家的杰出才能，清空他不安的内心。”

不管怎样，华莱士引起了人们的强烈关注。由此看来，他的巨大野心和不断付出是值得的。同时，华莱士曾梦想拥有的崇拜者似乎也突然出现了，好像现在就坐在他家门口，饥肠辘辘地等待着他的下一部天才之作。

名声又引起了华莱士的强迫性关注成了他无尽的恐惧和自我鄙视的另一个渠道。尽管这么多的公众赞赏和评论给予他肯定，他总是有一种强烈的不满足感，科斯特洛模仿华莱士的内心说：“我就是一只在演戏的猴子。我只是给众人他们想要的东西，那就是大卫·福斯特·华莱士这个角色，而我只不过是个卖艺人。我想写一些东西，在某种层面上要超越这些。”

这种“写作即表演”的感觉破坏了华莱士的创作，不仅使他“瘫痪”了，还剥夺了他以前认为“写作能把他从尘世的痛苦中解救出来”的想法。现在，写作让华莱士变得比以往更忧心忡忡了。

“我跟自己在玩无尽的游戏。自律是我生命中最后一块重要的领域，但我依然沉迷于自怜和仇恨，因为我觉得自己幼稚、挥霍无度、做了错事，”他在 1997 年给当时的导师唐·德利洛（Don DeLillo）的信中写道，“我不再像很久以前那样认为神经症很酷了。”

华莱士的成功还恶化了他内在的不诚实感，因为现在，数以万计的人在没有见过他的前提下就尊重他、钦佩他。事实上，许多崇拜者感谢他，也因为华莱士把他们从孤立无依的不幸中拯救了出来。“我经历了好几次抑郁，”其中一个粉丝在博客上写道，“知道小说中的凯特了解我的感受，我就觉得自己不那么孤独了。”

在公众期望的压力下，华莱士感到窒息。“但我又害怕这种期望。我现在回过头想，《无尽的玩笑》就是一个幸运儿。”他在小说出版后这么写道。他承认自己感到空虚，心如死水，没有任何东西值得他追求。他写道：“我现在就想跑掉，我不知道要做什么，打网球，看电影，坐下来放松？情况混乱而糟糕。恐惧、挫败感和自我怀疑充斥着我的内心。”

2000 年，华莱士发表了两部作品集：《所谓好玩的事，我再也不做了》（*A Supposedly Fun Thing I'll Never Do Again*）以及《与丑陋之人的简短对谈》，还拿了麦克阿瑟天才奖。名声带给他的危机已明显消退，他甚至开始着手写另一部小说。就在这一年，一直笔耕不辍的华莱士收到了一份来自加利福尼亚州克莱尔蒙特（Claremont）的波莫纳学院（Pomona College）的邮件，问他是否有兴趣在他们新开设的创意写作系任教。

一位匿名戒酒会的同伴回想华莱士在克莱尔蒙特的早年时光时说："他在 2002 年秋天第一次来到这里，他的住处和我的住处相隔四个街区。我和他是在参加匿名戒酒会聚会的第二天认识的，我们一拍即合。那时候，我妻子快死了，我感到一种可怕而持续的恐惧。如果我那时要继续工作，就得找人来帮忙，陪在她身边。华莱士自愿提出帮我，那时我认识他大概有两三个月。他会带着自己的笔记本，在每个周二的早上陪我妻子上街散步，这样我就可以去上班了。"

华莱士很快在克莱尔蒙特的匿名戒酒会里找到了自我，把他在聚会上遇到的人都变成了自己的支持者和朋友。搬到那边不久，华莱士也遇到了一位名叫卡伦·格林（Karen Green）的视觉艺术家。格林在华莱士的允许下，为他于 1998 年发表的名为《抑郁的人》（*The Depressed Person*）的短篇小说创作了一幅版画。格林把自己的作品亲自送给华莱士，两个人很快建立了友谊，在格林婚姻破裂的几个月后，这种友谊变成了爱情。

2004 年年底，华莱士与格林结婚了。这让华莱士获得了像普通人一样的满足感，这是他意想不到的。这对夫妇共同买了一座房子。他们到处旅游，去了夏威夷，圣诞节时与华莱士的父母一起去加利福尼亚州的斯汀森（Stinson）海滩，与他们的作家朋友乔纳森·弗兰岑（Jonathan Franzen）一起去了意大利卡普里（Capri）。他们还养了一条狗。

2005 年，华莱士在凯尼恩学院的毕业典礼上做了演讲，演讲稿很快就在互联网上传播开来，后来被编成了一本小册子，名为《生命中最简单又最困难的事》（*This Is Water: Some Thoughts, Delivered on a Significant Occasion, About Living a Compassionate Life*）。在这本书里，华莱士文质彬彬，像一个有智慧的长者一样为听众（可能还有他自己）提供建议："学习如何思考，就意味着控制你的想法，意味着有意识地选择你注意的对象，并选择从经验中建构意义的方式。成年后，如果你不能或不愿进行这种选择，你就会受到无尽的嘲笑。”

虽然华莱士又开始因为写作而痛苦，通常写不了几页纸，但在 2007 年 2 月，他还是在《纽约客》上发表了一部新小说的节选，名为《好人》(*Good People*)。这部新小说就是后来的《苍白的国王》。节选部分写了一位年轻人，他在与自己对怀孕女友的感情做斗争，女友告诉他，她会生下这个孩子，但他如果同意的话，她要一个人抚养孩子。这个故事关乎生命，也关乎信仰。年轻人在节选片段的末尾问自己："如果他只是害怕，如果真相仅此而已，如果他祈祷的东西不是爱，而只是在她说话时直视她的双眼和相信他自己内心的勇气，那该怎么办？"

在克莱尔蒙特最初的几年里，"有一些时候华莱士会比较消沉，但这种状态持续的时间很短，"一位匿名戒酒会的同伴回忆道，"然而，随后他就开始变得孤僻，远离众人，这种状态持续的时间不断延长。在匿名戒酒会的聚会上，华莱士会放弃分享。当他感觉良好时，他从来不会这样。轮到他分享时他却放弃了，就表明他某些方面出了问题。2007 年春天，华莱士变得越来越孤僻，每次持续的时间也变得越来越长。"

2007 年夏季的某一天，华莱士在一家餐馆与父母一起吃饭。此时，他已跟母亲休战，两个人的关系再次变得亲密起来。于是，他的父母来到克莱尔蒙特看他。吃饭时，华莱士开始心悸，大量出汗。之后他去看了医生，医生建议他停用苯乙肼，换用另外一种新的抗抑郁药，新药的使用限制少，副作用也小。

最终的绝望

惊恐不安的华莱士就这样停止了药物治疗。他告诉朋友，他认为苯乙肼不再那么有用了，但苯乙肼也是他唯一知道的能稳定病情的药物。然而，在停用苯乙肼的最初几个星期里，华莱士感觉很不错，于是他决定不服用另一种抗抑郁药。到了秋末，华莱士因为重度抑郁而不得不住院接受治疗。医生给他开了新的抗抑郁药，但看起来都不起作用；或者华莱士不遵医嘱，较早地停止用药，然后迅速下定论说这种药使他焦虑，或一点帮助也没有。

就这样，华莱士脆弱的情绪遭到了破坏。到此时为止，他已挣扎了大半年，还没能推进要写的小说；他仍然继续在不再能当一名作家的想法中挣扎；他爱自己的妻子，但他是一个亲密度高、浪漫度低的伴侣；他在生活中的自我仇恨多过自信；他越来越多地关注自己的失败，又回到过去的糟糕状态，甚至比之前更为严重。

"他的想法是'我就是坨狗屎'，"某个匿名戒酒会的会员，也是华莱士在克莱尔蒙特的朋友这么说道，"他认为'我跟这位美丽的女士结婚了，但我无法成为合格的丈夫'。我认为他不知道如何成为一名丈夫，他觉得自己像是个失败者。他觉得自己在写作上取得了某些了不起的成就，但不能再写了。他喜欢教课，但也不得不罢手。'我甚至都不能做我最爱做的事，因为我不知道会发生什么。'这种念头困扰着大卫。他觉得自己没有价值，没有做出任何贡献。大卫在匿名戒酒会帮助了很多不认识的人，而大卫看不到这一点。"

华莱士有时看起来比较稳定，这让人看到一些希望。"虽然心情低落，但他还是不停地参加聚会。只有极少的几次，他没有出现在聚会上。"匿名戒酒会的一个朋友回忆道，“他那时正接受治疗，同时接触心理学家和精神病学家。”

“有几次，他看起来就像是要彻底改变自己了，随后他就会变得乐观起来，”另一位朋友说，“这种状态很短暂，但确实存在过……他看起来和大家在一起很快乐。我们会散步、兜风、坐下来聊天，什么都聊，或什么都不聊。”

然而，在2008年的夏天，华莱士住进了一家汽车旅馆，在里面服了过量的安眠药。恢复意识后，华莱士给妻子打电话道歉，说他想要活下来。

“在那次失踪后他答应格林永远不会再这么做，”一位朋友回忆说，“这可能给他带来了沉重的压力，我不认为他从那以后再没考虑过自杀的事。”

当华莱士因为强迫行为（无论是建设性的还是破坏性的）向后退时，他的生命逐渐枯萎，而强迫行为曾是推动他向前的动力。他放弃了对母亲和忧郁童年的执念，他戒了毒瘾和酒瘾，但现在彻底变得清醒似乎已不可能。华莱士放弃了强烈的野心、他与名声的拉锯战、他意想不到的被人追捧的快乐、他对生命力困难重重的追求，他还放弃了自己的工作，这或许是最大的打击 。

“他不再写任何东西了，”科斯特洛推测，“如果他不能写作的话，婚姻及良好的家庭关系都不再有意义。没有写作，他就没有足够的理由活下去。”

最终，华莱士只剩下了失败的感觉，但这种感觉也离他而去了：现在，他心情平静，缄默不语，不再因曾经苛刻的自我批评而起伏不定了。

“说实话，我认为大卫发现活着很艰难，格外令人沮丧，”华莱士的妹妹说道，“我认为大卫在很早的时候就意识到，人必须花大量的时间做不想做的事，比如去学校、打扫房间等。长大后找到一份工作，这就是每个人要做的事。大卫对这种简单而肤浅的生存方式非常沮丧，但我认为他内心有一部分愿意付出任何代价来追求这种简单的满足。我记得大卫在大概十四五岁时，对父母说‘为什么大家要生小孩？这很自私。我没有要求被生出来，现在，我就是我自己’。”

在华莱士存档的诸多手稿和笔记中，有一段手写的对话，上面有孩子和成年男人的笔迹。这是华莱士自己与更年幼自我的对话。

“我受伤了。你总是不听我的。”像孩子般潦草的笔迹写道。

“我怕了你，”华莱士对那个孩子写道，“你表现出一种上瘾的冲动、绝望和抑郁。”

虽然华莱士的故事是一个极端的悲剧，但他做出的战斗（尽管最终失败了）是很多人都熟悉的。在他的生命历程中，最初不安的自我意识慢慢变成了严苛的自我觉知，最终又转变为自我憎恨。这导致了他对释放、救赎和注意的渴望，虽然他在写作、毒品、酒精和人际关系中短暂地获得了这些，但这些欲望最终导致了他进一步的自我控诉。华莱士的焦点很少从他那些折磨人的想法中转移出来。他觉得自己像存在于一个“黑暗的世界中，被锁在里面，羞愧难当”。有些人可能认为艺术家寻求称赞和完美的痛苦是一种自恋行为，但在华莱士的例子中，这种痛苦应该更准确地被理解为一种压迫性的焦虑感和不快感。

在很多时候，华莱士也风趣、快乐、可爱。然而，他始终不能把自己的注意从令他感觉糟糕的东西上转移开，这种糟糕的感觉总是会持续一段时间。正如他曾经写的，在他眼中，任何人或任何事都无法独立于普遍的痛苦，一切都是问题的一部分，没有解决办法。

知识延伸

1. 大卫·福斯特·华莱士和维特根斯坦不仅拥有相同的哲学精神，在努力达到自己的严格要求时，他们的内心也经历了类似的挣扎。

与华莱士一样，维特根斯坦探讨了语言的自由和局限，这是一个与强烈的孤立感相伴而行的学术事业。两个男人都被某种完美主义吸引，它一边鼓励他们实现崇高的追求，一边又不断提出疑问折磨他们。维特根斯坦把他的不快乐描述为就像围绕着某个不确定的锚点而不停地搜索，并在他的日记中这样写道："我焦躁不安地四处游荡，但我不知道应该围绕着什么样的平衡点，现在，我在不知道重心的情况下来回摇摆。"

维特根斯坦急切地想要找到一个新角度，以便更好地看待困扰他的情绪问题和哲学问题。慢慢地，他的目标不再是不停地寻找答案，而是重新整理问题本身，这并不是代表他生活方式的改变，而是代表他对生活的看法发生了改变。对维特根斯坦后来的职业生涯来说，《哲学研究》的出版是件大事，他在其中宣称"我们的参考轴必须旋转，但围绕的是我们真正需要的固定点"。正如哲学家理查德·埃尔德里奇（Richard Eldridge）所说，这位哲学家在呼吁"扭转灵魂"。

意志坚定且魅力非凡的维特根斯坦教导了一大批年轻人去质疑他们所了解的哲学学科。以严谨的态度，他把同样的怀疑论也应用于工作甚至生活中。在维特根斯坦的一生中，他拒绝了维也纳式的教养，拒绝了生于其中的宗教甚至性取向，拒绝了他的学术导师，拒绝了他早期的哲学研究，拒绝了他在剑桥大学的学术生涯，最后拒绝了哲学本身的合理性和目标。所有这一切都是在追求他从来没有实现过的情感自由和知识自由，正如他那句著名的话：“给苍蝇指出飞出捕蝇瓶的出路。”

这位哲学家后期的研究从分析哲学传统转向了神秘主义，同时，他也一直回应着困扰自己的痛苦。事实上，维特根斯坦最坚定的哲学本质就是承认哲学语言的局限性，这并不奇怪。他写道：“一幅图画把我们俘虏了，我们不可能解脱出来，因为它就在我们的语言中，而语言似乎执拗地要我们重复观察这幅画。”

1889 年，路德维希 · 维特根斯坦出生于奥地利，是欧洲当时最富有的一个家族中最小的儿子。他父亲名叫卡尔 · 维特根斯坦（Karl Wittgenstein），是一个白手起家的钢铁大王，路德维希童年时在维也纳的家可谓富丽堂皇，但它格外压抑。卡尔是一个严肃而刻板的家长，他以极严格的标准要求孩子们，还希望他们能继承家业。

孩子们大多数时间在家里接受教育，而不去学校，所以这个家在当时的维也纳也成为社会名流的聚集中心。作曲家阿诺尔德 · 勋伯格（Arnold Schöenberg）和约翰内斯 · 勃拉姆斯（Johannes Brahms）时常拜访他们家，并举办演奏会；罗丹的雕塑就矗立在大厅里。尽管有频繁的音乐活动，但卡尔的严厉让孩子们感到压抑，而他软弱的妻子也没给他们多少温暖。抑郁症似乎逐渐在这个家庭中蔓延开来。路德维希的四个兄弟中，三个最终都自杀身亡。除了他之外的另一个幸存者保罗，是与路德维希年龄相仿且最亲近的人，二人克服了种种精神痛苦。虽然在第一次世界大战中丧失了一个手臂，但保罗最后成了著名的钢琴演奏家。这两个男孩很早就摸透了彼此的性情：一次在独自练习钢琴时，保罗跳了起来，对另一个屋子里的路德维希大吼："你在屋子里时，我无法安心弹钢琴，感觉你对我的怀疑和否定从门下面钻到了我这里！"

从童年开始，维特根斯坦就遭受着正如他姐姐描述过的那种痛苦："在任何与他格格不入的环境中，他都会感到近乎病态的痛苦。"维特根斯坦在剑桥大学时的一个朋友，法尼亚·帕斯卡尔（Fania Pascal），回忆说他是"总会以某种方式陷入绝望的人"。而根据他自己的说法："我经常觉得我身体里有那么一块东西，它融化的话会让我哭泣，也许我会找到合适的字眼或者甚至是一个旋律。但在我看来，这样一个东西（它是心脏吗）就像皮革一样，不能融化。难道是因为我过于懦弱，温度升得不够高？"

这位年轻的哲学家确定自己用他的虚荣心玷污了一切，于是他开始痴迷于自己的臆断："你带着自己的一切，颤巍巍地悬在深渊上，这是一件很可怕的事。"维特根斯坦无法摆脱自身的阴影，而他试图治愈自身焦虑所付出的努力最终是一场徒劳。他写道："很难保持头脑清醒，我们发现，我们不得不用自己的手指去修复一张撕裂的蜘蛛网。"

然而，无论维特根斯坦如何努力地纠正自己的缺点，把生活中大量的时间和嗜好都消磨殆尽，一个挥之不去的疑问始终萦绕在这个年轻人的心头。在一封给他的密友保罗·恩格尔曼（Paul Engelmann）的信中，维特根斯坦写道："我只需要切断一两只胳膊，身体其余部分就会更健康。"在给另一位朋友的信中，他写道：“我认识到的事实是，一个人可能会变得非常不快乐。一次又一次，我发现自己沉迷于这些低劣的思想，是的，迷恋这些最低劣的思想。”

当第一次世界大战爆发时，维特根斯坦尝试摆脱他无尽的自我怀疑，于是志愿作为一名火枪手加入了奥匈帝国的军队。倘若他幻想自己的战友会比哲学家更平易近人，那他不久就会发现这么想是错的。虽然他因为战斗中的英勇表现获得表彰，但维特根斯坦的日记里充满了自杀和自我厌恶的念头，以及对战友们的恶毒鄙视。

同时，日记也揭示了维特根斯坦精神生活中发生的一场戏剧性转折。在波兰休假时，他拿起了托尔斯泰的《福音书》（*The Gospels in Brief*）。托尔斯泰的拒绝宗教组织而强调个体的精神自由观念启发了这位哲学家，转变了他的想法。他写道：“我走在伟大发现的路上，但我会达到目标吗？”托尔斯泰的话开始在他的心房回荡：“人在肉体上无力，但在精神上自由。”维特根斯坦感觉突然被点破，开始向一种无名的力量恳求恩典：“希望这种精神出现在我身上！”此后，无论走到哪里，他都随身带着这本《福音书》，“就像是护身符”，确信这本书会赐予他“难以描述”的祝福。

这位哲学家的最终目标是“对外在生活的困难漠不关心”。当他感觉自己接近于这样一种状态时，他记下了自己对逻辑的进一步反思。但这样的灵光闪现的时候远不如绝望的诅咒多：“这就是‘罪孽’，是不合理的生活，是一种对生活的错误观念。时不时地，我变成了一只动物。接着，我除了吃、喝和睡，就再也不会想别的……然后我也像只动物那样受苦，内心不可能获得救赎。于是，我彻底受自己胃口和厌恶的左右。”

维特根斯坦的参战经历或许并没有消除他多年的痛苦，但它们对他不断发展的人生观留下了深深的烙印。远离了学院的琐碎争吵，也远离了他童年时期令人窒息的家庭氛围，他重新把自己的生活想象成一场充满了精神意义的浪漫追寻。

维特根斯坦的思想转变看似戏剧化甚至莫名其妙，但其实这在西方哲学史上有过重要的先例。维特根斯坦还是个孩子时就读过叔本华的作品，叔本华栩栩如生地描述了感知的主体与被感知的客体变得难以区分时，完全沉浸在这个世界的经验。对于这位浪漫主义时期的诗人和哲学家来说，这种沉浸是审美体验的先验条件：崇高。叔本华的“世界以及所有客观存在的支撑者”变成了维特根斯坦的一句神学启示的精辟论述：“我就是我的世界。”

为了拥有这种彻底沉浸的体验，维特根斯坦写道，感知的对象“需要对个体具有重要性”。为了阐明这一点，他描述了看着一台普通炉子的经历。作为万物中的一物，这个炉子和任何一个对象一样微不足道。然而，当它变成一个独立的世界时，它就有了无法言喻的意义。如果我允许这台炉子暂时变成我的整个世界，那么“和它相比，其他一切都会被漂白为无色”，然后我会完全被这个对象吸引，我不再能辨认出我是个独立的存在。分离主体和客体的边界将变得模糊不清。事实上，我们“同样可能把现实中裸露的图像视为毫无价值的瞬间图景”，而且把它看作“阴影中的真实世界”。维特根斯坦花了他一生中的大部分时间，尝试阐明这个微妙的真相。

这不仅是一种学术训练。维特根斯坦认为，当全部意识被某个单一物体吸引时，我们就会意识到自身的完全偶然性甚至是不稳定性。这就是维特根斯坦想要表达的感受，而他日益个性化的信仰也围绕着它发展。维特根斯坦不久就意识到，就像精神狂喜一样，审美沉思能够在个体身上激发出他自身的这种偶然性感受。的确，“艺术品是永恒之物”，就像“美好生活就是永恒之物的世界”。维特根斯坦写道：“这个就是艺术和伦理之间的联系。”

虽然维特根斯坦在公开场合有力地讨论了哲学的极限，但在私下里，他的内疚之情伴随了一生。他的日记记录了一种“折磨我和让我无法工作”的良知。阅读克尔凯郭尔（Soren Kierkegaard）对痛苦和信仰的论述使维特根斯坦的痛苦进一步加剧。

> 我不想受苦，这令我不安。我不想放弃任何便利或快乐，比如，我不会禁食，甚至也不会节食。但我也不想反对任何人介入，或者把自己卷入不和。至少不要把事情摆在我的眼前。但即便如此，我怕我还是会躲开它。此外，我还非常不谦虚。尽管我很可怜，但我总是把自己比作最重要的人。就好像只有承认自己的可怜，我才能得到慰藉。

这种自我谴责变得越来越带有强迫性，越来越针对自我。维特根斯坦劝告自己要经常在演讲中通过“某种戏剧性的转折”吸引听众，“以取悦他们，这样他们就愿意听我说话了”。

在谈话中，他依赖别人的观点：“某个人的一句好话、朋友的一个微笑会持续影响我，它们令人愉快、激动人心，让我坚定。不过也可能令人不快，也就是说，负面反馈也有同样持久的影响，让人沮丧。”他做的任何事，“包括这些日记中的条目”都是“虚荣心在作祟”。他悲伤地写道：“我能做得最好的事就是把虚荣心分离出去，虽然它总是在看着我，但我还是要做正确的事，我不能把它赶走。”但是，想要摆脱虚荣心的欲望本身就成了一种病态、一种罪恶的标记：“当我说我想要丢弃虚荣心时，这是有问题的，也许我想要这么做就是另一种形式的虚荣。”

当维特根斯坦想不出来什么时，这位哲学家感到自己快要发疯了：“暴风雨就要来了，我无法集中思想。”他的哲学著作“缺乏严肃性和对真理的热爱”。“我在演讲时经常在观众面前佯装自己已经理解了某些东西，而实际上我希望能再更清楚地理解它。”然而，即便维特根斯坦发现他的努力方向有些错误，他依然能认识到他对某个东西的指责事实上没什么根据：“但是如果我现在思考自己的罪孽，思考我做的这些研究不过是为了验证一个假设，那么倘若对它们的任何怀疑都是不可能的，我为什么要为此感到后悔？”维特根斯坦没有放弃，他把自己托付给无尽阴郁的生活，希望苦难将以某种方式洗刷他的错误，但无法说服自己，他的苦难终会结束。

为了使自己的心平静下来，维特根斯坦转向把克尔凯郭尔的约翰尼斯作为一个精神榜样。“我必须怎么做才能让生活变得可以忍受？”克尔凯郭尔将“心灵的纯洁”界定为有能力“只做一件事”，然而这件事对维特根斯坦而言非常难。为了传达真正纯洁的人所需要的真诚的奉献精神，克尔凯郭尔以运动为例描述了有意的行动："他变得孤独，然后他承担了这一运动。"这种慢动作、完美提炼的意图模型要求一个人"把他生命的全部意义和实际意义浓缩为某种单一的欲望"。只有这样，一个人才能真正清楚地思考："在下一个地方，这位骑士才有能力聚焦于他所有的思考结论，把它们转变为一种有意识的行动。"

致力于投入这种完美的自我觉察的状态后不久，维特根斯坦就发现自己陷入了与理性能力无休止的对话中，被形而上学的茫然怀疑所困扰，他宣称："任何斗争都只能是对我自己的斗争，我越来越感到艰难。但这时我必须交出自己的心，而不只是我的手。"他把自己置于救赎的圆圈之外，为自己的命运而惋惜："假如我是一个信徒，那么我就会勇敢地去做我内心要求做的事，而这种痛苦也会结束。"

在 20 世纪 30 年代，维特根斯坦开始摆脱他早期对哲学的理解，转向挖掘更深入的真实；语言结构不再由现实决定。在第一次世界大战之前，维特根斯坦相信哲学命题与世界存在逻辑关系。他声称，命题也就是以逻辑语言表达的思想，它能够为人们准确地描述世界，就像建筑师的模型可以准确地代表一座房子一样。换句话说，语言和对象之间唯一的可能关系就是它的描述是一种所指。倘若语言既有意义又准确无误，那么像"狗"和"花"这样的单词必然是一种记忆图像，或是狗和花的表征。

渐渐地，维特根斯坦的兴趣转向了俘获人们的图像，转向了引诱人们的力量，以及事物呈现给人们的方式。试图理解维特根斯坦后期哲学的学者很少能意识到，他正在通过自己的著作为他的痛苦赋予意义。在一次关于道德哲学的演讲中，这位伟大的哲学家努力想说明这一任务是不可能完成的。这位逻辑学家放弃了逻辑的确定性：“我们的话语只会表达事实，就像茶杯只能盛满一茶杯的水，即便我再倒一加仑也没用。”

被一种不完美的语言俘虏，人们只能以一种方式看世界。然而，解决方案很简单：接受事情本来的样子。换句话说，如果我把道理说完了，我就被逼到了墙角，亮出我的底牌。在这样的时刻，挑战不仅限于此。“这时的困难在于停下来。”时空之中的人生之谜的解答在于时空之外。在没有任何科学解决方案的前提下，人们只能寄希望于问题的消失，当这个问题不再与自己有关时，人们就能继续生活。

晚年的维特根斯坦把所有的精神痛苦看作类似于一个苦行僧痛苦地站在一个上升的重球上。我们只能告诉他放弃才能重获自由。

那么，为什么维特根斯坦没有早点从球上跳下来呢？因为他让自己适应了某个错误的体系，以为会得到慰藉，而实际上导致了痛苦。其实，解决所有哲学问题和存在的问题的方案都可以比作童话中的礼物：在魔法城堡中，它显得法力无边，但白天的时候再看它，其实就是个普通的铁块。

CAPTURE

第5章

当俘获指向外界：暴力、伤害与恐怖主义

一开始，我打算研究俘获在精神痛苦和日常经验中发挥了什么作用。但很快我就发现，自己已被吸引进了一个我最初未曾料到的领域。本书接下来的章节，将探讨某些极端的行为和心理状态。它们看起来与人们的日常生活格格不入，难以解释，更不用说让人共情了。

大卫·福斯特·华莱士最终的行为指向了自身。但愤怒和绝望的感受反过来指向外界时，俘获导致的就不是伤害或杀死自己，而是伤害或杀死其他人。这是怎么回事？

还有一类是恐怖行为，恐怖行为是由被某种观念“绑架”的人犯下的。在某一时期，大多数恐怖分子开始被某种信念所迷惑，相信他们在为某种比他们自己还重大的事业奋斗，这是一种超越了自我的真理。这样的意识形态，无论在本质上关乎政治还是宗教，都是一种包括万象的信仰体系和强大叙事，它们把一个令人沮丧和错综复杂的世界变得迷人且简单。

我承认，这一章的内容会令人不安，会把人们带入相当陌生而令人不快的氛围，但这些内容很重要，因为能借此确认俘获对人类经验的外在影响的极限。俘获的外在迹象，与俘获人们的刺激一样多变，暴力就是其中比较极端的一种。在荒唐残忍的暴力行为或意识形态的暴力中，人们所看到的现象并不陌生：某个对象逐渐攫取了人们的注意，左右了人们对整个世界的看法。让人连续不断地暴露于某个凸显刺激的作用下，就会强化俘获的控制。

认为所有的攻击行为都源于某个单一的内在机制，这种想法很愚蠢。然而，俘获通常都扮演了一定的角色，否则就无法解释这些行为。

大学航空炸弹客

特德·卡钦斯基（Ted Kaczynski）曾是个聪明的数学家，一个天才少年。他的父母把他推向成功，而他一开始也令他们引以为豪。卡钦斯基在哈佛大学取得了本科学位，又在密歇根大学数学系取得博士学位，还写了一篇广受赞誉的精彩论文。最后，在加州大学伯克利分校，他获得了助理教授的职位。然而，卡钦斯基在现代社会中从来就没获得过归属感。他渴望获得某种宁静，但城市生活无法给予他这些。于是，他开始避免跟其他人接触。最终，他因为内心不断增长的烦恼和尴尬而离开了大学，放弃了都市生活，像一个生存主义者那样生活在蒙大拿州的荒野里。

从 20 世纪 70 年代初期起，卡钦斯基在自己搭建的小木屋中生活了 20 年，也正是从这个远离尘世的家中，他把炸弹邮寄给不同的机构和个人。在最初几年的自我隔离后，卡钦斯基搬回了伊利诺伊州，开始在芝加哥的一家工厂做事，他弟弟在这家工厂当主管。卡钦斯基于 1978 年被雇用，但也于同一年被解雇，因为他跟一位女同事的友情破裂了。为了报复她，卡钦斯基写了一首下流的打油诗，还把它贴在工厂里。结果，卡钦斯基被解雇了。面对失败，他不得不回到自己在蒙大拿州的避风港。对卡钦斯基来说，这一次还算运气好。

回到小木屋之后，卡钦斯基开始与内心的冲动做斗争，他想反抗现代生活对他的冒犯。就在同一年，也就是 1978 年，他制造了自己的第一个炸弹。

这一年的 7 月 24 日，卡钦斯基在日记中写道："昨天相当好，我只听到了 8 次飞机声。今天早晨也还好，但接近中午时，飞机的噪声几乎就没中断过，大概持续了一个小时。接着，又有一声震耳欲聋的音爆。这是最后一根稻草，它让我在无力的愤怒中泪流满面。但我有一个报复计划……"

卡钦斯基对特定的声音非常敏感，飞机经过时，他会留意飞机引擎偶尔发出的微弱的多普勒频移，他无法逃离那种噬咬他的噪声。有的声音对于其他人来说可能只是提醒他们忘了带什么东西，但对卡钦斯基来说是无法忍受的。他被迫害的感觉和那种自命不凡的感受不断增强。在伊利诺伊州，飞机引擎的噪声是现代糟糕环境的小小体现，都市里充斥着各种刺耳的声音。一架飞机的噪声肯定会被汽车鸣笛声和火车的隆隆轰鸣声淹没。但在森林里，一架飞机的噪声就能"刺穿"卡钦斯基的耳膜，打破他亲手打造的寂静与孤独。

"我说的'寂静'不是要消除所有声音，只有人造的声音需要消除，大多数自然的声音都是舒缓的，只有少数例外，比如雷声和乌鸦的鸣叫，但这些声音是壮美的，我喜欢它们。然而，飞机噪声是一种侮辱，就像一巴掌抽在脸上。这是邪恶的现代社会的一种症状……今天我们在何处才能找到寂静？哪里都不行，即便是在大山里。"

头顶上喷气式飞机的噪声，证明人们无处可逃，不得不面对现代社会的冒犯和侮辱。技术能触及一切，即便是荒野也不能例外。卡钦斯基只在短暂的时间里能控制自己的心理反应。那一年晚些时候，在一次深入荒野的野营中，他成功压抑了自己的愤怒，不再因为某些声音而痛苦，而是让自己融入周围的森林中。然而，还是有噪声跟着他。经过一次音爆和头顶上一个小时持续不断的飞机轰鸣声之后，卡钦斯基的狂怒再次爆发了："对我来说，现在事情糟透了……我要推进我的报复计划。我在这里是那么开心，我曾期待在这片树林里待上更长时间。到底还有哪些地方能让一个人自己待着，拥有和平与安静？"

如果不考虑卡钦斯基的恳求最终激发的暴力的话，这个恳求还是合理的。然而，卡钦斯基不再写诗或写文章以表示抗议，而是制造炸弹，邮寄给无辜的受害者。在他眼里，这些人都是使自然界被技术侵蚀的帮凶。

根据卡钦斯基的说法，他在哈佛大学读大二时就有了幻灭感。然而，直到搬到蒙大拿州并阅读了雅克·埃吕尔（Jacques Ellul）的《技术社会》（*The Technological Society*）之后，他的目的才在脑中成形。他觉得，埃吕尔写出了自己曾思考和感受过的一切。卡钦斯基说："最诚实的真相就是我没有什么政治诉求。我真的就想生活在树林里。如果没有谁在那儿铺设道路，把树砍倒，让直升机和雪地车嗡嗡乱响，震耳欲聋，那么我会一直住在那里，而世界上其他地方的人可以想干什么就干什么。"

卡钦斯基的报复计划始于一场恶作剧，但后来迅速升级为暴力。他写过自己曾想把糖倒进雪地车的储气罐里以搞坏它们，但不久，他的计划就变得更阴险了。他将自己幻想成一名狙击手，隐藏在密林中，准备射杀在路上骑自行车的人。

然而，随着时间的推移，卡钦斯基认识到，自己对陌生人的随意攻击不会有什么效果。慢慢地，他制订了一个将会引发关注的计划，也会沉重打击那些技术"瘟疫"的代理人。"技术文明是一个可怕的章鱼怪，小汽车和吉普车司机以及其他闯入森林的不速之客，都只是章鱼怪众多触手的一小部分。”卡钦斯基想做的，就是猛击这头章鱼怪的心脏。

卡钦斯基的狂怒并不是突然产生的。在高中和大学期间，他有时就会怒不可遏，而无法公开表达自己的想法更是强化了这种倾向：“不过，我从来没有尝试过要把幻想变为现实，因为我受强烈的条件作用影响，不敢蔑视任何权威。更确切地说，我不可能犯下报复罪，即便是很轻的罪行，因为我害怕被抓，怕被惩罚，这种恐惧远远超过了实际被捕的可能。”

内心经过一段时间强烈的混乱之后，卡钦斯基才接纳了自己的愤怒。在研究生院，他模糊的性取向遇到了戏剧性的关键挑战。在几周强烈的兴奋之后，他开始幻想自己是个女人，甚至考虑变性。他预约了医生打算咨询，但在候诊时又失去了勇气。在接受咨询时，卡钦斯基说自己对于可能会被强征入伍感到沮丧，以此来掩饰自己。离开医院时，他对提供咨询的精神科医生感到暴怒。他在这种愤怒中意识到，可以通过暴力为自己找到新的使命，由此他能够重获新生。

> 那时，我的生命中出现了一个重大转折。我像凤凰一样，从自己绝望的灰烬中燃烧出一种光荣的新希望。我想杀死那个精神科医生，因为对我而言，未来彻底陷入了空虚。我不在乎自己是否会死。因此，我对自己说，为什么不杀掉那个精神科医生以及我怨恨的那些人呢？重要的不是在我脑中出现的话语，而是我对这些话语的感受。我的确感觉自己可以杀掉某些人，这是一种全新的感觉。我自己的绝望恰恰解放了我，因为我不再担心死亡。我不再担心结果。我对自己说，我的确可以打破常规，做些大胆的、不负责任的，甚至违法的事。

确认自己有一种伤人冲动的几年后，在 1980 年 6 月 3 日，卡钦斯基把一枚炸弹邮寄给了美国联合航空公司的总裁珀西·伍德（Percy Wood）。“我感觉很好，”他写道，“我还是很生气，但我现在能反击了。虽然我还不能像自己希望的那样对什么都能发起反击，但我不再感觉彻底无助。不过，愤怒还是像以前一样噬咬我的心。”在被逮捕之前，卡钦斯基邮寄了 12 枚炸弹，炸死 3 人，伤 22 人。

犯罪学家的书中列举了许多俘获的特征：首先有一个注意线索，接着是被俘获者对该注意线索的关注，最终产生一种（通常是极端的）情绪改变，导致某种强烈的愤怒、冒犯或不公正感。美国国家心理健康研究所情感认知神经科学首席科学家詹姆斯·布莱尔（James Blair）和其他研究者在许多暴力罪犯身上都观察到一种常见的神经模式，在这种模式下，对特定线索的高度警觉或过度反应引发了强烈的羞耻感、屈辱感和愤怒感，这些压倒一切的感受又强化了个体对这些线索的敏感性和反应性。

如果一个人的威胁回路反应过度，他就会变得高度紧张。整个神经回路就会变得格外敏感，因此觉察到这些威胁时就会产生更大的反应。

布莱尔解释说，当人被某种情绪刺激俘获时，大脑的杏仁核就会被激活。因为杏仁核与如前额叶等大脑中涉及决策制定等执行功能的区域相连，杏仁核的战逃冲动（fight-or-flight impulse）就会窄化人的注意以觉察威胁，这样就会干扰人解释环境中真正威胁的能力。最终，这一过程会削弱人做出理性决策的能力，大脑因而变成了只应对某种单一目标的哨兵。

布莱尔说：“如果一个人对威胁反应过度，那么他会变得很暴躁。但如果他的决策机制相对健全，他应该仍然能做出相对有效的适当反应。相比之下，如果在预估后果时屏蔽了情绪机制，那么他就可能冲出去给人一拳。”

我并不打算通过探讨俘获在暴力中的作用来为伤害或犯罪行为找借口。强烈的被伤害感、恐惧感、愤怒感或耻辱感并不会妨碍大多数人调整自己的行为。许多人都有各种对付消极情绪的方式，或至少能抑制它们，直到暴力冲动过去。人们咬牙忍耐、放手、击打沙袋或徒步远行。人们可以暂时把消极情绪表现出来，但依然有能力在过头之前阻止自己。换句话说，大多数人都能在自己内心失去平衡之后调整、恢复。然而，某些被“俘获”的人无法再次恢复这种平衡。“俘获”使大脑短路，使它无法把诸多复杂的情绪与行为和结果联系起来。

考虑俘获在暴力行为中扮演的角色时，一个最难回答的问题就是：为什么暴露于相同刺激下的人们会以迥然不同的方式面对？为什么有些人会以暴力应对，有些人则会以善意应对？一个人遭受了歧视，但他可能不仅克制了报复的冲动，还把这种愤怒转变为一种有意义的追求；而另一个人则可能沉浸在自己的痛苦中，直到再也无法抵制报复的念头。过去受到相似刺激的作用，在塑造这种反应的过程中起了一定作用。被冤枉、被取笑、被其他人评判等经历会增加一个人觉察这些怠慢和不公的敏感性，这种敏感性反过来会使这个人产生注意偏差，产生无法抗拒的感受，并在某些情况下产生极端的暴力冲动。以前暴露在某些线索中的经历，以及人们对这些线索的过往反应，诱发了注意窄化和强迫性思维，而某些侵犯和暴力行为的背后就是它们在起作用。

人们对凸显刺激的反应，也受到俘获人们的经验和观念的影响，包括一些伦理和道德的价值观。虽然有的人的道德信念可能阻止他犯下暴力行为，但也会有人相信，暴力行为是合理之举。

刺杀肯尼迪

1968 年 5 月，哥伦比亚广播公司播出了一部纪录片，名为《罗伯特·肯尼迪的故事》（*The Story of Robert Kennedy*）。刺杀肯尼迪的杀手西尔汉·西尔汉（Sirhan Sirhan）后来作证说，这部纪录片推翻了他对肯尼迪过往的一切信任。在审判时，西尔汉称他过去一直以为肯尼迪是为底层、为弱势群体、为社会“渣滓”服务的人，他想要帮助最贫穷的人和最弱小的人。然而，肯尼迪在节目中的照片戳痛了他的神经，“简直让我恶心，让我怒不可遏，在此之前我一直喜爱罗伯特·肯尼迪”。受这些照片的刺激，西尔汉找到了一种新的目的感，充满了狂热。他说：“我看到电视节目的那一刻，我就想大战一场。”

1944 年，西尔汉出生于耶路撒冷，因为 1947—1948 年爆发了一次中东（阿以）战争，他被迫离开自己在耶路撒冷旧城的童年家园。不久以后，他就目睹了自己兄弟被一辆因躲避狙击手开火而转弯的卡车轧死。每天不停的轰炸让他害怕。西尔汉惊慌失措，畏畏缩缩，他发展了一套僵化的道德准则，借以评判自己和他人的行为。

在 12 岁时，西尔汉跟着家人移民到了美国，决心把战争留下的创伤抛在身后。与很多新移民一样，他努力想要在这个收留他的国家里取得成功。但他的很多努力都失败了，无论是在学校里（他最终被帕萨迪纳城市学院［Pasadena City College］开除）还是在找工作的过程中。他变得孤立、刻薄、易怒，他相信自己比其他人优秀，由此形成了一种日益复杂的幻觉，与自己的日常现实大相径庭。他开始把自己当作歧视的受害者，对少数人群和穷人产生了强烈的认同感。

随着肯尼迪一步步成为民主党总统候选人，西尔汉变得越来越愤怒。他在 1968 年 5 月 18 日 9 点 45 分写的一则日记就像是一句咒语："我消灭肯尼迪的决心变得越来越强烈，越来越成为一种不可动摇的执念……肯尼迪必须死。肯尼迪必须被干掉……罗伯特 · 肯尼迪必须在 1968 年 6 月 5 日前被暗杀。"

5 月 26 日，西尔汉读到了帕萨迪纳的《独立星报》（*Independent Star-News*）上的一篇由社论作家大卫 · 劳伦斯（David Lawrence）创作的联合专栏文章。这篇文章批评了肯尼迪的对外政策，劳伦斯写道："总统候选人要外出拉票，但他们中有些人确实没意识到自己的言行前后不一致。"第二天，这份报纸刊出了一幅罗伯特 · 肯尼迪在波特兰发表演说的照片。附带的文章指出，肯尼迪承诺向国外提供战斗机。

1968 年 6 月 1 日，在参观贝弗利山庄的以赛亚神庙时，肯尼迪重复了他的承诺。在电台里听到了肯尼迪的演说后，西尔汉狂怒不已，迷失了方向[1]，开始陷入疯狂："他把我逼到了这种地步，我盯着镜子，看到的不是自己的脸，而是罗伯特 · 肯尼迪的脸。"

第二天，就在加州初选的前两天，洛杉矶的大使酒店举办了一场欢迎肯尼迪的集会，西尔汉参加了。看到肯尼迪微笑的面孔时，西尔汉的决心动摇了，他感到"肯尼迪对我来说就像个圣人"，但是遭到背叛的感觉压倒了一切，杀心很快就重新恢复了。

西尔汉声称，在狂怒中，他误以为 6 月 5 日晚上会有游行。他打算出发去看看，把一把枪放在了汽车后座上，这天早上他还用它练习刺杀目标。西尔汉把车停在了当地的一个竞选办公室前面，他听说大使酒店有一个盛大聚会，于是决定跟着某些参会人一同去那儿。走向酒店时，他的枪还放在车里。

6月5日0点15分，罗伯特·肯尼迪在加州的初选中获胜。他刚发表完感言，就被护送离开讲台，要去与记者见面。肯尼迪被引导着穿过酒店的后厨，而西尔汉早就在那儿等着他了。

西尔汉举起一把22毫米口径的左轮手枪，射向肯尼迪和他周围的人群。差不多26小时后，肯尼迪死亡。另外5个人被子弹打伤，无甚大碍。

当警方搜查西尔汉的住处时，发现了他在笔记本上对肯尼迪的狂乱谴责："肯尼迪必须倒下。肯尼迪必须倒下……我们认为，罗伯特·肯尼迪必须为可怜的被剥削者的事业而牺牲……罗伯特·肯尼迪很快就会死。"

科伦拜校园枪击事件

传统上，心理病态被定义为缺乏良知。这一定义包括自我中心，不会焦虑、内疚，情感淡漠，共情能力低下。但这种定义仅仅聚焦于心理病态者的心中缺少了什么。很多人可能会问，一个心理病态者心中存在什么呢？

1999年4月，迪伦·克莱伯德（Dylan Klebold）和埃里克·哈里斯（Eric Harris）在科伦拜中学杀害了13人。哈里斯有意留下了一系列日记、文章、视频和网络浏览记录，以便研究者对他进行调查。他的作品提供了一扇窗，让人走进一个极端自我的杀手的心中，也走进了一颗被施暴冲动所绑架的心灵之中。哈里斯决定报复一个让他感觉不公平的世界，这个世界总是让他感到自卑。同时，他做这件事时也在自我观察，他"发表声明"说明自己的动机和想法。

在枪击案一年前，哈里斯就开始写日记，一直持续到了案发的几周前。日记内容一开始相当单调，就是一段无法言说的愤怒，一段漫长而持续的尖叫。然而，细看就会发现，哈里斯回应这个世界的语气存在变化。此外，日记中还体现出一种强烈的自我意识，就好像他在照镜子，监控他自己正在扮演的角色。哈里斯也有真情流露甚至脆弱的时刻。而即将发生的恐怖枪击就是他站上舞台、争取认同，并取得自己想象中最大成就的时刻。显然，哈里斯写这些东西不只是为自己，也为任何可能在他死后发现他的日记、为他作传的人而写。这样，他既释放了自己的愤怒，也扮作了一个怪物，向后辈炫耀，由此他在这个世上的印记就能变得更为重要，难以磨灭。哈里斯被一种施暴的冲动俘获，把施暴作为一种施展力量的方式，也作为一种建立优越感的方式，由此他就能比任何迫害他的人更优秀。

17 岁的哈里斯在 1998 年 12 月 12 日写道："我想知道是否有人会给我写一本书，书中肯定有大量的象征主义、双重意义，写各种主题、外观，与龌龊的现实形成强烈的对比。如果写得好，那就更好了。"听起来就像是哈里斯在为自己英语课上读的东西加了一点措辞粗糙的润色，这也暗示他正在玩弄读者的心智，操纵他所展现的东西，以塑造一个大家会尊重和记住的人物。读者很快就会发现，哈里斯承认自己是一个强迫性的说谎者，这与他想要成名的自我意识有关。日记中对德国的描写强调了他对纳粹德国的同情，这其实就是在拥抱白人至上主义，但也是他戴着的一个面具，用以激发读者的愤怒、厌恶和恐惧。最重要的，这会使他看起来更可怕，这才是哈里斯的目的。在他的日记中，最为突出的特点就是每句话中都含有极端情绪，每一个音节都让人热血沸腾。

在整本日记里，哈里斯表现得像是这样一个人：他怨恨自己的同伴群体，怨恨排挤他的高中文化，认为它不公平。然而，通过一种超越复仇的姿态，他扩大了自己复仇的意义，把复仇变成了一种对虚伪的人类社会的抗议。他从自己的痛苦中提炼出一套哲学观，以证明谋杀有理。这正是"俘获"的一个特点，它支配了这些杀手空洞的心情——个人的痛苦导致对一切事物产生了情感排斥。就像卡钦斯基将现代技术社会视为邪恶存在，哈里斯对个人创伤的愤怒变成了一种对人类存在的控诉，反映出深层不安全感的自大是一种有力的妄想。

在哈里斯长达一年的记录中，他的厌恶痉挛式地反复发作。从 1998 年 4 月开始，他就谴责每一个人、每一件事，以支持社会达尔文主义的方式反对同情：任何不能自食其力的人都该死。这是一种宽泛的谴责，还没有具体到某一个人。伴随这一谴责而来的是一种拥有无限力量的感觉，他觉得自己想做什么就能做什么："我知道你们在想什么，也知道做点什么能让你们滚蛋，让你们感觉糟糕透顶……我觉得自己像神，我希望我正在让每个人都变得比我低等。我知道，我在这个世界上，比几乎每个人都要高级。"哈里斯坚持自己至高无上的地位，但还没有想过杀害自己的同学。他的愤怒逐渐增强，因为他总是关注使他产生被排斥感的、由周围大受欢迎的学生留下的线索。

哈里斯将受人欢迎贬损为一种混入平庸之众的方式。他再次在日记中絮絮叨叨，说这个世界充满了模仿者和畏畏缩缩的服从者，只有他有能力认清这个社会的真面目。因此，把他和众人区分开的是他的品德，而非他的失败。"看到大家之后，我就确信……人类不值得我为他们奋斗，他们只配被杀死……虚无意味着什么东西都不是……我不想像你或像任何人，但这在今天几乎不可能实现，所有的小可怜虫都尝试着要成为'原创的模仿者'。我期待像你这样的小可怜虫批评不属于你的社交圈的任何人，不管是'正常人'还是'文明人'……"

两个月之后，哈里斯开始具体地描述杀戮。他仍然不只将杀戮描述为报复，而是把自己想象成一个孤独的尼采式人物战胜了世界。哈里斯在日记中吹嘘，称他的罪行将定义他这个人："我知道哪怕只杀一个人，我也会被警察枪杀，但是……我选择杀死那个家伙，我就要这样做！这是我的错！不是我父母的错，不是我兄弟的错，不是我朋友的错，不是我最喜欢的乐队的错，不是电脑游戏的错，也不是媒体的错。这是我的错！”

哈里斯试图在他越来越邪恶的幻想中抑制各种厌恶感。他决心不要被“我的任何同情、仁慈或类似的感受困扰。我会强迫自己相信，每个人都是来自末日的怪物。因此，有我无他们，有他们无我。我必须关闭我的感受”。在执行他的可怕计划之前，哈里斯曾向他母亲道歉：“我对此真的很抱歉，但战争就是战争。”他还以一种不协调的、饱含感情的语调补充道：“我的母亲，她是如此体贴。她在很多方面都给人帮助。”他也意识到，要让自己远离父母。“我不想再花时间陪他们……我希望他们搬出城去，这样我就不必非得去看他们，也不会和他们联系得很密切。”

11 月，哈里斯的日记中出现了大多数人都能看出的情感痛苦。这是他最脆弱的自白，阐述了他的狂怒最初是如何在高中时期产生的：“每个人都因为我的长相取笑我，我弱爆了，我要让你们为这一切付出代价。终极报复就在这儿，你们这些人应该表现出更多尊重，对我好一点儿……像对待荣誉公民一样对待我，或许那样我就不会准备把你们该死的脑袋拧下来了。这就是我的仇恨发源地。事实上，我几乎就没有什么自尊，特别是在跟女孩和长相等有关的方面……”

这直接指向了 1999 年 4 月的枪击案。

哈里斯在杀戮发生前几天的日记令人心碎，因为他看起来就像是一个被人排挤的孩子，一个公认的失败者，没有受人欢迎的特质：“我讨厌你们这些人，从我身上夺走了那么多有趣的东西。不，不，不，不要让那个叫埃里克的奇怪小孩过来，天哪，别这样！”

埃里克·哈里斯从一个避世少年变成了一个狂热杀手。他无力承受折磨，最终酿成的悲剧使他家喻户晓。

奥罗拉枪击事件

詹姆斯·霍姆斯（James Holmes）认为自己有一个“破脑袋”[2]。当他还是一个乳臭未干的少年时，就第一次使用了这个说法，许多年后，他在一个笔记本上潦草地写下了同样的话（他于 2012 年 6 月开始记笔记）。这么多年来，霍姆斯都努力要修理这个破脑袋，查找神经科学方面的理论，求助于精神病学护理，还把自己的分析思考写成文章。

但是，没有一个方法有用。“这就是我的脑袋，”霍姆斯写道，“它坏了。我试着修复它，这成了我唯一的信念。但我用坏了的脑袋修复它自身，结果证明这不过是徒劳无功。”到了最后，霍姆斯只看到了一条出路：“生活为所有问题准备了一个备选方案——死亡。”

2012 年 7 月 19 日，24 岁的霍姆斯把他的笔记寄给了精神治疗师琳内·芬顿（Lynne Fenton）医生。这本笔记是一本大杂烩，其中有前后不一的闲扯，有清晰明了的评论，也有冷静客观的逻辑。几个小时后，就在电影《蝙蝠侠：黑暗骑士崛起》于午夜首映时，霍姆斯向观众席扔了一颗催泪弹，然后开枪扫射。在这场于凌晨发生的袭击中，有 12 人死亡，另有 70 人受伤。霍姆斯把受伤称为“附带损害”。对他来说，死了才算数。

在大概三年后举行的审判中，四位法院指定的精神医生一致认为，詹姆斯·霍姆斯患有某种精神分裂症。但是当霍姆斯还是加利福尼亚州卡斯特罗维尔（Castroville）的一个小男孩时，没有人会认为他脑子坏了。以前的邻居说他可爱、聪明、成熟，相处起来很有趣。霍姆斯 11 岁时，他家搬到了圣迭戈，情况发生了变化：他脑中产生了自杀的念头。读中学时，霍姆斯进行了称之为“准自杀”的尝试：用硬纸板割手腕，把皮都划破了。他告诉父母那是纸划破的，因为他认为，如果表现出任何软弱的迹象，自己就会被惩罚。在随后的几年里，霍姆斯在社交上变得越来越孤立和退缩，他宁愿待在家里睡觉、玩电子游戏，也不与人交往。虽然加入了一个田径队，但教练说他几乎不怎么出现，他们不得不严厉地告知霍姆斯，他是集体的一员。

然而，霍姆斯很聪明，以平均 4.0 的绩点完成了高中学业。而且，他的社交焦虑并没有延伸到家庭生活中，他能与父母和妹妹轻松地交谈，彼此拥抱，维持一种友爱的融洽关系。

表面上，霍姆斯的大学经历看起来相当不起眼。他考入了加州大学河滨分校（Universrty of California，Riverside），住在一间校舍里。同学们记得他很羞涩，从来不会主动找人搭讪，但他们喊他出去玩时，他也愿意。本科时，他在神经生物学这门课上的绩点是 3.9。

在这些年的大多数时间里，霍姆斯保留着诸多秘密。移居圣迭戈之后，他与一位持证的临床社工一起参加了一项短期家庭治疗。他写道：“我没有透露任何东西，因为不想在家人面前表现得脆弱。”霍姆斯相信他的脑袋与同龄人的不同，14 岁时，他就表现出了对神经科学的兴趣，想要了解大脑是如何运作的，以及他的破脑袋能否被修复。在高中，暴力念头不时出现，开始像幽灵一样纠缠他，他会想象别人掉了脑袋的场景。

2011 年，霍姆斯被科罗拉多大学提供的 6 个令人垂涎的研究生项目之一录取，他比 70 位申请者中的大多数都闪亮耀眼。就本科成绩单、测验得分、推荐信、研究经验而言，霍姆斯看起来格外出色。在研究生讨论会上，他从来不主动回答问题，但被问到时通常都知道说什么。他及时完成作业，并在期中考试中得了 A。然而，他依然孤僻，即使身处群体之中，也徘徊在群体之外。“当我跟他人在一起时，我就会紧张，”他说，“我知道他们希望我说点什么。”被迫交谈时，霍姆斯经常怔住，似乎无法把话说出口。一个教授回忆称，霍姆斯的沟通能力很差，他不善与人交往，而这对实验室工作而言是一个障碍。其他几个教授则感到他没有强烈的目标感。

2011 年的圣诞节似乎标志着霍姆斯人生螺旋式下降的开端。“我的思维变得七零八落。”霍姆斯回忆道。无论是对父母还是妹妹，他都没透露自己的心理状态在不断恶化。“我不想让家人知道我有病。”他说。从青春期开始，他就相信这种坦白很糟糕，这意味着自己是一个负担。他与一位名叫加尔吉·达塔（Gargi Datta）的女性朋友维持过几个月的亲密关系。2012 年情人节那天，霍姆斯为达塔做了一份洋葱鸡肉，又买了冰激凌当甜点。他们点了蜡烛，观看了《周六夜现场》和音乐录像带。但不久以后他们就分手了，这让霍姆斯本已郁闷和悲观的心情变得更糟糕。他每况愈下，缺乏做事的动力。

霍姆斯不断产生自杀和杀人的念头，这些念头开始聚焦到具体的某一点。被他称为“最后的逃生出口”的大屠杀，变得越发凸显了。霍姆斯想通了，他的受害者生命的价值将以某种方式累加在他身上。他的理论认为，每个人都有价值。“如果你认为杀人有价值，那么当你杀了人，你就会变得更有价值。”他解释道。

霍姆斯的症状似乎已从强迫观念变为妄想，从“过度的、不合理的且由此导致压力的侵扰性念头、表象和冲动”转向了“基于对外界现实的错误推断而导致的错误信念”，即使其他人都不这么认为，这些信念也依然顽固地存在。

霍姆斯第一次寻求心理援助，于 2012 年 3 月 21 日来到了琳内・芬顿的办公室。首次会面时，根据芬顿的记录，霍姆斯说他的强迫症表现已恶化，他认为杀人是缓解痛苦的唯一方式。他还说："但你无法杀死每一个人，因此这不是一种有效的方式。"芬顿由此认为他不可能去实现他的幻想。她给霍姆斯开了氯硝安定，这是一种用于治疗强迫症的药；还开了舍曲林，这是一种选择性的血清素再摄取抑制剂，用于治疗抑郁、社交焦虑和强迫症。

霍姆斯同意一周后再见面。同时，他与达塔分享了一些暴力思想，写了一封邮件，说他想要做一些邪恶的事。被问及是什么事时，他回答："当然是杀人。"

达塔说这样会很麻烦，不值得。"大多数人不值得你去攻击并因此付出代价。"

"正是因此，你要杀死很多人。"霍姆斯宣称。

在接下来的几个月里，霍姆斯定期与芬顿会面，告诉她，自己在一天里有三四次会产生杀人的念头。尽管芬顿相信他患有分裂型人格障碍和偏执妄想，但她没有意识到霍姆斯的思维随时间推移发生了改变，而且她也不认为霍姆斯的情况越发危险，部分原因是霍姆斯从来没有描述过一个具体的计划。她调整了药方，增加了舍曲林的剂量，还请了另一位精神科医生补充意见。6 月初，霍姆斯最后一次见芬顿，告诉她自己的口试没通过，而且正要从研究生院退学。不久，芬顿就联系了大学的威胁评估小组，要求对霍姆斯进行背景调查。评估小组报告说，霍姆斯不在军队里任职，没有隐蔽武器许可证。芬顿的最终诊断记录是"霍姆斯健康状况良好"。

同时，霍姆斯不断充实自己的武器库。他第一次从亚马逊上买了东西，包括一把折叠刀和一支很像手机的电枪。接着，他在奥罗拉（Aurora）的商店买了一支格洛克 22 式手枪和一支猎枪。一次购买行为引发了更多的购买行为。“从强迫行为到更多强迫行为。”他说。不久，霍姆斯又为自己的武器库里增加了一支格洛克 23 式手枪、一支突击步枪、激光瞄准具、炸药、催泪弹、防毒面具、手铐，以及数千发子弹。在研究枪支法律和精神疾病后，霍姆斯曾以为自己的精神状况可能会妨碍购买武器，但他没遇到什么障碍。他买了一整套防弹衣，穿着它拍了照，身边还摆着枪。他开始在靶场练习射击。

“情况在不断升级。”霍姆斯说。他买第一支手枪时想的是自卫，但是马上就变成了其他具有攻击性的目的。

霍姆斯说他将自杀念头转变成了杀人念头，因为他明确了自己的目标，界定了自己的使命：“去电影院，杀尽可能多的人。”他不再不切实际地思考人类的毁灭，这种想法会因一种不适感蔓延，而他周围的人总是让他有这种不适感。他的使命不再是用核武器或毁灭心灵的生物制剂消灭这个世界。相反，他的使命变成了杀死一群人的现实想法。

最后，霍姆斯被他所谓的“人力资本理论”所驱使。这套理论认为，夺取其他人的生命值将增加他自己的生命值。“这种想法抓住了我的心，”他解释说，“我也不知道它怎么主宰了我，但情况就是这样。”尽管对人类怀有仇恨，霍姆斯的行为并不是由盲目的激情驱动的。“对我来说，仇恨有点像是讨厌西兰花或别的什么东西，它不是那种火热的、带有愤怒激情的仇恨。”相反，他行动是因为相信自己别无选择，只能执行他肩负的那个无与伦比的使命：“我仿佛就是紧张症患者。除了这个使命，我没有心思做其他任何事……我有一个要完成的目标。”

芬顿给霍姆斯开的精神药物似乎强化了他的反应。就在开始服药后不久，他报告说："躁狂第一次出现了，焦虑和恐惧消失了。我不再害怕，不再担心失败……不害怕后果……对人极为厌恶，但原因不明……爱不见了，动机指向了仇恨和偏执……没有后果，没有恐惧，我独自一人，没有别的事可分心，没有寻求自我实现的理由。我拥抱仇恨，黑暗骑士崛起了。"

人们现在仍然不清楚，霍姆斯是否真的想要根据他的妄念而行动。他的故事总有两个版本。其中一个版本是，这个年轻人渴望好转，他已寻求心理健康服务的帮助，每一次会面他都会来，后来他告诉一位由法院指定的精神医生，说他想要做点事阻止自己的枪杀行为："我想解决问题，想做个正常人。"

霍姆斯给他笔记中的一页写下了标题——"对一个破脑袋的自我诊断"，并列出了包含 13 种疾病的清单，包括焦虑型躁狂、广泛性焦虑症、阿斯伯格综合征或孤独症、精神分裂症、强迫型人格障碍、精神病，以及慢性失眠等。在另外五页中，他详细描述了这些诊断涉及的许多症状，从紧张、过度疲劳、自我孤立、拽头发，以及无法沟通，到"自认为无敌""担心生殖器……受过度刺激""痴迷于杀人的念头"。

霍姆斯也搜索了谋杀的其他替代物，甚至这种可能性在他的思考中占据了更为重要的位置。他考虑了诸多选项，以及它们的结果："忽略这个问题。如果这个问题不存在，那么有没有解决方案就无所谓。这不起作用……拖延这个问题。活在当下，不考虑回答眼下的问题。这也不起作用……去问别人。如果一个人无法解答自己的问题，那就找别人帮着解答。还是不起作用。"

霍姆斯故事的另一个版本，说的是这个男人精心策划了一场屠杀。这个人给他人带来了悲伤和痛苦。他知道自己的行为是非法的，也知道这样做是错的。

当霍姆斯收集武器时，他仔细盘算了最合适的方法和地点。炸弹没用，他的记录里写，因为“监管太严”且“招人怀疑”，他给这一想法打了一个叉。连环谋杀也被排除了，因为“太个人化，容易留下证据，容易被抓，杀的人少”。他在这一项上又打了一个叉。最后，在“大屠杀 / 狂欢”下面画了一个复选标记，并指出这种方式尽管“在做法上比较原始”，但优点是“杀伤程度最大，很容易用武器实施”。

霍姆斯简单地选了一个机场，作为射杀地点，但又排除了这个想法，部分原因是航站楼的安检太严格，与这一场所有关的恐怖行为导致相关部门采取了种种反制措施。“恐怖行为不是启示。启示就是，没有启示。”霍姆斯写道。

因此，霍姆斯选定了科罗拉多州奥罗拉的一家电影院，该影院有 16 张幕布，选它是因为“场所孤立、离得较近、地方够大”。哪里还会有比一个不显眼的娱乐场所更好的作案地点呢？不久，他就在 6 月下旬把自己的头发染成了扎眼的橙红色。霍姆斯开始研究这家电影院。他在 7 月 7 日到 7 月 17 日之间，买了三次电影票。他在笔记中用四页纸勾勒了影院中各个影厅的草图，还记录了每个影厅布局的利弊。比如，其中一个影厅若能锁上双开门，就能增加死伤，但同时也有一个缺点，那就是观众又多了一条逃生路线。他同时也在一个深夜交友网站上建了账户，还在 7 月 18 日更新了自己的主页标题：“你愿意到监狱看我吗？”

经过几个月的筹划，电影院选定了，装备也到位了，霍姆斯准备就绪。他在自己的公寓里装了燃烧弹，还在电脑里设了午夜开启的定时器，最大声地播放电子乐，他希望借此引人注意，分散执法部门的精力。霍姆斯驾车到了电影院之后，去了 9 号影厅，当时蝙蝠侠出现在了屏幕上，但他很快退了出来，装着要用手机给人回电话。他从最近的出口离开，返回车里，穿上防弹衣，带上武器。再次进入剧场之前，他打了最后一个电话给科罗拉多大学的心理健康热线，但他没有对任何人说话就挂了电话。“那是我最后一次回头的机会，”他解释道，“那么做可能是因为我还有所疑虑。”

霍姆斯没有针对之后的情况做计划。“我会进监狱，或者被打死。事情有自己的发展轨迹。还有第三种可能，那就是逃跑，但我没有考虑那个选项。”他仍然穿着自己的防弹衣，站在自己的车旁，直到警察到来。“我想，自己的使命结束了。”他说。

2015 年 7 月 16 日，由 12 人组成的陪审团判定詹姆斯·霍姆斯犯了 165 项谋杀罪和谋杀未遂罪，驳回了辩护方称他精神错乱的抗辩。三个星期后，陪审员未能就是否判处霍姆斯死刑达成一致。9 人投了赞成票，2 人不确定，还有 1 人坚决反对。霍姆斯因而被送进监狱，终身服刑，没有任何被假释的可能。

我正打算去旅行

2008 年 12 月，美国陆军的精神科医生尼达尔·哈桑（Nidal Hasan）少校，开始了与基地组织成员奥拉基的邮件联系，大多数时候是单向的。在 6 个月的时间里，哈桑问他宗教典籍的教义，以及穆斯林在美国军队中的精神责任。

在一封邮件中，哈桑谈论了穆斯林士兵，他们“似乎有内在冲突，甚至杀害了或要杀害其他美国士兵”。他提到了哈桑·阿克巴（Hasan Akbar）的行动，这位美军中士向帐篷里投掷了一枚手榴弹，炸死了两名军官。如果这样的人死于圣战，哈桑问："你会认为他们是沙赫德（烈士）吗？"

奥拉基简单地回了电子邮件，但从未回答哈桑关于伊斯兰教义的问题。他确实答应"帮着留意合适的女性"，因为哈桑提到正在寻找一个愿意与自己一起侍奉真主的妻子。

虽然他们只是短暂相遇，但哈桑非常敬重这位精神领袖，他向奥拉基保证，没有什么东西能阻挡他的奉献。

2009 年 6 月，邮件交流静默了。但 5 个月之后，奥拉基公开谈到了这位追随者。"他是一个有良知的人，无法忍受作为一个穆斯林、却又在一个与他自己的人民为敌的军队中服役带来的冲突，"奥拉基在自己的网站上写道，"他做了正确的事。""正确的事"说的就是 2009 年 11 月 5 日，哈桑少校在胡德堡（Ford Hood）发起的暴乱。这场暴乱开始于他的大喊大叫，结束于 10 分钟后，13 人死亡，30 人受伤。大约 4 年后，23 名高级军官投票，一致同意判处哈桑死刑。

出生于 1970 年的哈桑，父母来自巴勒斯坦，当时已从西海岸移民到了弗吉尼亚。哈桑在 17 岁时加入了美国陆军，成了一名步兵。从那时起，他就完全生活在军队的世界里。在此期间，他获得了医学学位，并在沃尔特·里德（Walter Reed）陆军医疗中心完成了他的精神病学驻院实习。

尽管哈桑的童年在很大程度上是世俗的，甚至包括圣诞节庆祝，但 2001 年母亲死后，哈桑变得越来越信仰宗教。作为一个在马里兰州银泉穆斯林社区任职的伊玛目，哈桑基本每天穿着军装虔诚地祷告。同时，哈桑对军方越来越不满，抱怨说自己因为宗教信仰受到骚扰。一个士兵用钥匙刮花了他的车，另一个在他车里留下了一块尿布。哈桑萌生了退役的想法，但因为军队已为他的教育买单，这种想法很难实现。

即便哈桑的思想变得日益极端，它们还没引起关注。尽管联邦调查局的联合反恐工作组拦截了哈桑写给奥拉基的邮件，调查者断定这些交流毫无不妥之处。家人也没有意识到已经发生的转变，他们认为哈桑是一个温柔、敏感的男人，认为他依然在哀悼死去的母亲。但是日益偏执的迹象很多。哈桑被自己的信仰与军事效忠之间的不相容所吞噬着：他要成为一个穆斯林战士，与其他穆斯林进行战斗。2007 年 6 月，他在沃尔特・里德陆军医疗中心做了一场大型讲演，谈论宗教典籍的世界观及其与美军穆斯林战士的关系。他采用了一种学术的语调，以第三人称的方式谈及为什么穆斯林会因在伊拉克和阿富汗服役而感到冲突。他的话听起来很温和，但所引用的文献信息并不是很“温和”。

哈桑还详细描述了一系列涉及美军穆斯林士兵的“不良事件”。一个士兵伪装自己被绑架了，以便能逃离美国军队；一名中士因为自己的宗教信仰，拒绝被派遣到伊拉克；哈桑・阿克巴则向同伴投掷手榴弹。尼达尔・哈桑给同事提建议，说对两类人要格外谨慎：一类人的名字一看就是穆斯林；另一类则是虔诚阅读经文的人，因为这些士兵可能更容易引发冲突。

哈桑慢慢坠入了宗教激进主义，这在他住院医生实习期满后的两年里变得日益明显。2007 年 8 月，他做了一场极富煽动性的演讲，因此被提前结束。此处，他还为自杀式爆炸辩护，告诉人们宗教信仰优于对美国宪法的忠诚。同时，哈桑一直在网上研究圣战。军队里至少有两个同事把他叫作“滴答作响的定时炸弹”。

然而，哈桑在军队里的职务也不断晋升：他于 2009 年 5 月晋升为少校，即便他这时正在与奥拉基通信。11 月下旬，哈桑确认要被派遣到阿富汗，而随着日期的临近，他对伊拉克和阿富汗战争的愤怒与日俱增。作为军队里的精神病医生，他负责为回国的士兵做心理评估。哈桑每天都会听到战争中发生的令人痛苦的故事，包括一名平民被杀死，另一个是有人有意将燃料倒进伊拉克的水库。他请求上司指导如何报告这样的暴行，并在电子邮件的最后写着“所有的赞美和感谢献给安拉、全世界的守护者和维护者”。

哈桑在 11 月 5 日上午没收到回复，他那时正在胡德堡的清真寺里做祷告。那天，他告诉一名信徒：“我正打算去旅行。”他已放弃了自己的大多数财产。几个小时后，他在美军基地开了火。

知识延伸

1. 社会心理学家阿尔伯特·班杜拉（Albert Bandura）认为，大多数人施加的“自我惩罚”导致了某些特定行为，包括谋杀。由于学习和社会规范的影响，某些行为引发了消极的情绪反应，例如，恐惧、焦虑或者与行为相关的思想或行动产生的消极情绪。克服这种“自我惩罚”的一种方式是重构杀戮的道德价值观，即为了某些更伟大的事业，杀戮被认为是可以辩解的，进而使得这种行为免于自责约束。

2. 我观察了对詹姆斯·霍姆斯的大部分庭审。除此之外，许多引文来自《丹佛邮报》（*The Denver Post*）详细的博客文章，这些文章大多由乔丹·斯特芬（Jordan Steffen）或拉里·里克曼（Larry Ryckman）所写，且是由埃里克·柳伯斯（Eric Lubbers）编辑的。基于对长达九周的庭审的实时报道，该博客综合了辩方和检方律师的所有证词和陈述。

完整的庭审录像带也提供了重要信息。詹姆斯·霍姆斯写的东西都在他的笔记本里，并在审判期间作为第 341 号检方证物。

科罗拉多大学的精神科医生林恩·芬顿的观察结果主要是她的庭审证词，丹佛电视台在其创建的新闻博客中也对此做了总结。强迫与妄想的区别在名为《强迫症跟精神分裂症中妄想的区别诊断》（*Differential Diagnosis of Obsessive-Compulsive Symtoms from Delusions in Schizophrenia*）中描述得很清楚。詹姆斯·霍姆斯和他女友加尔吉·达塔于 2012 年 3 月 25 日互发的电子邮件，作为第 649 号检方证物而成为法庭证据。作为庭审证据的其他文件包括陪审团意见、发出的电子邮件、证物以及电影院室内图。

CAPTURE

第三部分

俘获的友善创造模式

测一测　关于俘获的知识，你了解多少？

5.《系统的笞帚》深受哪位哲学家的影响？【单选】

A. 卢梭

B. 维特根斯坦

C. 罗素

D. 黑格尔

6. 以下哪个说法是错误的？【单选】

A. 俘获能够塑造人们的体验，控制人们的生活

B. 俘获能导致对自我有害的行为，甚至能摧毁自我

C. 一旦被俘获，人们就无法摆脱精神痛苦

D. 俘获使人过于偏执，专注于特定目标

扫码下载“湛庐阅读”App，
搜索“被绑架的心灵”，
获取答案。

CAPTURE

第 6 章

俘获与灵性

在研究俘获的过程中，我一次又一次地回到一个根本的悖论上：尽管俘获通常给人带来巨大痛苦，但它也是很多崇高体验的基础。阅读了前文描述的悲剧，大家或许会问，我们怎么才能避免俘获所带来的危险，甚至将它逆转？

摆脱俘获的转变可能突然发生：人们可能毫无征兆地被一种精神领悟抓住了。但人们也能有意识地让自己对这种体验的态度变得更开放，更容易接受它。在这里，威廉·詹姆斯对自由意志力量的信仰重新引导了人们的注意。倘若追求俘获的积极意义，人们也许能引导自己摆脱痛苦。

对此，宗教经验为人们提供了一个机会。但人与人是不同的，每个人对神圣的感受都是独特的。

灵性体验被描述为一种完全依赖的感受，被一种终极关怀所掌控的感受，其中可能包括从日常感知中解脱出来的感受。而其催化剂可能是精神上的，或是审美上的东西——一首诗、一道风景，或沉思的时刻。

德国神学家鲁道夫·奥托（Rudolf Otto）[1] 曾写道："有时，它给人的感觉像潮水般涌来，让心灵中弥漫着深深的敬拜之情，它或许会转变为一种更固定、更持久的心灵状态……它或许会从心灵的深处突然爆发，伴随着痉挛与抽搐，或引发奇特的兴奋、中毒似的疯癫，以及忘形的狂喜。”

这种无与伦比的“它”到底是什么？日内瓦大学的历史学和宗教学教授菲利普·博尔若（Philippe Borgeaud），向我这么解释说：“神是最好的价值，也是最坏的，但他不是一个寓言。神不是表示另一件东西的东西。阿佛洛狄忒是美，是爱，是欲，是性。她就是那些，而非代表那些……人通过情感来认识神，而情感也就是神。”

大卫·福斯特·华莱士理解这种人神关系的基本事实。华莱士相信，“不存在不崇拜任何人或物的人，每个人都会崇拜”。人们唯一的选择，就是崇拜什么。“这个解释可能令人信服：**人之所以选择某种神祇或富有灵性的东西去崇拜，是因为其他任何让你心生崇拜的东西都会将你吞没。**”

突如其来的启示

美国神学家霍华德·瑟曼（Howard Thurman）在为期四个月的印度访问结束后，开始感到焦虑。在访问期间，这位在哈佛大学任教的院长讲授了无数次关于非裔美国人的宗教文化；看到太阳从开伯尔山口（Khyber Pass）的干城章嘉峰（Kinchinjunga）上升起，又从印度国际大学（Shantiniketan University）传奇的菩提树落下，但他还是没有见到圣雄甘地。

几个月前，一位圣雄的信徒，名叫米里娅姆·斯莱德（Miriam Slade）的年轻女性在瑟曼的要求下来到他的办公室，为他讲解非暴力主义这一主题。瑟曼想要了解更多，因此斯莱德同意，如果瑟曼前往印度的话，她会安排瑟曼与甘地会面。当瑟曼于 1935 年 10 月抵达锡兰（Ceylon）时，一封来自甘地的电报正等着他。“若今年年底前你们能过来，我将很高兴认识你和你的三个朋友。”甘地写道。

然而，已是 1936 年 2 月了，会面还没有成功。在孟买大学讲完整整两天课之后，瑟曼去找妻子苏·贝利·瑟曼（Sue Bailey Thurman），她是一位讲师兼作家，来自基督教女青年会，也是他的旅行秘书。瑟曼告诉妻子，他不能再等了，他下午会给甘地发消息。但就在去邮局的路上，瑟曼遇到了一个戴白色甘地帽的年轻人。二人停了下来，彼此打量了一番后，年轻人交给瑟曼一个便条。这是来自甘地的邀请，请他在附近的巴多利（Bardow）会面。

第二天，瑟曼、苏以及另外一名来自基督教女青年会的代表，坐在甘地的帐篷里，回答圣雄对美国黑人方方面面的提问。轮到客人们提问时，瑟曼问，为什么甘地的非暴力反抗运动没能把英国人赶出印度？甘地告诉这位访客，他的同胞的奉献对这场运动的成功无比重要，但他们缺乏活力，难以长期支撑这样一个崇高的理想。甘地解释说，他们缺乏活力的第一个原因是饥饿。当时的印度正遭受大萧条所带来的苦难，部分是因为英国当局征收高额税费，还不允许印度公民出口货物。第二个原因是他们缺乏自尊，这不是因为英国人的统治，而是因为他们自己的不道德行为。

“我们已丧失了自尊，”甘地告诉他们，“因为印度教中存在贱民身份。如果某个贱民的影子落到了印度教的寺院里，这座寺庙，在某些情况下还包括这座寺庙所在的街道，就会被认为受了污染。”

瑟曼感觉话里有话，于是问道：“你怎么能以这样的方式批判这件事呢？”

甘地回答：“作为一个拥有种姓的印度教徒，我做的第一件事，就是在自己家中接纳一个外人，让这个人成为家庭中的一员，不仅从法律上接纳，从其他层面上也接纳他。这就是向其他印度人宣告：‘这就是我要说的意思。’我把这个外人的名字改为‘哈里真’（Harijan），意思是‘神的孩子’。”

听到这儿，瑟曼想起了他在佛罗里达州代托纳（Daytona）的童年。在他 7 岁时，父亲死了，因此瑟曼和两个妹妹由母亲和外祖母抚养，外祖母是一个老练的助产士。在外祖母的一生中，前 22 年的身份都是奴隶。她不会阅读，经常要外孙从《圣经》中读东西给她听，但她不让瑟曼读保罗的章节，因为保罗为奴隶制辩护。外祖母告诉他，一年里会有几次，她的奴隶主会允许一个黑人传教士为奴隶们讲道。这位传教士的做派颇为夸张，说起话来添油加醋。讲道达到高潮时，传教士满脸都是汗，他会把目光从人群里的一张面孔移到另一张上。

“你不是黑鬼！”他会怒吼，“你不是奴隶！你是上帝之子！”

在瑟曼读大学期间，以及后来在神学院里，他都在思考这个概念。他是一个奴隶的外孙，一个在种族歧视的南方长大的非裔美国人。他怎么会被这样一个启示完全吸引？这样的信念又将如何影响他？他是神的孩子，这是他对上帝的信仰，也是他的信念，这激励他在学校表现优秀，也提供了一面盾牌，让他能从种族歧视的南方制度和日常的残忍生活中逃离。当一个白人贬低他，把他叫作“男孩”时，瑟曼的决心和自尊就受到了以下认知的支撑：在上帝的眼里，人人平等。在罗马人占领巴勒斯坦期间，耶稣就是受迫害的少数犹太人中的一员，但他胜利了，因为他知道，认为自己比罗马人低下就是允许怨恨潜入他的内心，而怨恨肯定会毁掉他。

即便在访问印度之前，许多印度教徒都会问瑟曼，黑人怎么会崇尚他们的征服者的信仰？其实，他自己也一直在挣扎，一边是被他称为“耶稣的宗教”的信仰，一边是保罗的宗教。在前者中，每一个灵魂都被爱，而正义、慈善和俭朴都得到了重视；而后者如他所见，已被用来为帝国主义、奴隶制以及几个世纪以来的暴力做辩护了，它已促成了一个日益不公平的体系，其中大多数人过着“没有出路”的生活。长期以来，后者就被利用为对付他们的武器，这些不幸的人如何能在基督教中寻找安慰？1935年，在动身去印度之前，瑟曼就这个主题写了一篇文章，名为《弱势群体的好消息》（*Good News for the Underprivileged*），发表于《人间宗教》（*Religion in Life*）这本期刊上。瑟曼认为，保罗的精神是对真正基督教的歪曲。真正的基督教，存在于穷苦犹太人对占据他们土地的罗马人的反抗中，此处的“反抗”是神学意义上的，而非字面意义上的。耶稣为这些被占领家园的犹太人提供了什么道路呢？他们应该尝试被同化，还是应该反击？他们应该孤立自己吗？他们应该允许内心的怨恨生根发芽、茁壮成长吗？不，耶稣说：他们应该保持谦卑和柔顺，同时一直记住上帝的王国里有他们。他们要解决问题，不需要看罗马人，也不需要仇恨罗马人。他们只需要看自己就行。

在印度旅行时，瑟曼看到了种姓分化，在某种程度上比他每天在家乡的所见所闻更严重，也更残忍。基督教对印度人而言没什么吸引力，他们大多数人都是印度教徒或穆斯林，转变信仰对他们来说就类似于加入英国统治阶级，成为其中一员，不是从肤色上，而是从名义上。作为一个观察者，瑟曼看到了黑人和白人之间的相互影响（无论在国内还是在国外），他问自己，宗教是否能打破肤色的镣铐。在结束了与甘地谈话的13年后，瑟曼就这个主题写了一本小书，名为《耶稣和被遗弃的人》（*Jesus and the Disinherited*）。在这书里，瑟曼回想起甘地的断言，**人需要有一种坚不可摧的自尊，在此基础上才能致力于实现自己的个人转变，甚至社会转变**。“很有可能，一个人没有像这样的个人自卑感，”瑟曼写道，“但同时他被一种社会自卑感所困扰。意识到自己是神圣的有助于稳定自我，产生新的勇气和力量。”一个人知道他是神圣的，就不会害怕抓捕他的人，也不会害怕死亡。他的心中没有对压迫者的仇恨，因为他对于创造他的人负有更深刻的“道德义务”。他不会被社会的限制打垮。

在印度，坐在几乎没有家具的帐篷里，瑟曼看到了对神灵的信仰、自尊，以及将自身奉献于推动社会变革的能力如何自然而然地联系起来。当这些“柱子”中的一根倒下时，其他“柱子”也会跟着倒下。瑟曼很幸运：他一直认为，在上帝眼中他是个特别的人。但对他的大多数同侪而言，情况不是这样。他们在成长的过程中一直认为自己不是完全的公民，他们也无法实现想要追求的平等。瑟曼怎样才能保证他们知道（他同样及时地采取了行动）自己是神圣的，而且拥有克服障碍的力量?

在拜访甘地的这些访客搭乘火车回孟买之前，“印度的小棕人”（全世界人都知道甘地的这一昵称）最后一次和他们交谈。“好吧，”甘地说，“也许正是通过黑人，非暴力的全部信息才能传递给全世界。”这些分别时的亲切话语，出自一个被认为最像圣人的人。数十年后，瑟曼想要传递的信息已变得广为人知，还影响了好几个民权活动家。事实上，一个名为马丁·路德·金的年轻人曾阅读《耶稣和被遗弃的人》，准备发起一场抗议游行。在这本书的最后一行，瑟曼写道：“当人们看着耶稣的面孔，他们就看到了自己可能的荣耀，而他们的心将会低语：‘感谢你，感谢上帝！’”

被自然启示

精神俘获不一定依赖于对神圣的信仰。在人们的心灵生活中，其他奇迹也发挥着类似的作用。

> 五年过去了；五个夏天，与五个同样
> 漫长的冬天！而再一次，我听到

这些水流声，从山泉中涌出，
伴随着来自内陆的甜蜜低吟。

在很长一段时间之后，华兹华斯回到了瓦伊河（River Wye）岸边，他满心欢喜地发现，某处景观对过往岁月的流逝无动于衷。对诗人来说，过去的5年中充满了剧烈的改变，既包括政治上的也包括个人的改变，围绕着丁登寺（Tinter Abbey）的熟悉景象却不受时间的侵蚀。从陡峭高危的悬崖到成片的农舍，以及茂密的果树林，这些令人安心的景象依然保持着原样。

在过去的多年中，华兹华斯找到了可以弥补他已逝的青春活力的慰藉。修道院不变的自然美景成了一种精神慰藉的来源，让他逃离对日常生活的失望，逃离孤独的房间和城镇的喧嚣。随着诗人的注意范围慢慢扩大到整个大自然时，他被提升到（即便只是一时）脱离现世的领域，从自我的藩篱中释放，与周围的世界融为一体：

一种存在以喜悦打动了我
思想提升的喜悦，崇高感带来的喜悦，
某种更深层次的东西带来的喜悦，
它栖居在落日的余晖里，
浩瀚的海洋里，新鲜的空气里，
蔚蓝的天空里，以及人类的心灵里
这种运动和精神所推动的
是所有思考的东西，所有思想的对象。

读到华兹华斯的《丁登寺》时，柯勒律治正挣扎着控制他的狂喜。他在日记中兴奋地写道："我们领会了万事万物的生命，借由深入的感受，我们的观念变得晦暗——这就是我们生活的意蕴，我们自己的意蕴……（让我）思考我自己——思想的存在，无论那是什么，观念变得晦暗，我不知道它是什么，但那感受是深刻而稳定的，我把它称为‘我’——识别感受与感受者。”[2]

惊叹于海洋的浩瀚，或从一个诗人的视角看待它，这种强烈的审美体验让主体与客体、感受者与感受物融为一体。对许多诗人、音乐家和艺术家以及他们的读者和听众来说，这种忘我的瞬间体验给内心带来了慰藉，能让人直面生活中的挫折。特别是对华兹华斯而言，灵性体验不依赖于制度化的宗教，甚至不取决于上帝的存在。**审美体验，也能暂时让时间停止流逝，让孤独的自我与周围世界的边界变模糊**。

古希腊哲学家朗吉努斯（Longinus）把这种审美体验称为崇高。朗吉努斯观察到，精心打造修辞和诗歌的技巧，通常会激发某种特定的敬畏，而这不仅仅是一种对内容所蕴含的力量的反应。事实上，崇高解释了语言本身的权威中具有的说服力。

对华兹华斯而言，崇高有一种内在的治愈作用，一种“改造的美德”，它让“我们的心灵 / 受到滋养，被悄然修正”。在《序曲》（*The Prelude*）中，诗人对青春期的冷漠记忆逐渐被神圣的光环笼罩：当滑冰者“把他们的身体交给了风”时，“所有的冰鞋 / 我们在光亮的冰面上游戏时的嘶嘶声 / 融合在了一起”。

树荫下的河岸，无论是哪边的岸，
掠过黑暗，寂静地旋转，
形成运动的急速线条；接着突然间
我斜躺了下来，

短暂地停了下来，但依然有孤独的悬崖
绕着我旋转，甚至土地都卷了起来
以可见的运动揭示其圆形

此时，通常属于不同领域的空间和时间，融入了运动这一单一的事实中：旋转的悬崖，甚至卷起的地面，都与旋转的滑冰者难以区分。即便只是一瞬间，在这闪闪发光的冰雪场景中，年轻的华兹华斯也忘记了自我。

这种“结晶”的感知模式，看起来让时间停止了，为浪漫主义思潮提供了诗歌的精髓。“如果感知之门被净化了，”诗人威廉·布莱克（William Blake）坚信，“任何东西都会呈现出它自身的样子，那就是无限。”只有这样，我们才能感到“一沙一世界，一花一天堂”。

朗吉努斯死后的两千年里，哲学家和艺术家尝试理解崇高的意义。为何美能重塑人与周遭世界的关系？又是如何重塑的？在18世纪，康德、约瑟夫·艾迪生（Joseph Addison）和埃德蒙·伯克（Edmund Burke）等众多欧洲哲学家都回到了崇高这个主题上，认为崇高不等同于简单的美丽：它依赖于恐惧的体验，取决于痛苦和危险的观念，尽管这是一种特殊的感觉。用艾迪生的话来说，崇高是“一种令人欢喜的恐惧”，通常由深入人心的艺术和音乐作品或自然的宏伟壮丽引发：巍峨的高山、汹涌的风暴、无边的海洋。这样的经历唤起了人们内心的恐惧，同时也诱发了内心与宇宙融为一体的感受。

当然，这种体验中存在一种内在的紧张。就其本质而言，崇高融合甚至消解了看似矛盾的两面：自我和世界，变化和永恒，危险和狂喜。它立刻带来了升华和威胁，或暂时或长久；它以一种不可抗拒的力量吸引着人们，甚至打算消灭这个世界。

知识延伸

1. 1911年，正是在摩洛哥的一座犹太教堂里，鲁道夫·奥托第一次体验了精神超越。如今，该国只有一个这样的犹太教堂存在。

奥托在日记里记录了这次经历。“在安息日，一个很小的昏暗房间，房间不到10米长，不足5米宽。天花板飘浮着柔和的光线，墙上装有棕色的壁板，被30盏悬挂的油灯的烟气笼罩着。”

奥托的向导带领他穿过了“贫民窟里迷宫般的街道和两级狭隘而阴暗的阶梯”，才来到这座隐蔽的教堂。奥托说：“那是一个在黑暗中仍能感知到这是一个脏得不可思议的前厅，我们听到众人的祈祷和诵经的声音，以及那些犹太教堂赠给基督教堂和清真寺的半唱半哼的圣歌。”

这位路德派神学家不久就被那吟诵的旋律征服，他开始区分某些常规的转调与节奏。起初，奥托徒劳地尝试区分和理解这些字眼，但很快他就放弃了尝试。接着，那些混乱的声音突然都自行舒展开来……任凭他的四肢被一种肃穆的恐惧感支配。

对奥托来说，这些字眼的力量，也就是神的力量（Kadusha），跨越了时空的限制。“我听见了红衣主教在圣彼得大教堂里唱出的神圣（sanctus），听到了克里姆林宫大教堂里回荡的宇宙（swiat），也听到了耶路撒冷的族长吟唱的圣灵（hagios），”他写道，“无论用什么语言表达这些字眼，这都是人类说过的最崇高的话语，它们总能捕捉到一个人的灵魂最深处，震撼并唤醒沉睡已久的超凡脱俗的神秘。”

在奥托写这些话的100年前，18世纪的德国哲学家和社会学家施莱尔马赫（Schleiermacher）就认为，宗教经验的本质是反智的，它产生于一种完全依赖性的体验，丧失了可认知的自我。理性的自我试图通过观察和分析来进行扩充，将理性自身投射到这个世界，但精神的自我则将信仰视为狂喜的毁灭。施莱尔马赫的论点对奥托产生了深远的影响，就像其对接下来的世纪中研究宗教和人类心理学的许多学者也产生了深远的影响。

施莱尔马赫并没有关注某个既定宗教传统的有效性，而是认为所有宗教传统的本质是相似的。比教义或仪式更重要的是信仰的感觉体验：“它是一种意识，即我们所有的自发活动都来自自身之外的力量的认知。”施莱尔马赫关于宗教的激进观点与他的成长经历是吻合的。1749年，他那以非正统神学观点而闻名的祖父被控施行巫术。施莱尔马赫的父亲是一位启蒙运动的牧师，长期浸淫在康德、斯宾诺莎和柏拉图的作品。

施莱尔马赫认为，所有人类都有产生宗教信仰的能力。“人对追寻无限的渴望越热烈、动力越持久，头脑本身就越会被这股渴望牢牢抓住。”他写道。在他的早期作品中，施莱尔马赫写道：“所有这些观点都源于人类的原始直觉……而原始直觉决定了宗教经验的特征。”换句话说，激发宗教信仰的“直觉”或最初的冲动塑造了人随后的精神体验。

所有这些经验的决定性特征就是对某一他者的绝对依赖。

对施莱尔马赫而言，“在认知分裂为思想和行动之前的那一刻”就是“秘密时刻”，标志着人类心灵开始在那一刻感知到神性。这是心灵迫使感知进入思考模式之前的时刻，它因为纯粹的感官体验而心醉神迷：“发生于每一次的感官体验中，直觉和感受分离之前，首先发生的神秘时刻，那时感受与感受的对象可以说彼此交融，化为一体。”

这样的时刻本就是转瞬即逝的：“我知道它是多么难以形容，而且它那么快就消失不见……我无法准确描绘它，甚至不能在不亵渎它意义的前提下描绘它！它像清晨的露水轻轻地抚摸着睡醒的花朵，像少女的吻一样温柔细腻，像婚礼上两个新人的拥抱那样圣洁而丰盈，事实上，它不是像这些，而是本身就是这些。”当心灵处于这种纯粹接受性的状态中，将自我和感知对象分开的界限就溶解了：“一种表现，一个事件迅速而神奇地发展成为宇宙的形象。即便热爱和追寻的形式本身一直在改变，我的灵魂也朝着它跑去。我拥抱它，不是作为它的影子，而是作为圣洁本身。”这位信徒躺在无限世界的怀抱中，成了它的灵魂，将所有的权力和无限的生命当作自己的。

因此，对施莱尔马赫来说，对神既敬畏又向往的情感交织不只是一种日常感受。相反，它代表着一种特殊心理甚至是审美倾向。认知神经科学家可能把施莱尔马赫的“诞生时刻”描述为“预反思意识”，这是一种在心灵把自我与周围世界隔绝开之前的自我体验：“你很少意识到这种感觉，但它会在其他情况下变得强烈，以至于你会因为它忘记了外物和自己；你的整个神经系统变得如此弥散，以至于在很长一段时间里，这种感觉都主宰并抵抗其他感知带来的影响。”

但对施莱尔马赫而言，宗教并非培养认知超越自我的力量的唯一工具。向一群将帮助解放被法军占领的普鲁士的学生士兵发表讲话时，施莱尔马赫赞美了政治斗争的卓越潜能。学生们的武器堆放在附近或靠在教堂的墙壁上，施莱尔马赫走上了讲台，在这个圣洁的地方，在这个庄严的时刻，站着的是一个看似渺小无名的男人，他的高贵面孔充满了智慧的光芒，而他的清晰、洪亮的嗓音响彻整座教堂……最后，他满怀热情地向准备战斗的崇高青年致敬，接着转向各位在场的母亲，他总结道："感谢上帝为了那生育这些儿子的子宫！感谢上帝为那养育了这些婴儿的乳房！"所有集会者随即被一股深厚的情感击中，哭泣声此起彼伏，施莱尔马赫以阿门宣布结束。

2. 当"我"退却时，主体和客体、知觉者与被知觉者融合在华兹华斯所说的某个"时间点"中，一个停止了时间流动的结晶时刻吞没了我们的整个过去与将来。数百年后，维特根斯坦写下这样的话："从永恒的方面理解世界就是把它理解为一个整体、一个有限的整体。"事实上，这种有限的整体就是华兹华斯对尘世生活失望的自我安慰。无论是华兹华斯还是维特根斯坦，他们都清楚地知道，精神不需要依赖制度化的宗教，甚至不需要依赖上帝。审美经验也能暂时地让时间停止流动，模糊自我与周围世界的界限。事实上，维特根斯坦描述过艺术品是"被认为永恒存在的客体"：艺术既代表了世界，同时改造它，使其超越时间和空间的局限。

CAPTURE

第 7 章

寻找俘获的积极意义

俘获让人们专注、感动、用行动来追求目标。但这一机制本身并不会为生活带来意义，相反，它会让人们寻找并体验意义。

除了造成严重的精神痛苦外，俘获还能促进成长和复原。的确，许多人都有过清晰的时刻，也有认知改变的时刻。人们能达到一种状态，即不再关心过去曾经的凸显刺激。理解了俘获的过程，能让人过上更安定的生活。至少，这种理解能让人们辨别俘获自己的东西，甚至可能影响它们。话虽如此，我一直在思考一个根本的问题：形成另一种更积极的俘获模式[1]，是逃离不健康的俘获模式的唯一出路吗？

我们探索过俘获如何塑造人们的体验，控制人们的生活。还有一方面同样重要，我们需要深入探讨另一些人的故事：他们意识到自己走在毁灭性的道路上，但改变了这一过程。然而，在讲这些故事之前，我想后退一步，从不同的角度谈谈俘获。

在本书中，我们看到了发生在个体身上的戏剧化的俘获结果，描述了俘获影响心智的发展过程，仔细观察了连续的精神痛苦和强迫观念的发展过程，它们始于内心的折磨，终于毁灭性的自杀。当人们格外需要平息一场精神痛苦的风暴时，俘获能导致对自我有害的行为，甚至能摧毁自我。

当俘获的目标指向外界时，它的进程会变得同样危险（倘若不是更严重的话）。当一个人长期被狂怒俘获时，这种重负将不再由他一个人承受，这种精神痛苦会危及整个社会。针对他人的暴力是俘获的一种极端结果，我们应给予同样的关注。

当凸显对象是意识形态时，俘获就变得更重要了。对于被剥夺权利的人来说，意识形态具有强大的诱惑力：个体开始投身于一项伟大的事业，这项事业赋予他的生活意义，让他与某种比自我更伟大的东西联系起来。当然，转变或致力于更伟大的事业，也能导致恐怖主义的反面，那就是对他人的生活产生积极影响。

俘获最鼓舞人心的就是这种可能性：**通过逃离引发深切痛苦的反馈环路而从痛苦中解脱**。通过用一种俘获取代另一种，人获得稳定性和自我意识。接下来的故事表明，俘获也可以是一种积极的体验，为我们描绘了一条摆脱精神痛苦的道路。

马丁·路德与信仰

在维滕贝格（Wittenberg）修道院简陋的小房间里祈祷时，一股恐惧感会涌上马丁·路德的心头。他与这股内在的激流已斗争了 10 年之久。年复一年，他祈求获得解脱，但似乎很少有用，因此他学会了忍耐。这些憎恶的时刻打倒了他，让他的头脑因为绝望而无法运转。这位年轻的修道士拼命地寻求保证，想确信他是一个真正优秀的基督徒，值得上帝的宠爱，但是他只认识到了自己的罪孽。

那些认识路德的人，会因路德对他自己的想法而大惑不解。这位修道士30岁出头，他的外在表现一点儿也不能解释他为何会有一种强烈的无力感。他是一位聪明的学生，在学习神学和哲学方面反应很快，人缘也很好，甚至颇有魅力。他也是一个谦卑、恭顺的信徒，知道做任何被要求做的事，虔诚地遵守教规教义。他来到维滕贝格是要取得博士学位，他想证明自己是个有悟性的人，他能掌握任何学科。当我访问维滕贝格，与一位路德学者西尔维奥·赖歇尔特（Silvio Reichelt）谈话时，对方告诉我，路德在维滕贝格获得了“搭便车”的机会，不花钱就能读博士。“他来到这里是要白手起家”。

修道院的生活很清苦。像其他修道士一样，路德过得很贫苦；他只有一个小房间，冬天的夜晚寒冷冻人，夏天则炎热难耐。他每天祈祷7次，从第一天早上第一次祷告到第二天早上第一次教会服务之间，路德只有5小时的睡眠时间。这是一种艰辛而平静的生活，强调阅读、学习和沉思。到达修道院时，他只能借用两张毯子和两套衣服。床仅仅是一块狭窄的石板上边铺着薄薄一层秸秆编织的床垫。他那时可能有一张桌子，一把椅子，墙上可能有一幅圣母玛利亚或某位圣徒的肖像。但路德仅有的个人财产就是一个十字架和一只乞讨用的碗。

路德的父亲本想让儿子当律师。当路德选择了修道院的生活时，老路德表示怀疑：“老天保佑，希望那里不全是欺骗和妄想。”这种反应在路德的心中扎了根，成了一种执念的开始。如他所说，这种执念驱使他逐渐获得了改变世界的领悟。然而近十年来，他依然生活在黑暗里。

在修道院，随着一年年过去，路德越来越关注一个看起来枯燥而抽象的神学问题。对他来说，这是一个比生死还重要的事情：他为自己灵魂的命运承受着煎熬和痛苦。路德试图理解，作为一个“堕落”之人，怎样才能通过行善来拯救自己？他所承担的任何事情怎样才能有效果？因为根据定义，这是一颗因为罪孽而被上帝抛弃的灵魂做出的行为。而且，倘若他不能做任何事情来获得救赎，他怎么才能知道自己得救了？

很多年来，路德私下里都以一种悲壮的方式对抗这种根本的不确定性，学习和祈祷并不能让他平复下来。做弥撒时，焦虑灼烧着他，他甚至感觉耶稣基督在他面前赫然变成了一个怒气冲冲的法官，而不是什么救世主。路德害怕自己无法做到他相信上帝要他去做的事，也就是过一种完全正义的完美生活。他变得非常紧张，在一次布道中，路德摔倒在地，嘴里不停地哭喊："我不配！我不配！"后来他告诉自己的导师："上帝正在强迫我，正在驱赶我，而不是引领我。我无法掌控自己，我想要冷静，但我还是被驱使……"

为什么，路德不知疲倦地专注学习，遵守所有的仪式，而这种憎恶始终未能减轻？无论做了什么，路德感觉自己永远都不会得到上帝的宽恕和慈爱。他这样一个人，不仅被可怕的自我怀疑俘获，还被迫做出极端行为：

> 我经常整整一周甚至两周或三周，都在做安排好的祷告。然后，我会在星期六休息，或把自己关起来长达三天，不吃饭也不喝水，直到念完规定的祷告。这让我头痛欲裂，而且导致我五个晚上都不能闭眼，病倒在床上，几乎要死，感知也出了问题。虽然很快恢复过来，但我尝试再次读书时，脑袋还是晕沉沉的。

尽管经历了这种内心的动荡，令人惊讶的是，路德依然聪明、魅力非凡、风趣迷人。路德第一次到达位于维滕贝格以南的爱尔福特（Erfurt）的修道院时，他的天才和努力就引起了导师约翰·冯·斯托皮茨（Johnn von Staupitz）的青睐，斯托皮茨被任命为一名改革者，任务是引导修道院的生活，让修道士们更了解奥古斯丁神学的核心。他把路德当成了一个潜在的朋友，但这位年轻人的诚实和清白，也让他产生了强烈的尊重之情，想要与其交往。

这是一次导师与学徒偶然的会面。斯托皮茨变成了路德精神上的父亲，成了少数能给这位年轻人带来他所渴望的慰藉的人之一。路德深深地依赖斯托皮茨的鼓励和接纳，他曾花了 6 个小时，不间断地向这位老人承认自己的罪过。在其中一次会谈时，路德的自我怀疑令斯托皮茨感到揪心，斯托皮茨建议路德放弃道德判断的抽象问题，而是仅思考耶稣在十字架上做出的牺牲。指引路德深入研究神学，或许是作为一种让这个年轻修道士分心的方法，但也作为一种为职业生涯做准备的手段，斯托皮茨可能在心中已为自己的学生筹划好了。

这帮助路德放弃了耶稣是一个愤怒的强迫者的感受，让他形成了这样一种观点：耶稣是一个受难的人，其生与死带来的是宽恕，而非正义。然而，憎恶的时刻对路德而言依然存在，迫使他担心自己的精神危机。路德栩栩如生地刻画了这地狱般的沉沦：

> 我知道一个人，他声称自己经常遭受这些惩罚……这种惩罚是如此严厉，酷似地狱，以至于语言都无法充分地表达，没有笔墨可以描述它们。除非一个人真正经历了这些事，他才能相信它们的存在。在这样的时刻，上帝看起来对自己的创造物极为愤怒。在这样的时刻没有飞翔的感觉，没有安慰，无论是在体内还是在体外，你能感到的只有指责……在这样的时刻，奇怪的是，心灵无法相信它可以被救赎……

这不是一位争辩罪孽与恩典问题的学者或神学家的体验。路德的体验是一种有关存在的折磨，是一种吞噬一切的堕落，而他怎么也无法想象有被拯救的可能。为了解决这位学生的痛苦，斯托皮茨建议路德阅读德国的神秘主义者的作品，比如埃克哈特大师（Meister Eckhart）强调了可怕的空虚出现在灵性的洞察之前，而另一位神秘主义者圣十字若望（St. John of the Cross）称这种空虚为灵魂的暗夜。这并没有很快起作用，毕竟路德不是神秘主义者。然而，斯托皮茨提供了这样的想法：路德的被遗弃感和迷失感可以被认为是一种迹象，说明他比自己怀疑的更接近上帝。斯托皮茨暗示，路德觉察到自己与上帝之间存在巨大的鸿沟，这可能在本质上就是一种进步。这是一种长久以来终于获得的对于罪孽现实的觉醒，对路德来说，这是最后的步骤之一，接着他就能认识到上帝之爱的现实。斯托皮茨为路德提供了一种方式，以看待这些强迫性的自我怀疑，把它们视作真诚的、不自觉的忏悔，这是宽恕和理解的前奏。作为回应，路德开始把他的痛苦视作一种实践，当作一条学习如何接近上帝的道路。但这种认为他的憎恶有其必要性的重新解读，并没有让它们更易忍受，而路德也依然渴望对上帝有不同的理解。

斯托皮茨暗示他，把忏悔当作走向上帝的第一步，这是把顺序弄错了。首先是爱，然后才是忏悔。听到斯托皮茨的话，路德的思路打开了。突然，情况变得明朗。先是对上帝的爱，然后是忏悔，而不是反过来。忏悔，他对自身罪过的痛苦意识，就是他爱上帝的印证，而这也是上帝需要的。他的痛苦得以被排遣。就是这么简单！路德写道：

> 你的话击中了我，就像某种猛烈而强悍的捶打……然后，一场丰收开始了。这些话从各个方向走到我的面前，彼此靠近，一致行动。在这之前，在整本《圣经》中几乎没有什么字眼比忏悔更苦涩了……而现在，对我而言，没有什么听起来比它更甜蜜、更亲切。

1516年，路德再次读了《圣经》，希望能再次从新角度发现其中包含的真理。而他确实看到了。他对信仰有了新的理解，那是第一步，在某种意义上也是最后一步：信仰，而非善行，将正义带入一个人的生命中。有了这种领悟，他的个人怀疑和绝望就消失了。他的目光落在了《罗马书》上：“在福音中，神的公义显露出来，公义是因持续的信仰而产生的，正如它所写的那样，‘义人将通过信仰活着’。”根据这些话，一切将各安其位。路德后来写道：

> 如果上帝致力于……谴责所有未能达到道德完美的人，那么每一次弥撒都要重演的基督教的核心行为，也就是基督死于十字架上，将变得毫无意义。我开始明白上帝的公义：正义的生活来自上帝的恩赐，它的名字叫信仰。正义依靠信仰而存在。这种直截了当让我感觉好像重生一样，好像我已经穿过了通向天堂的大门。

路德不仅成功摆脱了俘获带给他的痛苦，现在，他也能把同样的专注和热忱带入有意义的行动中。善行的有效性，这个困扰他长达十多年的问题，变成了他拒绝天主教及其各种实践和仪式的基础，在路德看来，这些做法就是权力的腐败或滥用。通过十多年的努力奋斗所实现的成果，不仅驱逐了他的憎恶，也促使他努力工作以改变世界，着手发动宗教改革，使新教与天主教分离开来。

从绝望中挣扎而出

在回忆录《看得见的黑暗》（*Darkness Visible*）一书中，威廉·斯蒂伦（William Styron）写下了他决定自杀的那一刻：“我感觉自己的心狂跳起来，就像一个人面对着执行死刑的射击队，而我明白自己已做了一个无法挽回的决定。”

斯蒂伦清醒地为自己的死亡做准备，他处理自己的日记，拜访他的律师以拟订遗嘱，并尝试写那封最终未能完成的绝笔信（“那只是一种精疲力竭的、絮叨的道歉，以及一种自私的辩解”），做这些准备时斯蒂伦就在一种无法逾越的距离外观察自己的行为。

在《看得见的黑暗》中，斯蒂伦没有尝试解释他的抑郁症。“我第一次被这种病袭击时是 60 岁，是一种‘单向’的抑郁，它只导致我心情低落，”他写道，“我永远都不会知道是什么‘引发’了我的抑郁，就像没有人知道什么导致了他们的抑郁一样。”不过，他提出了很多可能的原因：他最近开始戒酒，他的睡眠不够安稳，感觉他好像被判了失眠的无期徒刑，他为自己刚变成一个 60 岁的老人感到害怕——“这是一座笨重的死亡里程碑”。而且，他的写作也经历了前所未有的困难。

“正如他所写的，他戒酒是因为他感觉酒精已不再是他的朋友。然后，他开始变得退缩，这很自然，但他没有走出来，”罗丝·斯蒂伦（Rose Styron）这么回忆丈夫这段时间的表现，“我很清楚，他曾在写作方面有很大的兴趣，也很有能力，每天都在写。他写作时从不喝酒，但他会在夜晚喝上几个小时，这让他放松自己，思考第二天要做什么。突然之间，他不能这么做了。”

斯蒂伦对自己和周围的世界有敏锐的觉察能力，毕竟，这正是他精心创作小说背后的推动力。“自我厌恶是他抑郁的一部分，无论是在 1985 年还是在 2000 年。”罗丝解释道（斯蒂伦因肺炎死于 2006 年，享年 81 岁，其时他已与第二次抑郁发作抗争过了）。“他对风和月亮的每一点变化都极为敏感，对一般性的变化和个人的改变也是。他对任何被认为是批评或怠慢的东西也极为敏感……每一位大作家都既会得到好评，也会得到差评。他假装自己从来没有看到过差评，但这不是事实。他内化了它们，并对此感到焦躁。”

在回忆录中，斯蒂伦也谈到了这些情绪：“在这种病的诸多生理和心理上的可怕表现中，自我憎恨的感受是最普遍的一种症状，不那么直截了当地说的话，就是一种自尊的失败。而随着病情的发展，我越来越体验到一种无价值感。”

2000年时，罗丝说丈夫“绝对不沮丧了”，但在斯蒂伦再次陷入抑郁后，这种感受还是回来了，就像一个已经破碎的球，在15年后突然崩溃。“他谈到了最有趣也是最糟糕的事，那就是没有作品，碌碌无为，”斯蒂伦的女儿苏珊娜去医院看他时这样说道，“他在20年里都没有写小说，没有做他应该做的事。我意识到这对他来说有多痛苦、对他的伤害有多大。他写了三本名作，这比大多数人都做得好。我试着这么说，这可能也算是慰藉吧。”苏珊娜说，父亲曾告诉她妹妹波利，除了伟大的小说之外，他还想写很多小文章，但它们就像小野兽一样，他望着它们，它们却掉头就跑，逃得无影无踪。

就像华莱士和海明威一样，这些想法是基于一生经验和触发事件的积累。“抑郁，当它最终来到我这里时，事实上已不是陌生人，甚至不是一个不速之客，”斯蒂伦在《看得见的黑暗》中写道，“几十年来，它一直都在轻敲我的门。”

斯蒂伦一直与父亲保持着密切联系，他的文学也在一生中饱受抑郁症的困扰，甚至在一次情绪崩溃后住进了医院。斯蒂伦成年后开始意识到，这跟自己很像。然而，正如斯蒂伦本人叙述的，最具戏剧性影响的事件是他13岁时，母亲因癌症去世，这件事持续影响了他的余生。

不久，斯蒂伦就意识到，他正在急速冲向自己的死亡，而他依然还在为此做各种安排。在一个寒冷的冬夜，斯蒂伦到处晃荡，穿得很多，无法休息。当时罗丝在床上睡着了，他决定睡在客厅里的壁炉旁边，观看电影《波士顿人》（*The Bostonians*）的录像带。剧中有一个年轻的女演员，她在斯蒂伦与人合作的一部戏剧中扮演了一个小角色。

在电影的某个节点上，人物沿着音乐厅的走廊走下来。“就在剧场外，在一群看不见的音乐家演奏的乐曲声中响起了女低音，”斯蒂伦写道，“这是从勃拉姆斯的《女中音狂想曲》（*Alto Rhapsody*）中唱出的一段。”一个响亮的女声在歌唱勃拉姆斯根据歌德的诗歌创作的内容：一个孤独的流浪者因痛苦而悲伤，祈祷他能再次活在这个世界上。那歌声就像一支箭，穿透了包围斯蒂伦好几个月的层层浓雾。“在快速闪现的记忆中，”他回忆道，“我想到了这座房子见证的所有欢乐：穿过房间的孩子们、节日、爱与工作、真正安稳的睡眠、人的声音和灵巧的振动、猫狗和鸟的永恒部落。”

然而，某些别的东西比这些记忆更快地到来，甚至在斯蒂伦能够意识到之前，回忆的过程就发生了。

“勃拉姆斯的《女中音狂想曲》，是比尔（斯蒂伦的昵称）的妈妈过去经常唱的，”罗丝解释道，“他与母亲有一种非常和谐而复杂的关系。因为在他出生后，母亲就病倒了……我意识到，与他一起生活了这么久，53年，他总有种预感，觉得母亲会死，他对我们所有人都抱有这种担忧——他的妻子和孩子，也会遭遇痛苦而死亡。这肯定是他对那些他所爱的人持有的永恒的悲观主义的一部分。倘若我回家晚了半个小时，他就吓得不得了。他会想象最坏的情况，因为他总认为母亲就要死了。而在他13岁那年，母亲死了。因此，他有了这种近乎窒息的紧张情绪，而他最深刻的幸福回忆就是听他母亲唱歌和弹钢琴……当他再次听到《女中音狂想曲》时，我觉察到，观察着《波士顿人》中这个年轻的女演员，突然散发出一种不同的情感，因为他活了下来，我们都活了下来。或许他认为，倘若他自杀，这种痛苦对他所爱、所珍惜的我们所有人来说都无法承担……因此，他不能对我们这么做。母亲离开了他，因此父亲成了鳏夫。但这不是她的错，可是如果他自杀的话，这就是他的错，而他觉得不能这么做。”

就在那一刻，对斯蒂伦而言，勃拉姆斯的《女中音狂想曲》与有关他母亲的回忆之间的联系是如此强烈，如此深深地嵌入他的内心，从而有了一种扭转他体内野蛮情绪之流的力量。“我借着理智的最后几缕微光，察觉到自己陷入的致命困境有多么吓人，”斯蒂伦说道，“我叫醒了妻子，很快就打了电话。第二天，我就被送进了医院。”

摆脱对酒精的依赖

在研究成瘾时，我一直对匿名戒酒会感兴趣。对许多人来说，匿名戒酒会是一个强大而有效的项目，它的 12 步戒酒法挽救了很多人的生活。但匿名戒酒会到底是如何起作用的呢？

匿名戒酒会成立于 1935 年。当时，比尔·威尔逊（Bill Wilson）联系当地的牧师，同时想为了俄亥俄州阿克伦（Akron）的一桩生意而喝酒应酬。长期以来，威尔逊都在与酒瘾抗争，也知道为了保持清醒，他需要同一个难友谈话，这个人要知道这些抗争的内情。他被指派给了亨丽埃塔·塞伯林（Henrietta Seiberling），她是一个名叫牛津社的宗教团体的成员，该团体倡导“靠上帝的力量改变生活”。塞伯林又把威尔逊介绍给了鲍勃·史密斯（Bob Smith）医生，此人曾求助于牛津社，帮他戒掉酒瘾。见面时，两人聊了 6 个小时，史密斯成了第一个在威尔逊的帮助下成功戒酒的人。不久，他们就合作创立了匿名戒酒会，这是一个受到牛津社强烈影响的社团。

不过，在遇到塞伯林和史密斯之前，威尔逊已听说过牛津社了。他的朋友埃比·撒切尔（Ebby Thacher）在加入一个宗教组织后成功戒酒，他告诉威尔逊自己对这个社团很欣赏。威尔逊回忆道，撒切尔告诉他说，这群人“强调彼此坦诚相待，检查彼此的缺陷，承认他们没有上帝的帮助就会软弱无力”。这就是最终把撒切尔从他所说的“可怕的强迫性酗酒”中解救出来的东西。

那时，撒切尔的感受在威尔逊那里听起来像老生常谈，但撒切尔戒酒的故事给威尔逊留下了深刻印象。威尔逊觉得，他可以遵循撒切尔描述的大多数原则，除了最后一条：他不信仰上帝。“有一条是承认你无可救药，这不是很难，”威尔逊在接受采访，反思他当时的态度时说道，“有一条是诚实对待自己以及另一个人，大家都能做到。有一条是赔偿对他人的损害，努力工作，可以肯定有人会这么做。跟他人一起工作而不要求金钱或赞美，好吧，这听起来太精彩了。但当谈到信仰上帝这一条时，我记得自己很抵触。”

然而，随着威尔逊的抑郁和酗酒不断加重，他最后一次被送进了医院。“我此前因为有一种比我还强大的力量压着我而喘不过气来，但最终，就在那一刻，我最后一丝顽固的骄傲被碾碎了。”威尔逊后来说。

> 突然之间，我发现自己哭了出来，说：“如果有上帝的话，让他自己现身吧！我准备好了做任何事，任何事！”忽然，屋子里闪现一道巨大的白光。我被卷入了一阵狂喜，没有任何语言能形容。仿佛在我的眼中，我站在一座山上，不是风在吹，而是精神的气流在吹。接着，它让我一瞬间意识到自己是一个自由人。慢慢地，狂喜消退。我躺在床上，但这一段时间，我身在另一个世界，一个意识的新世界。所有关于我的、穿过我的是一种美好的存在感，我在心里对自己说：“嗯，这就是传道的上帝吧！”一种伟大的平静逐渐控制了我，而我想：“无论事情看起来如何错得离谱，它们依然是正确的。”

对威尔逊的精神体验，人们有很多解释，有人认为这是他在医院里接受了颠茄剂注射导致了幻觉。无论其来源是什么，这次经历引发了威尔逊的精神觉醒，燃起了他帮助其他酗酒者的福音派传道的热情。

许多年后，在一次采访中，威尔逊提出了深刻的见解，谈到了他为什么认为匿名戒酒会如此强大。“其秘密就在于深度缩退（deflation），使用科学赋予我们的工具，迫使酗酒者面对严峻的问题，强制加上过敏，”他解释道，“接着，当一个酗酒者把这个启示传给下一个人时，他会去接触这位自己住所附近的新人，甚至是不知不觉地去接触。接着就会导致缩退，如果可能，他会唤起一个新人对导师、对社团的依赖，以及最后对上帝的依赖。”换句话说，匿名戒酒会提供了一种俘获的替代形式，把对酒精的依赖转变为对社区和信仰的依赖。匿名戒酒会的实际作用依然未知，因为我们没有系统调查过。但毫无疑问的是，它让从前绝望的人们再次找回自己的生活。某些参与者体验到了他们所说的“清醒时分”，在这样的时刻，心灵远离了思想，自己甚至能看到思维模式——这一刻本身就是自由[2]。而困难在于维持这种自由。

工作是最快速的解毒剂

我就想一觉睡去，永远不再醒来。

这句话占据了图片的中心位置，而图片覆盖在一本纤薄的精装书内封上。这本书就是克里斯·韦尔（Chris Ware）的漫画小说《老屋记》（*Building Stories*）。图片本身就是一张流程图，代表了作者循环不已的痛苦反思，一个隐喻式的永动机。它的齿轮包括手枪、套索和药丸在内的小图标。

这本书其实是 14 个物品之一，这些物品包括折叠的纸条、小册子、广告牌和展板等，它们结合起来，像是构成精心制作的棋盘游戏的材料。盒装的作品突破了小说、图画或其他形式的界限，但其核心仍是讲故事。小说的主角是一个不知名的年轻女人，她有一条假腿。她的生活看上去被无尽的孤独和黯淡的视野所笼罩。这个故事没有设置切入点，而是从整体的各个方面展开，由平凡的细节和多重的记忆累积而成，创造了生活世界的诸多微妙维度。一幅流程图描述了这些日常生活，包括一个人坐在电视机前，或紧挨着一个同伴坐在电视机前。

> 我要怎么做我要怎么做我要怎么做？
> 但谁会发现我令人恶心的臃肿身体？
> （我实在应该减减肥……）
> 我父母？
> 房东？
> 那只猫？
> 我不能把猫丢在身后……

这个女人想象中的尸体，一次又一次地出现在另一个场景，上面满是苍蝇，猫在轻咬尸体的脚趾。

> 一个人是否可以仇恨自己到死？倘若能的话，我就在尝试……

与我聊天时，韦尔描述了他的抑郁，包括身体上的体验，也包括情感体验："在某种意义上，抑郁可以说深入骨髓。你会有沉重感，四肢和关节像是灌了铅。那几乎就是一种绝望的感觉，从你的脚趾往上爬。你也可以反过来想，那种感觉从头顶上压下来。这听起来真的很尴尬，但是'悲伤之墙'这种说法进入了我的脑海。我不明白为什么。可以说，我像是以一定速度撞到了一堵墙。它压倒了我，使我完全动弹不得。"

抑郁能持续很久。韦尔说，一次可以长达一天，甚至一星期。但这种对时长有限的理解，一种凭经验知道抑郁体验是有限的认知，无法进入内心深处。你的目光无法越过这堵悲伤之墙。“被绝望的泡沫包围时，你只是觉得‘哦，天哪，就是它。我怎么才能找到自己的出路？我从来都不能。我将永远待在这里’。而当你脱离抑郁状态时，你会这么说：‘太糟糕了。好吧，希望这事不会再发生。’”但这是一个他永远都无法彻底学会的教训，他并不知道原因。韦尔开玩笑说，他应该准备一张卡片，上面刻上：“准备好，抑郁还会回来，而你会忘记它有多可怕。”

韦尔承认，他的工作既是导致抑郁发作的触发器，也是最快速的解毒剂。他决心继续创作艺术品，这种内在力量会让他远离了过去的抑郁发作。无论是让自己投身于出于职业需要的例行公事，还是挖掘脑海中最令人不安的素材记忆，韦尔都展现了自己的韧性，而这证明了他虚张声势的自我怀疑是多么不合理。韦尔指出，虽然有医生建议，但他从来不会因为抑郁而住院或吃药，还说他的病情从来没有像他观察到的其他人那样衰弱不堪。

“唯我论的荒谬，部分在于，我花费了大半生时间尝试在自己的艺术中做出东西来。当然，这同时也带来了抑郁。但我想了很多关于我的童年、我的成长，以及我的经历。”韦尔讲述了自己的早年生活中的不确定性：他在有记忆之前就被父亲抛弃，由此引起他的自责问题；“父亲”一词对他来说形同虚设；在青春期的关键时刻，韦尔被迫离开童年家园；除此之外，还有反复无常的朋友在不经意间开的残忍玩笑。韦尔的情感混乱通常产生于关系破裂之后，他这样描述：“早上醒来，在一两秒的时间里，你并不记得昨晚发生了什么，接着突然想到——我的天哪，那个女人跟我分手了。然后，转瞬之间，你的胸口好像出现了塌陷的洞，一切都陷入其中。”

对许多艺术家和文学家来说，他们都很熟悉扼杀创造性工作的那种自我判断上的动摇。“你会坐在桌旁，开始工作，”韦尔说，“其实本质上就是思考，另一种形式的思考……有时候只要一个小时，你就会下结论说，你是一个毫无价值的人，无法绝对准确地理解现实和自己，你应该把这一切都了结。但是这些最糟糕的时刻过去之后，唯一要做的就是继续努力，不断工作。我年轻时脾气很坏，很暴躁，很多东西被我扔出窗外。但我现在不那么干了。”

是什么让这种认知转变成为可能？韦尔称他早年就有一种职业意识。在十一二岁时，他就对照教科书学习卡通艺术，几年后他便开始向出版商提交作品，虽然没得到回应。他描述了自己的童年：韦尔躲在阁楼里画画，母亲和祖母热情地鼓励他。他提到，自己尝试着重新构建阁楼的环境，当作自己的工作室。当韦尔在大学校舍里学习时，也体会到了一种类似的“萌芽期的个人效能感”。工作的过程提供了自身的一种乐趣——一种专注而忘我的感觉，同时也创造了一种意义感和确信感。他有一种强烈的使命感，这种使命感让他需要召唤勇气以面对一张白纸，也需要召唤痛苦记忆将其变形，来填充这张白纸。

从某种程度上讲，韦尔已经实现了自己的追求，他的艺术创作是抑郁的解毒剂。倘若难以驾驭的情绪和思想能被塑造成一种令人愉快的形式，倘若艺术家的手能通过创作作品来创造更大的意义感，那么人们就能在其中发现艺术家所要表达的含义。

2005 年，韦尔的女儿克拉拉出生了。在他看来，女儿的诞生以及父亲身份给自己带来了始料未及的改变，像一种宗教经验：“说实话，发生在任何人身上，这都是最神奇的事，这也确实是发生在每个人身上的事。女人的诞生简直能把整个宇宙翻过来。你想想这件事就会很震惊，它几乎让时间变得毫无意义。”自从女儿出生的那一天起，韦尔说，有一个面纱被揭开了。他说：“一切悬在我头顶的东西，浮现在我身边的批评看起来也消散了。它们刚好消失了。”

“这可能在化学上能解释得通，”韦尔大笑起来，“我想，几乎所有的新手父母都经历了。”好像要证明什么一样，韦尔画了一个与新生女婴的实际大小一样的素描，把它放在了《老屋记》的一张宽幅图的中心。在他的故事中，女主角变成了一位母亲，她的经历就像韦尔的一样，是一段始料未及的过程。

韦尔承认，成为父亲以来，自杀的想法偶尔还会浮现，但已不再是一个会实行的选项。考虑到作为父母，无论对自己还是对孩子的心理健康都负有责任，自我毁灭的渴望变成了空有一个外壳。他的一些朋友也在童年时经受某位父母自杀后坚持了下来。“我不想伤害自己，这根本不值得。”现在，他的“首要原则”就是学会当父母，以某种方式避免困扰他生活的那种功能失调再次发生。

“突然，你不再是主角了。电影里出现了一个新演员。突然，你成了一个配角。你突然意识到，一直以来都是这样，这也是每个人都该做的，你也该这样生活。”有了新的优先事项，韦尔现在明白，至少对他来说，早年的社交焦虑和过度敏感其实只是一种格外自我放纵的忧郁和自恋，它是某种你只需要自己承担的东西。

对韦尔来说，成为父亲揭示了一个简单的事实：**抑郁是一种折磨，它让人完全专注于自我。要长久地解决，需要把注意转向别处。**

创造生活的意义与秩序

从小在艾奥瓦州的农场长大的玛格丽特知道，她的家庭生活有点儿混乱。她的父母都清楚地表示，他们疼爱玛格丽特和她弟弟，但她的直觉告诉自己，父母都不是负责任的正常人。就职业而言，他父亲是个做零活的打工者，也是一名卡车司机，还挨家挨户推销马铃薯，但他更经常做的是靠骗人赚钱。父亲没受过多少教育，却英俊潇洒，富有魅力，他在咖啡店里对柜台旁的一个男人花言巧语，骗对方收下一张假支票或买一件偷来的农场器材。通常，他会把用这些伎俩骗来的钱拿去赌博，结果输得精光。他经常不回家，要么是在维护农场设备，要么就是在喝酒，跟女人打情骂俏。玛格丽特的母亲是一个几乎没有自我的人。虽然母亲很聪明，曾经梦想进入医学院，但后来屈服于家庭的期望，搬回了童年的农村小镇，最终发现自己被困在了一个不忠诚的丈夫手中。玛格丽特的母亲经常抑郁，很少离开家，有时候会躺在床上好几天。作为一个年轻女孩，玛格丽特不满于这样的家庭环境，她不想过这样的生活。

与很多聪明孩子一样，玛格丽特凭自律来应对这种不稳定性。从小学到高中，她都坚持为学习和各种活动制订严格的计划。“下午三点钟左右下课，”现年近 50 岁，已成为大学教授的玛格丽特这样回忆，“我会跳进汽车，换上我的舞蹈服，跟我妈一起驱车 32 公里，到达下一个市镇，那里有一位舞蹈老师。我去上舞蹈课，一上就是两三个小时，接着我坐车回家。40 分钟后我回到家，然后开始做家庭作业。周六，我会从早到晚一直跳舞。我表演舞蹈，高中时参加过演讲比赛、戏剧和音乐会，等等。”无论是她还是她弟弟都知道，在学校取得成就是离开粗鄙家乡的一个办法。在他们那里，老师经常直接照着课本讲课。假如你不想当农夫或嫁人，而想做其他事情，大多数人都会斜着眼睛看你，投以不屑的目光。

在家人搬到了一座现代化的错层式房子后，玛格丽特开始在学校的跑道上跑步，她立刻爱上了这项运动。她从 7 岁刚开始跳舞时就知道，个人运动对她而言是个有效的出路，但跑步比跳舞还能解放人，它需要极度的专注。“跑步是一件自由、平静而独立的事，我很喜欢。”她说，即便只是谈论跑步，她也能获得慰藉，现在也一样。她不是一个有爆发力的短跑能手，因此教练训练她练习中长跑，而且，即便没有赢得自己参加的第一场竞赛，她依然从这次经历中感到了幸福。“无论那种感受是什么，它真的很棒。我喜欢。”她说。从那以后，她就不断地跑——跟朋友一起跑，单独跑，在暴风雪中跑，或在美国中西部闷热的天气里跑。她在小镇的每一条柏油路上跑，在农田旁的石子路上跑。跑着跑着，她感觉不再被家庭生活束缚，跑步在某种程度上耗尽了她的精力，她已没有心思去担心什么。“我可以让自己进入一种模式——我能掌握某些东西，那是我愿意思考的东西，而不是谁要去付租金，或我爸是不是要回家。”

跑步对玛格丽特来说，变成了格外强大的慰藉，她已坚持跑步超过 35 年。她跑马拉松，参加探险活动，不断参加铁人三项比赛。但随着关节的老化，她不得不削减每周跑步的里程。现在，她平均每周跑步 8 ～ 11 公里，周末增加到 13 ～ 16 公里，她还骑自行车或游泳当作补充。“在我看来，无论我正在担心什么，一旦跑了起来，我就不再跟它有什么关系。有时候，我的确会对自己说‘我要以跑步时的状态去工作’。”她也会进入一种“心流”状态，在那段时间里她说，她觉得注意是分散的而非集中。在跑步结束时，玛格丽特说，她感觉身心畅快，还能在漫长的一天里，带着能量、热情和活力与学生和学校管理人员打交道。

跑步为玛格丽特的生活带来了很多东西，我问她，假如她不能再跑了会发生什么？她会有怎样的感受？她马上笑了起来。“会非常、非常焦虑。我的焦虑水平将在几天内迅速飙升。而我也不会感觉……像我自己。”她说。

对她的自我认同来说，跑步不可或缺。玛格丽特坚持跑步，从不间断，甚至在几年前脚动了手术后也一样。“我不能跑完全程马拉松，但我可以跑完半程马拉松。我认为，当你不能像过去那样努力做事时，激动的心情也会随之远去。”

“在过去这些年里，你是否感觉需要再上一层楼？还有你能控制这件事吗？”我问道。

“我一直幻想停止我的工作，这样我就能全职训练，但这不健康，”她停了一下说，“我不会孤注一掷。参数不能改变太多，否则我就不能感觉自己实现了目标。我很喜欢设定目标，接着努力工作以实现它们而吸引。”这显然是玛格丽特又爱又恨的东西：她有能力忽视怀疑，承受追求为目标带来的不适。“我认为，在艺术家、企业家、犯罪分子和骗子身上有某些相似的东西，那就是他们的确不得不相信某些东西，他们也不得不说服别人它是真的。”她相信，这是一种她继承自父亲的天赋，那个男人在她 12 岁时叫她“撒谎的婊子”，因为她告诉母亲父亲去找另一个女人。这个男人本来答应邮给她支票，给她交大一的住宿费，却把这些钱揣进了自己的兜里。“我只是不想成为一个无法驾驭自己冲动的人，我想，”她停了一会儿，可能是在整理思路，“在你的生活中，你会找到办法，创造意义和秩序，而这种运动习惯给了你所有这些好处，还有心灵的运气。这是一种生存技能。它可不像是‘我感觉良好’，而是关乎生存的大事。”

音乐让你身在正途

“这不是庇护或滋养，我感觉更像是一种需要。”杰罗姆对我说。

杰罗姆在一年中，现场观看了 300 多场音乐会。他现年 30 岁，尚未结婚，为一家非营利组织工作。他知识渊博，对健身和政治有浓厚的兴趣。虽然音乐不是他的职业，但他的房间里塞了超过 4000 张唱片。

杰罗姆说，他与特雷·阿纳斯塔西奥（Trey Anastasio）的对话完美地总结了他酷爱音乐会的原因，阿纳斯塔西奥是一名吉他手，也是飞士乐队（Phish）的主唱。

“我记得向特雷解释，我第一次听到文字在某个语境下流动，是在飞士乐队一首名为《蜥蜴》（*The Lizards*）的歌中。后来，我在治疗中了解到这个词在那种语境下是什么意思。我告诉他，我去看飞士乐队演出的原因就是要感受这种体验。当我在看乐队表演时，没什么东西更重要。他说这就是他们为什么演奏，就是要感受专注的状态。”

杰罗姆描述了音乐对他的影响：在他面前的东西就是他唯一思考的东西。他不喝酒，也不嗑药。

简单地说，就是“在这个特定时刻，这就是最重要的”。杰罗姆去听音乐会，就是为了发现和参与。“良好的现场音乐体验，给人带来能量和积极的感受，倘若我度过了漫长或忙碌的一天，这种音乐体验就能让人远离那些消极感受。看完音乐会，返回工作中时，经常有人问我是否获得了‘乐趣’。对于这个问题我总思索很多。乐趣？当然有。但它不重要。我登上飞机或开车数小时赶往现场，我几乎没有任何选择。那就是我应该去的地方。”

杰罗姆四岁时，就有了一台棕色的磁带播放器。他过去经常播放 B-52 乐队的专辑《宇宙事》（*Cosmic Thing*），同时在屋里走来走去。几年后，他第一次听说了珍珠酱乐队（Pearl Jam），这成了他最喜欢的乐队。到现在，他看了 70 场珍珠酱乐队的现场演出。“他们依然是我的最爱。”他说。

杰罗姆的父母鼓励他的这种行为。特别是母亲，她培养了他对音乐的兴趣，杰罗姆说："当我年龄还小，还不可以坐在汽车前座时，'测试'就开始了。她会打开当地的老歌电台，测试我对不同的摩城唱片的感受。了解是什么令《四季》(*Four Seasons*)这张专辑表现糟糕，是什么使四顶尖合唱团(The Four Tops)优秀，这种测试与任何生活训练一样重要。当我完全理解时，我不知道自己有多大，但我现在知道了——她在教我什么是真实。"

对杰罗姆来说，音乐中最重要的是诚实和真挚。"即便是一首悲伤的歌或令人极为痛苦的歌，如果你是粉丝，你也会听出其中的美妙，它们也可以是一种积极的体验。你不必在音乐会上听了一首悲歌，走出剧场一小时后还感到悲伤。也许吧，但你也可能理解到，你成了某些伟大之物的一部分，你见证了某些特别的东西。"有时候，音乐的确可以让杰罗姆陷入悲伤。发表于 2014 年的《天使奥尔森》(*Angel Olson*)是他酷爱的专辑，风格忧伤，靠着艺术家的表达激发了一种共情的感受。维克·切斯特纳特(Vic Chestnut)的《以我的全部人生跟你调情》(*Flirted With You All My Life*)会让人感到痛苦。

"因为我有抑郁症，寻找积极的体验对我来说很难。"杰罗姆解释道。去音乐会并不总是很容易，因此他开始设定时间表，提前买票。有好几次，他买了票，结果在演出那晚只能把它们扔进垃圾桶。

某个这样的时刻依然困扰着杰罗姆。圣文森特(St. Vincent)首次在华盛顿特区举行盛大演出。当杰罗姆把票揉成一团时，后悔的感觉油然而生，但这种阻止他去听音乐会的消极惯性甚至更强了。

从童年开始，杰罗姆就跟音乐形成了紧密的关系。在他抑郁的那些年，他也挑战自我，即便很艰难也照样去参加音乐会。杰罗姆的努力被证明是值得的。他说："想死的人不做计划。"

"我耗费了自己大半生的精力，想要的不过是身居一室，听着自己喜爱的音乐，"杰罗姆解释道，"我努力工作，以确保没有什么东西能够把它再次夺走。"

为什么要逼着自己去音乐会呢？"因为其中存在某种归属感，不是你属于某个社团的归属感，而是你身在正途的归属感。"

最吸引杰罗姆的就是寻找新音乐，能有所发现："我被吸引着寻找更多的好东西。我不在乎别人不喜欢什么，我好奇的是大家喜欢什么。"

"我有这样一个想法，我能从一些好东西中获得乐趣。我还想寻找更多的东西。我不喜欢自己对有些东西一无所知。"

这种发现带来的激动会如何帮助缓解精神疾病带来的痛苦呢？这条放松之路并不独特。创造激励以寻找积极的体验，其实非常重要，甚至能救人一命。就人们自身而言，每个人都有能力打破反思和自我毁灭想法的不断循环。

让黑狗分神

1911 年，温斯顿·丘吉尔在担任内政部长期间写了一封信，寄给妻子克莱芒蒂娜·丘吉尔（Clementine Churchill），谈到了他的那条"黑狗"。自此以后，这个说法成了政治领袖讲演中最著名的字眼之一。丘吉尔的信中满是乐观的精神，他刚刚得知，某个曾因抑郁症而接受治疗的熟人康复了。"爱丽丝让我很感兴趣，因为她谈到了自己的德国医生，对方治好了她的抑郁症。我认为，这个人可能对我有用——如果我的黑狗又来了的话。”

自此，学者和历史学家开始琢磨，丘吉尔的狗影子到底是什么？成千上万人的生死都决定于丘吉尔一人。作为英国内政部的领导，他监督执行了数十起死刑案件。在他的下一个角色中，作为第一次世界大战期间的英国海军大臣，他承担了战争伤亡的责任。同样，他在第二次世界大战期间以同样的角色做了同样的事，而在成为首相之后，他送男人们去战场，还在德国每天的狂轰滥炸下担任一国的“啦啦队队长”。他的一生，放在任何一个人身上，几乎都会带来某种程度的抑郁。

不过，丘吉尔从未透露过他的负面情绪有多沉重。这些年来，他出版了30多本书，还于1953年获得了诺贝尔文学奖。他从未失去自己惊人的能量和精神活力。要运作一个庞大的帝国，这样是不够的，他认为需要出版能凑够一个小型图书馆的历史书籍、传记和小说。他生活的重负似乎激发了他的多产。

虽然丘吉尔的信诉说了他渴望治愈的心声，但没有证据表明，丘吉尔曾因抑郁而丧失能力，无所事事。确有证据表明，在他主持内政部期间，对其他人命运担负的责任给他带来了极大的痛苦。然而，他的表现非常优秀，很快就晋升到海军部。即便在他的“黑狗”显得极具威胁时，丘吉尔也能设法逃离对方的魔爪。

丘吉尔承认，在他的自我治疗中，绘画扮演了核心角色，不过，以酒鬼示人的形象也表明他以酒精作为辅助措施。从来没有人看见过丘吉尔醉酒，但他经常在整个上午不断啜饮加了水的低度尊尼获加酒，更像是把它当作漱口水而不是饮料。丘吉尔1915年第一次把画笔刷向画布时，是他等待着被派遣到法国去参战的时候。在达达尼尔海峡遭遇了一次重大失败后，他从海军部辞职，冒着生命危险加入了部队，以职位相对较低的上校军衔服役。当时他爱上了绘画，觉得这能给他带来解脱，让自己从充满压力的周遭环境中解脱，也让自己从持续不断起伏的心境中解脱。这是他的爱好、他的娱乐，但更是他的逃脱方式，他要从生活的重负下分心。

在《作为消遣的绘画》(*Painting as a Pastime*)一书中，丘吉尔揭示了他如何以艺术为武器跟“黑狗”战斗。带着政治家的清醒、自我意识以及感激之情，他向我们描述了这一爱好给他带来的内心的平静。绘画似乎不仅抚慰了他的心灵，还教会了他冥想的价值。“心灵中疲倦的部分可以休息和调整，”他写道，“不只是通过休息，还通过使用其他部分。仅仅是关闭照亮主要的日常兴趣领域的灯光还不够，必须点灯照亮……一个新领域。”

在绘画时，没有什么是不可撤销的。如果没画好，颜料可以被刮得干干净净。正如他所描述的那样：“如果你喜欢，可以在一层上再添一层。你可以不断试验。你可以改变自己的计划，以满足时间或天气的要求。还要永远记得把所有东西都刮掉。”

在这本书的前半部分，丘吉尔写道：“唯一的解决办法只能是悄悄渗入某种新的东西，来分散注意力。”这是一句很有说服力的话。他的阴郁带着某种狂躁的势头和偏执，这呼应了威廉·斯蒂伦的说法，斯蒂伦把自己的抑郁称为头脑风暴。一旦开始这种风暴，他的心灵就几乎不可能减速。经过漫长的一天，绘画能让丘吉尔扼杀这无情的风暴，把精力放在“无害”的画布上，在这里，没有谁需要冒生命危险：

> 绘画完全就是一种分心方式。我不知道还有什么能在不让人精疲力竭的情况下完全吸引我的心灵。无论是当下的担忧还是未来的威胁，一旦图画开始流动，在心灵的屏幕上就没有它们的空间，它们隐没到了阴

影和黑暗中。一个人全部的精神灯光，开始聚焦于这个任务。时间恭敬地站在一边，只有在多次犹豫之后，在午饭时才开始猛烈地敲门。

告别一切

以生动的场景回放和侵入性记忆为特征的创伤后应激障碍，似乎也是俘获的一个鲜明的案例。诗人兼小说家罗伯特·格雷夫斯（Robert Graves），曾作为一名士兵参加过第一次世界大战，对他自己战时创伤和复原的故事有着准确的自我觉察。在回忆录《向一切告别》(*Good-Bye to All That*）一书中，无论是关于记忆带来的痛苦折磨，还是潜在的治愈力量，格雷夫斯都有很多话可说。在战争结束十多年后，他花了四个多月写完了这本书。

在书中，格雷夫斯记载了在西部战线的战壕里幸存下来的可能性。在三个月之内，招募的士兵中有 1/5 的人会死掉，1/5 严重受伤，另外 3/5 的人受轻伤，而这种状况会让他们在几周内再次被送往前线。毫不奇怪，这第一场现代战争也见证了某些疾病的第一次出现，比如创伤后应激障碍（当时则被叫作炮弹休克或神经衰弱)，同样还见证了这一疾病第一次被医生和精神病学家研究。

在这本回忆录中，格雷夫斯描述了一段格外艰难的战争岁月。与此同时，一个亲密战友的死把他推向了崩溃边缘："我的崩溃点就快到了，除非发生什么事能让我避开它。我并不害怕。我从来都没有惊慌失措，也没有在战斗中仓皇而逃，我也知道自己永远不会。这种崩溃也不会像发疯一样，我不是会发疯的人。那将是一种一般的精神崩溃，泪流满面，不断抽搐，裤子也会被弄脏。我见过那样的情形。"在讲了 100 页其他的战时故事之后，格雷夫斯才更充分地谈及他的感受。在他们庆祝和平之后，他写道："在心理和精神上，我依然处于战争时的状态。午夜时分，过去的炸弹在我床上爆炸，但跟我睡在一张床上的南茜不会感觉到；白天，我遇到的陌生人长着死去战友的面孔。”哪怕战争结束了十多年，这种场景回放依然困扰着他。

起初，格雷夫斯并没有为此寻求帮助。然而，他的确想方设法地帮助了他的挚友和诗人同侪西格弗里德·萨松（Siegfried Sassoon），萨松因崩溃而开始公开抗议战争并逃离了军队。于是，格雷夫斯让萨松到爱丁堡的克雷格洛克哈特战时医院，这家医院的精神病学家 W. H. R. 里弗斯（W. H. R. Rivers）正探索用精神分析的方法治疗士兵的神经症。里弗斯对医院中的诗人战士很有兴趣，无论是对的萨松还是对当时也投身于战争的英国诗人威尔弗雷德·欧文（Wilfred Owen）。通过跟萨松的通信和聊天，格雷夫斯接触了里弗斯的观点，而他在调整自身的康复时做出的许多决策都受此影响。

到了 1917 年下半年，里弗斯也开始跟这些诗人战士接触，他向英国皇家医学会提交了一篇论文，名为《战争体验造就的压抑》（*The Repression of War Experience*）。在论文中，他指出，记忆在平衡遗忘方面有建设性作用，接着提出了一个新概念。当时公认的治疗体系要求患者有意识地压抑创伤性记忆，包括避免在谈话中提到任何有关战争的字眼。里弗斯留意到，这样一种严格的方案无法避免噩梦、焦虑和身心疾病的出现，但这些症状在个体从压抑记忆中放松时会消退。里弗斯指出，只有通过谈论这些创伤性记忆，老兵才能实现真正的解脱。

格雷夫斯努力写一本小说，他希望借此摆脱战争的记忆，但不得不放弃，因为羞于以某个情节扭曲我的材料，同时又没有充分的信心，不加任何掩饰地写下真实的历史。直到 1929 年写回忆录时，格雷夫斯才找到了真实的声音。格雷夫斯的精神复原，以及对痛苦记忆的整合，都是一个无法急于求成的过程。

在日常生活中，格雷夫斯找到了某些慰藉。他结了婚，有了孩子，这带来了远超时代而始料未及的优势：他的妻子是一位热情的女性主义者，于是他在生活中经常要持家和照顾孩子，这很适合他。格雷夫斯跟妻子都是活跃的社会主义者，这让他进一步远离英国在第一次世界大战前盛行严格的阶级藩篱和帝国势力。在他回忆录中出现的大多数黑色幽默，都揭示了军队仪式的可笑，这种仪式不仅被用于强化纪律、激发忠诚，也被用于保持官兵之间刻板的阶层分裂，这种分裂在文明世界已盛行多年。无论是社会主义还是女性主义，任何知识工具，但凡能让他自己跟军队的思维模式之间保持距离，都是有用的。

格雷夫斯也让自己向战争告别[3]，他搬到开罗，当了一名老师。最后，在 33 岁那年，刚一完成《向一切告别》，他就搬到了马略卡岛（Majorca），在那里度过了自己的余生。6 年后，经过长期努力的格雷夫斯终于可以轻松自如地写作了，他最后写道：

> 出入口的伤痕是银白的清洁，
> 轨道只有在下雨时才会疼痛。
> 一条腿的人忘记了他的木腿，
> 一只胳膊的人接上了木胳膊。
> 瞎眼的人用耳朵和双手来看，
> 比起用双眼时，看得一样甚至更多。
> 他们的战争开打于二十年前，
> 而当下承受时间的自然目光。
> 就像早晨的旅人转身去看，
> 他那疯狂夜晚的蹒跚刻成了山。

把谈话当作治疗

虽然南非种族隔离的不公正围绕着坦狄·舍兹（Thandi Shezi），但她一直是位充满活力的年轻女性。这位快乐的母亲有两个孩子，儿子叫阿彦达（Ayanda），女儿叫穆巴利泽图（Mbalizethu）。她生在一个由多代人组成的友爱大家庭中，周围都是姑舅叔姨，还有祖父母。

然而，在舍兹所在的索韦托（Soweto）小镇，她几乎没有上学的机会，因此在20世纪70年代，父亲把她带到了祖鲁的首都乌伦迪（Ulundi），这样她就能接受教育了。还是学生时，舍兹很爱说话，嗓门又大，但叛逆并没有根植于她的性格中——她不吸烟，也不喝酒，认真完成学校作业。舍兹喜欢与同学交往，而且大家都知道，在别人有需要时，她总会伸出援手。正是这种慷慨的精神，以及她外向的性格，让她被选为因卡塔自由党（Inkatha Freedom Party）的一名学生代表，该党是站在前线反对种族隔离的几个政党之一。

伴随着跨入行动主义的第一步，舍兹的生活开始转变。她的主要职责是作为因卡塔自由党的一员参加会议，并把该党活动的信息和议程带给学校里的同伴。一直到毕业，她都在做这件事。随后，她回了家。这时，她对政治的兴趣加深了。不久，舍兹加入了索韦托青年大会，它隶属于南非青年代表大会（South African Youth Congress，SAYCO），一个主要的反种族隔离的青年组织。随着在一个名为“民族之矛”（Umkhonto we Sizwe）的地下组织中日益活跃，舍兹开始秘密运输炸药，它们可被用来摧毁各个政府大楼。

一个告密者把舍兹的名字泄露给了当局。1988年9月，南非警察在她家里逮捕了她，但他们先打了她一顿。这群人残酷地殴打舍兹，被迫在一旁看着的母亲大哭道："不要在我面前杀死她。你们打完了再把尸体给我看吧。"

舍兹活了下来，与其他被捕者一起被塞进了一辆面包车。他们的目的地就是约翰内斯堡的中央警察局，那里以惨无人道著称。当局把她称作恐怖分子，要求她供出反种族隔离运动的领袖，以及他们存放武器的地点。舍兹说她不知道。她再次被殴打，警察还把混合着盐酸的液体倒在一个袋子里，放在她头上方。当液体滴落在脸上，她能感觉到皮肤被灼烧。这种酸的腐蚀性很强，导致舍兹的一只眼睛永久性失明。

事情还没完。舍兹被转移到一间阴冷黑暗的房间里，戴着镣铐，几乎赤裸。四名白人警察进来后，他们开始轮奸她。在这些恐怖的时刻，舍兹说，她能想到的唯一生存之路就是让她与自己所经历的现实分离。"我心里有个微弱的声音对我说：要活下去，你必须让你的灵魂离开你的身体，"她在十多年后解释说，"我控制着我的灵魂。我决定让我的灵魂离开身体。就好像有一股超自然的力量控制着我。当时，我决定不让任何人控制我的灵魂。当他们在我身上喘气呻吟时，我安静地让我的灵魂离开身体。就好像我的灵魂在俯视着身体遭人虐待。"

在未来的几个月里，在监狱里其他政治犯的陪伴下，舍兹获得了些许安慰。他们中许多人也被折磨过，他们的共同经历，以及他们对结束种族隔离的共同愿望[4]，鼓励着她走下去。"在午餐时间，我们会被带到外面，走到太阳底下，这样大家就能在空地上见面，相互交谈。可以说，在我身陷囹圄时，那么多人都在帮助我脱离那种处境。"

在家人得知舍兹被关在哪里之后，他们请了一名律师为其辩护，把舍兹从牢里解救了出来。舍兹乘坐的出租车在离家很近的地方停下，但她虚弱得几乎不能走路，她痛苦地用了一个小时，走完了本来 5 分钟就能结束的路程，沿着马路挪到了她家的前门。“那是我不得不面对的现实，我被人强奸，我遭受折磨。那是痛苦开始的地方。”

在回家后几乎一年的时间里，舍兹很少外出，把自己锁在一个黑暗的房间里，一直抽泣。她被梦魇萦绕，被愤怒和恐惧困扰，她不久就发现，自己把怒气撒向了阿彦达和穆巴利泽图，因为她的被捕，他们的生活被撕碎了。“我不再是一个慈爱的母亲，”她说，“我发现自己大喊、尖叫、爆粗口，无论什么时候都狂暴不已。任何能让我想到自己被强奸的东西都会让我发脾气。我会把孩子的头撞在墙上，事后才感觉糟糕。”连她女儿想要一片面包，都会让她受刺激，随手给女儿一巴掌。

舍兹家庭不和无疑令事态变得更糟，某些亲戚拒绝跟被他们称为恐怖分子的人来往。在家里，舍兹是唯一一个在政治上活跃的人，没有人明白她经历了什么，或她仍然在经历着什么。以前在她的生活中从未出现过狂怒和暴力的情绪反应，这些看起来正在消耗她。“我很生气，对自己生气，对制度生气。我告诉我自己：‘你是自讨苦吃。你为什么要卷入政治？’”

舍兹与丈夫离婚后，发现自己不再有能力爱，也不再有能力被人爱。如果有个男人靠近她，向她问好，她就会害怕对方图谋不轨。她跟自己的父母打架，继续殴打她的孩子，这把她女儿也变成了一个创伤受害者。舍兹似乎失去了正常生活的任何机会。“一切都停滞了，”她回忆说，“我感觉自己的某些部分被带走了。”

这种情况持续了很多年。舍兹说，她最爱的书籍和音乐让她有了喘息空间，但在种族隔离的藩篱被拆除很久以后，她还是被激怒了，因为抓捕她的人自由了，可她还在因他们曾经的作为而承受苦难。复仇的想法萦绕在她心头。“在我的脑海里，我在想，如果我能找到其中一个人，我一定会杀了他。我很想复仇，毕竟我经历了那么多痛苦。”

同时，舍兹承受着内疚的重负，她经常责备自己，好像她负有某些责任。她感到很屈辱，没有把监狱里的细节告诉任何一个人。“我只是把它们藏在心里，”她说，“我以为它们将是我的秘密。我以为我做了一些事，因此我遭到这样的对待是理所当然的……一直以来，我都以为我会把这件事只保留给自己，直到我死为止。”但这种沉默的威胁要消耗掉她。“我花了十年时间才意识到，我心里有这么沉重的一个包袱，它正在把我吞噬掉。”她承认道。

慢慢地，舍兹开始接触其他人，她在库鲁马尼支援小组（Khulumani Support Group）当了一名咨询员，该小组是为支持种族隔离受害者而建立的一个基层社团。虽然舍兹鼓励大家跟别人分享他们的故事，但一开始，她很少谈论自己的遭遇。她的同事和客户知道，她曾被监禁和折磨，但她很久以来都保守着自己被轮奸的秘密，直到最后，她在一次单独的咨询中讲述了自己的故事。

两年过后，舍兹打算把这件事告诉世界。1997 年 7 月，她走向了南非真相与和解委员会（Truth and Reconciliation Commission）的侵犯人权委员会（Human Rights Violation Committee）的证人席，该组织由南非联合政府设立，目的是揭露种族隔离的暴行并促进和解。就在那里，舍兹描述了自己遭受的令人发指的折磨。这是她母亲第一次听到整个故事。

舍兹说，她以为提供那些人对她犯下的罪行的证词有助于自己持续地治愈，但效果相反。“你撕开封闭的伤口，留着它敞开。”她回忆说。真相与和解委员会的角色只是收集信息，而且它也没有提供任何措施，确保受害者作证后能获得充分的情感支持。没有什么和解，委员会也没有提供补偿以帮助她重建生活，真相也很少。虐待她的官员安然无事，从未被起诉。

在20世纪90年代末，舍兹参演了一部名为《我要讲述的故事》(*The Story I Am About to Tell*)的剧院作品，向来自南非和欧洲的观众陈述她在真相与和解委员会面前的证词。这是她漫长、缓慢的治愈之路上的一次真正的突破。在舞台上，舍兹跟杜马·库马洛(Duma Kumalo)、凯瑟琳·穆兰格尼(Catherine Mlangeni)合作，库马洛在参加了沙佩维尔(Sharpeville)的暴力抗议游行后曾被判处死刑，穆兰格尼的儿子被一名政府行刑队的警察头目杀害了。"站在舞台上，谈论发生了什么，用戏剧把它表演出来，这让我对自己哑然失笑，"舍兹说，"在演出结束时我哭了，我很崩溃。但随着时间的推移，我不断讲述自己的故事，不停地讲啊讲啊，这让我有能力面对我自己，爱我自己，也让我有能力不再哭着讲自己的故事。"

舍兹说，谈话就是治疗。"如果你不说，不跟其他人分享你的痛苦，你永远不会解脱。"

如今的舍兹已经50岁出头了，说起话来笑声连连。她说，她的烦躁和愤怒消失了，取而代之的是接受和宽恕。"你必须原谅肇事者，这样你才能继续往前走，也能原谅你自己。你必须说：'好吧，事情发生了。我必须接受自己，继续生活下去。'"

这种宽恕不应该被理解为对肇事者的同情，而应该是一种善待自己的需要。舍兹认识到，紧握愤怒和恐惧不放，伤害的只能是自己，她不想每天以受害者的身份活着。她说，宽恕也可能会对其他人有用。"**你必须为自己经历的创伤性事件寻找分心物，这样你才能在生活中继续往前走。倘若一直守着过去和痛苦不放，你就不能向前走，为某些需要你的人提供帮助。**"

舍兹永远不会忘记发生了什么。但她也能够直面过去，拒绝让它支配自己的生活。为了摆脱别人的邪恶掌控，她需要在内心解决个人的创伤经历。“这样才能与你的内在自我和解，”她说，“接受发生的事，因为我不能再改变它。所以你必须接受它，跟它一起生活，还要学会如何应对它。”

利用正念与冥想

佛教于2500年多前起源于印度。当时，创始人悉达多·乔达摩把自己获得启蒙的方法教给别人。佛教作为一个宗教，摒弃了“全能创造者”这样的概念，发展出了多样化的传统，并传遍亚洲。最近，佛教引起了许多科学家、治疗师和医生的极大兴趣，这些人研究注意和情绪的机制，而它们与各种各样的精神状况有关。

佛教提供了一个基本前提：从各种精神痛苦中（无论是由世俗的欲望、自我的陷阱造成的，还是由仇恨和敌意所致的）解放既是精神开悟的目标，也是一种现实的可能。要想从被俘获的思维中获得自由，这似乎是一个有用的模式。但这真有可能让导致注意偏向凸显刺激的神经回路平静下来吗？

我把这个问题抛给了埃文·汤普森（Evan Thompson），他是一名哲学家，主要研究认知科学、心灵哲学以及亚洲哲学。“佛教教义肯定会说，你可以消除注意偏差。”汤普森说。这个目标可以，通过包括沉思和其他形式的冥想等心理训练，以及道德训练来说法，他继续说道：“佛教会告诉你如何活在这个世界上，如何行事。”

汤普森继续描述佛教如何策略性地以一种俘获取代另一种：“在藏传佛教和印度佛教中，普遍会有‘使用解毒剂’这样的说法。比如，愤怒的解毒剂可能就是产生慈爱、同情或希望某人好的一种心理状态。你把某种偏差从负面的转为正面的，因此你依然能在一种偏差或偏向下运转。”还有冥想训练，无论是在瑜伽传统中还是在佛教中都很常见。这种训练把注意从外部的感官刺激上转移，向内聚焦，到呼吸、重复的声音或精神意象上。“它们都是让注意与外部波动的感官刺激脱离，而锚定在某些内部的东西上，从而获得心理稳定性。你训练得越多，稳定性就越好。”你越是能通过这样的内在聚焦稳定注意，心灵就越会变得安静、专注，以及平和。

汤普森还描述了一种不同类型的修行：一种正念冥想，培养开放、非反应性的觉知。其目标是获得一种平衡、镇定的心，准备以一种积极的方式去行动，但不受凸显的感觉或情绪影响。在这种类型的冥想中，尽管你的眼睛是睁着的，但你其实并不专注于某个对象，相反，你的心态保持稳定，以及一种清醒的警觉。当你分心时，不管是干扰感官的外部刺激还是内部思考造成的分心，你都会承认并放开它。你不让它抓住自己的注意，或把你的思想带向别处。汤普森称这种练习为“开放式监测”，它旨在改善情绪平衡，在佛教中它称为平静（equanimity）。若能不偏不倚地处理刺激，在理论上，就能在顺风或逆风的情境下保持船身平稳。

正式的冥想训练会导致这种开放、非判断性的觉知；传统上，佛教僧侣在寺庙环境里多年如一日地修行，可以达到这种状态。但经证实，少量的正念训练就能带来很好的效果。人们已对正念技巧进行了调整，使其通俗化，脱离了佛教的情境，将其用于临床实践、自助研习会、企业培训课程，甚至军事训练。有人担心，把这些技巧从其传统的伦理环境中脱离出来，是否会导致不可预见的结果，但目前的证据强力表明，这些技巧对心理健康大有裨益。

我与乔恩·卡巴金（Jon Kabat-Zinn）通了话。他是马萨诸塞大学医学院的荣誉教授，是在治疗慢性疼痛、抑郁和应激相关障碍中使用正念冥想疗法的先驱。我就像在后文问汤普森那样问卡巴金，是否真有人能打破俘获机制。他说："简单的回答是，我认为有这种可能。这是我与同事合作多年后获得的成果精髓。应对俘获，你需要的就是我们称之为'意识的正交旋转'的东西——你会突然从不同的角度看待事情。虽然一切仍然相同，无论内外，包括你的成瘾冲动，但你可以利用自己本性的另一个维度，允许自己做出从未做过的决定，你甚至从未想过你能这么做。而这就是自由：真实看待成瘾冲动的自由，以及锻炼一块有足够力量的'肌肉'，让你能转向一个不同而又更为健康的角度。"

一个人如何实现这种自由？一个典型的模型是卡巴金基于正念的减压训练，以及相关的项目，它们能极大降低抑郁症患者旧病复发的可能性。这是一个为期八周的疗程，把每周的小组课程与每日的个人训练结合在一起。在这种时间框架下，一个人真能学会逃离俘获吗，抑或它只是一种替代过程？

"它比这些要复杂得多。"卡巴金回答说。他解释称，正念训练依赖于元认知，而不只是思维模式的替代；对抑郁治疗的研究也早已走得很远，超越了熟悉的认知疗法的替代策略。"它的确是一种不同的范式，你能借此觉察自己的思想。不是用某个更积极的念头取代某个更消极的念头，而是研究思想的直接本质，意识到你的想法事实上是心灵的'分泌物'，来去迅速。而且，只有在我们笃信那些想法是真相（无法将它们的内容与事实区分开）时，它们才能支配我们。"

那么，你怎么才能放弃那些专注于自我的念头呢？它们左右你，不断地编造你是一个失败者或是个骗子的故事。答案的关键在于，不要争论事实。尝试从抑郁的沉思中思考出答案，只能强化其神经通路，而沉思的"车轮"已旋转了太久。相反，你应如卡巴金建议的那样，允许这些想法存在，但远离它们，并认识到"自我贬低的模式仅仅是一种有害的思维习惯，它与事实没有任何关系”。渐渐地，你就会召唤一种扎实的本能意识，把念头只当作念头，而不是事实。这种意识的转变，这种“意识的正交旋转”，通过神经成像技术将会呈现在大脑中。“如果你培养与当下时刻有关而非与你的念头有关的其他思维方式，你会在大脑皮质中看到不一样的神经网络被点亮，这种网络与叙事性的自我参照点亮的网络无关。”

很明显，在从俘获中习得自由时，俘获机制在其中起到建设性的甚至矛盾的作用。卡巴金解释道：“我们谈论的是一种可以训练的技能，将思维转向其他方面，改变我们跟俘获我们注意的东西之间的关系。”这不是说让你的注意避免被凸显刺激俘获，而是你不会忽视发生了什么。“你知道自己被俘获了，而你可以至少在某种意义上尝试不再落入通常的无意识、习惯化的自动模式中。你一遍又一遍地锻炼那种‘肌肉’，接着就能改变其默认模式，认识到‘哦，旧模式正在出现，但我有意识地捕捉到了它，我不必陷入其中’。”在这样的时刻，你就自由了，可以做不同的决定。

许多人问，正念训练所提供的解脱方式是否要我们放弃自己丰富的情感？毕竟，如果伟大的艺术和文学，以及许多其他精神和宗教传统的本质是俘获，我们怎能承受“松绑”的损失呢？如果我们学会减少自己的反应和反思判断，我们不也在一定程度上减少了自己情感反应的范围，从而阻碍了自己的创造性潜能并失去了完整的人生阅历吗？

我也问了汤普森是否有人能打破俘获机制，他回答道：“俘获意味着不能灵活应变，也不能在情况需要时摆脱俘获并适当地重新定位。你可以说，一个艺术家被某种美丽的景象俘获，或一个神秘主义者被神圣的显现带来的狂喜俘获。如果这位艺术家或神秘主义者无法灵活应变，不能适当地与他人交往，而是一门心思或疯狂地追求自身的愿景，那么这的确叫俘获。强大的艺术或神秘愿景如果缺少了灵活性，就变成了俘获。”在这个意义上，俘获并不必然是一种消极体验，但它缺少“灵活性、对他人的感知，以及做出合乎道德的行为的能力……因为一旦你被俘获，就会被紧紧束缚住，你的活动空间会变得很小，你可以思考和行动的可能性也少了”。

在回答同一个问题时，卡巴金首先提醒我留意，正念并不是一种哲学探究方式，而是一种必须经历过才能完全理解的实践训练。他通过自己长期实践的经历，提供了这样的洞见：“通过一遍又一遍地回到包含着思想或情感的意识中，或包含通常处于无意识水平的相互关联模式的经验中，这些意识或体验对我们而言会变得更加真实。凸显的东西变得更细微、更丰富，而不是更少。然后，你会有更大的可能选择来进行回应，而不是做出反应。”如果我们能觉察到更微妙的细节，我们思想和情绪的内容就会变得同样生动或富有质感，那些俘获我们的东西只是丧失了掌控我们的力量而已。

重获自由

丹妮尔·勒斯克（Danielle Roeske）是一名心理咨询师，同时有哲学的专业背景。在治疗患者时，勒斯克会使用一套整合的方法，而不局限于任何一个具体的治疗流派。她热切地相信人们改变自己的能力，但她认为“自由”这个词太强了，不能用来描述从俘获中松绑的状态。

“免于俘获的‘自由’表明有永久性，这让我不安，因为我认为不是这样的，”勒斯克解释道，“我认为人不是这样的。无论发生了多少改变，我们都永远不会抛弃定义自己的那些部分。对我来说，自由则意味着那些部分消失了。但那不会发生。我认为‘释放’[5]是一个更好的说法——曾经俘获人的东西，无论是一个对象还是一种概念，不再是一种主导性的力量。这就是我理解的发生于转变中的事情。”

当我就自由或释放这个问题进一步提问时，勒斯克解释说，她不认为这是一件坏事。

“我认为，关于个体如何成长、如何发展，这是一种更容易接受的意义，”勒斯克解释道，“我还认为，当一个人跟情感体验之间的关系改变时，当一个人经历自我体验的转变时，他会认为自己的人生被改写了，这不是什么稀罕事。对于过去那些被认为是创伤或恐怖的事情，我们可以清理一番以形成新的理解，这样那些经历就不那么吓人了。它们不再是禁忌，可能事实上还会被视作成长经历。因为当我们把某些东西埋藏在心中时，而是并没有消失，而是会换个方式困扰我们。”

最难的可能是开始释放，或者按勒斯克喜欢的说法，就是确定什么东西导致了内心的挣扎。这似乎看起来简单，但其实并不容易。勒斯克指出，当俘获的力量掌控一个人的内心时，这一做法可能是唯一的解决之道。这能够解释为什么人们如此抗拒改变。

通常，直到被俘获的痛苦吞噬后人们才会做出改变。鼓起做出改变的勇气可能是转变中非常困难的事物，因为这需要人有意地走向未知。勒斯克说：“有人说这样做需要信心，这似乎颠倒了顺序。因为信心是形成新体验之后所产生的东西，而在新体验之前出现的是希望。”

然而，冒这样的风险很重要，因为这是我们向一些有意义的事情敞开心扉的方式，而这些事情足够重要，可以改变我们长久以来的观念。

“形成新模式和重塑需要时间，”勒斯克承认，“虽然有少数人可能突然获得了深刻且即时的启示，但对大多数人来说，转变是缓慢的，事后才能发现这种变化。但毫不夸张地说，对那些从俘获中解脱的人们来说，他们的世界改变了。虽然每一次的改变可能很小，但在足够的积累之下，一场观念的质变就会发生。”

然而，即便发生了如此剧烈的转变，依然有故态复萌的可能性。也就是说，即使有了新模式，长期以来形成的神经模式仍留在原位。

“或许这里的重点在于，一个人永远不会变得无懈可击，”勒斯克说，“当人们通过某种方式进入康复状态时，比如加入匿名戒酒会，他们不再喝酒，他们生活在一起，他们昂首挺胸，心智正常，生活如意——最重要的是，他们继续执行康复计划。这不是因为他们的转变有某些不真实之处，而是因为成瘾的本质就是瘾总在那里。如果新的方式不能持续得到强化，就会有一种力量把你慢慢拉回最初通过毒品和酒精来逃避的方法，因为经验证明那些方法是有效的。”

勒斯克还认为，匿名戒酒会在社群层面可能有助于打破俘获的魔咒：“跟一些宗教传统和东方习俗类似，匿名戒酒会起作用的方式，在心理咨询中是受到限制的。匿名戒酒会中有一种重要的团结感，能让一个人感到自己是某个团体的一部分。我认为，这对于‘投降’过程来说很重要。一种俘获感存在时，通常会腐蚀任何团结感。如果心灵被俘获了，它只会做它在俘获状态下做的事情，直到有其他力量出现，无论它是一个神，一个人，或一种暗示。”

我问勒斯克，是否在那个时刻，会有另一种情感体验发生，允许人做出改变。

“你说的对，但它有两面性，”勒斯克回应道，“比如，如果酒精是解决方案，那么当有情绪不适（这并不少见）或极端的快乐等任何强烈的情感出现时，就会有一种真正的需要，要通过酒精以外的方式忍受这些感受。这意味着创造一种空间，让这些情感能以新的方式被体验，这令人痛苦，但也是是一种释放。我们对自己的感受只是基于自己的经验——我们不能假装成某个人，相信某种更完整的东西将会由此出现。如果一个人不相信自己能成为他所渴望成为的那种人，那么这样的‘假装’就会适得其反。”

我问勒斯克，当看到患者发生这种转变时，维持转变有多难？

“没有人不会被触动，即便他们真的在自己生活中拥有一种平和感，”勒斯克说，“必须有一种对于存在的真实渴望，而不是反射性地参与或落入过度发达的神经模式。事实上，我们有选择不同事物的空间，或存在让情感经验传递的空间，而不会影响过去的行为或信念。”

勒斯克前面使用的“投降”一词引起了我的注意。我问她，在俘获的语境下，这个词在她脑海中怎么和“释放”区别出来。

“我认为投降发生于这种场景下：当允许其他事发生的意愿非常小时，即不再与这种感受做斗争，而是让自己感受这种冲动但不屈服。这是个有趣的现象，因为它看起来起作用了，但事实上这是停止控制事物的一个机会，停止尝试控制自己的情感或体验，并允许自己去感受。而释放指的是这之后的体验的实质。”

知识延伸

C a p t u r e

1. 哈珀出版社的汉娜·罗宾逊（Hannah Robinson）为我找到了来自 19 世纪作家埃尔伯特·哈伯德（Elbert Hubbard）的一句话，充分阐释了这一问题："狂热是心灵的疾病，就像酗酒是身体的疾病一样，而合理治疗两者的方法都是减少剂量。也就是说，你要做些危害较小的事情来取代它。"

2. 酗酒者如何恢复？在酗酒者眼中，"恢复"意味着什么？我就这一问题向精神病学教授阿诺德·路德维希（Arnold Ludwig）博士咨询，他花了几十年的时间研究酗酒者的精神世界。

他告诉我："我想，正如你看到的那些获得了宗教启示或某种洞察、如同获得重生的人，你所看到的那些冲破藩篱的酗酒者、瘾君子和吸烟者和他们是一样的。"

路德维希转述了自己戒掉烟瘾的经验，首先他描述了试图克服持续吸烟的条件反射的失败尝试："我发誓要戒烟，但在第二天早上，我还是继续抽烟。这持续了很多年，而我尝试了各种戒烟方法，比如我会把所有的空烟盒摆在身边，提醒自己我吸了多少烟，这很可笑，但还是不起作用。"

"然后有一天，我可以说得更具体一点，那是 1980 年 2 月 20 日，出现了这样一个决定性时刻。我感冒了，喉咙痛，当我想要吸烟时，因为太痛了我吸不了，因此我好几天没有抽烟，感冒慢慢缓解，我的喉咙也舒服多了。我再次去拿自己的烟管，再往里面塞上烟草把它点燃，这一刻令我突然觉得这太滑稽了。从那时开始，我就再也没有了吸烟的渴望。就好像心中的那扇门关闭了，而我对吸烟和与之相关的所有事情的态度彻底发生了改变。”

我进一步追问他这种态度的突然转变，以及这种可以被称为意识觉醒的时刻对于人们克服成瘾行为有何帮助。他说：“我不确定他们是否完全理解，但除非那种事情发生，否则戒瘾将是一场恶战，一次又一次的挣扎，像我妻子戒烟那样。”

我提到了自己关于戒烟的想法：“我们没有改变尼古丁的强化特点，也没有改变香烟的构成，我们所做的只是改变了社会规范。在如何看待香烟方面，我们的看法发生了重大的转变。数十年来，香烟与魅力、性感或其他积极属性相关，而我们改变了这种认知。以前的想法是‘它是我想要的东西’，而现在则是‘我不想要它，它是致命、恶心、让人上瘾的东西’。”

路德维希博士和我都同意，除了意想不到的变化之外，与吸烟有关的情感效价也发生了改变。从公共卫生的角度来看，这一转变至关重要。

3. 布兰科·卢斯蒂希（Branko Lustig）写道：“我不太记得了，当我读到一些描述了场景的书时，我就会想，是的，这种事情曾发生在我身上。但我不想回忆。我永远都不想回忆，我认为这就是我从来不做噩梦的原因。”

卢斯蒂希在奥斯威辛集中营和贝尔森集中营度过了两年时间。他活了下来，成了一名电影制片人，其作品包括获得奥斯卡金像奖的《辛德勒的名单》，而他因为努力维系人们对大屠杀的记忆而受到赞誉。2011 年，卢斯蒂希回到奥斯威辛，补过他在囚禁期间错过的成年礼，《纽约时报》专门为此拍了纪录片，卢斯蒂希在其中谈到忘却创伤性记忆如何帮他走出来，不过他并没有详细地告诉我们他如何在遗忘和铭记之间实现良性平衡。我们也只能猜测，这可能依赖于他小时候的性格与所处环境。

4. 特罗特・佐・索尔兹（Trott zu Solz）对德国的热爱，就像大多数父母爱孩子一样。作为一名律师和一名外交官，特罗特在反纳粹运动以及暗杀希特勒的计划中发挥了重要作用。但在他的生活中，以及在他死后数十年，特罗特通常被误解为是纳粹的帮凶。事实上，他一心一意地投身于从纳粹政权和其他目的不纯的国家手中将德国拯救出来。为了实现这个目标，特罗特不惜牺牲自己的人际关系和人身安全。

1944 年，就在执行暗杀计划的前几天，特罗特从瑞典回到德国，给妻子克拉利塔写了一封信，表达了他执行这一计划的坚定决心。特罗特解释道，如果特罗特的同伙暗杀成功，那么这意味着他的祖国将从纳粹政权下的自我毁灭中拯救出来。

从飞机窗口向外望去，特罗特描述了底下的村庄，屋顶苍白的赭石，白色的灰泥墙壁，孤零零的尖顶教堂耸立在每个村庄里，以及成排的树木和篱笆，围绕着黄绿相间的田野。他俯视着的不仅是自己的家乡，更是德国的文化、历史、艺术、音乐和哲学，这是他身份的来源。他和国家是如此紧密地连在一起，因此希特勒的上台让他知道，自己的灵魂将会枯萎。

特罗特感觉，他与其他密谋者的合作带有内在的自私自利，毕竟他让自己和家人陷入险境。然而，在加入了这个组织后，他的身份看起来融入了某种比他更伟大、也更重要的事业里，他完全认同自己的使命。无论结果如何，使命完成时，就好像他的生命、他真正的生命将会结束。一个瑞典朋友弗鲁·奥尔姆斯特伦（Fru Almstrom）给特罗特的妻子写信，谈及就在这次飞行前几天她丈夫的最后一次拜访："我记得是一个晚上，当时他身心俱疲，我让他回酒店睡一觉，他看着我说道：'我有这么多事要做，为什么要睡觉？况且，老人不需要那么多睡眠。'而我回答说：'但你只有 35 岁啊。'特罗特答道：'不，我早已不再年轻，我至少有 60 岁了。我想我已做了我这一生该做的事，无论是什么事，反正我准备好死了。'"他的整个生命似乎正在自行完成这一使命。

现在，特罗特在执行刺杀计划前几天飞回家，飞机的引擎声将他带回过去，回到他的青春时期，他拿着罗德奖学金在英国留学，他对政治哲学的迷恋，他后来的旅行，他尝试秘密撮合英国和美国以挫伤希特勒，以及最终的失败。他想到了自己的父亲，作为普鲁士王国的文化部部长在第一次世界大战期间在自己的岗位上忙碌。在那些年里，母亲会把孩子们带到另一个庄园去消夏。年幼的特罗特被这所房子的美丽吸引住了；他记得问过父亲这都是他们的吗，回答是："它已委托给我们。"而特罗特现在也正认真承担着这种委托，为德国的命运负起责任。回想起这段时光，看着熟悉的风景：树林、池塘、起伏的田野、草地的清香、夏日雨水，他发现自己如此深爱这一切。

特罗特曾写道："我们只有在自己身上和自身之外发展道

德生活，我们才能让它存在……在一个混沌不堪的世界上，一个人内心的秩序这是最好的防线。”每当他对自己将要投身的暴力行动感到些许恐惧时，这种信念就会让他平静下来。杀戮是错误的，但在这种情况下，它有望使他周围的外部世界恢复他在自己内心中发现的秩序和意义。特罗特后来想起他进入德国领空的那一刻：“我的内心再一次被一种深切的爱和快乐填满了，而在这样一个艰难时期，我被推入了我所在的地方，与其他人一起为我们的国家奋斗。我不认为自己与其他人的任何关系能比这更重要，它能证明我服务于这样一个事业是我的首要职责。意识到自己的独特使命会激励一个人，并给予他坚定的信念，这允许他在众多以及相互冲突的价值和原则中做出明智的选择。”

Capture

这种激情把特罗特的整个生命简化为一个单一的目标，其他所有考虑都消失了。一年前，他遇到了克劳斯·冯·施陶芬贝格（Claus Von Stauffenberg），两个人很快变成了亲密的朋友。特罗特不知疲倦地与同谋者一起策划密谋，施陶芬贝格被任命为刺客。特罗特的妻子后来写道：“对于特罗特来说，这种友谊就是他一生都在追求某些目标的结果，他和那么多朋友都是通过感情、尊重以及共同的任务和责任而团结在一起的。”1944 年 7 月 15 日，特罗特从瑞典回到德国。不久，施陶芬贝格试着在希特勒附近引爆了一枚炸弹，但失败了。第二天，特罗特和同谋的其他成员与施陶芬贝格在公寓里碰面，他们聚在一起讨论剩下的选择。或许就是这次会议决定了特罗特的命运，让纳粹知道他参与了这场密谋。四天后，他越发消沉，见到他的人都说他看起来面色苍白、绝望无助，好似被彻底击败。

的确，特罗特的内心崩溃了。他似乎已放弃了生命，已准备好赴死。他在自己的使命中发现了强烈的存在感，但密谋失败后，他迷失了自己。尽管并不清楚为什么盖世太保会那么快在刺杀未遂后就追查到秘密团体的成员，但特罗特似乎知道了他的命运。纳粹来抓捕他时，他没有尝试逃跑。就在被处决前几天，他在监狱里给妻子写了最后一封信，为他失去了最后的机会而悲伤："最让我心痛的是，我不能再为我们的国家服务了。"

5. 玛丽·卡尔是大卫·福斯特·华莱士曾经的爱人，并与他一起戒酒。20年后，她描述了自己的经历："我们可以做这样的假设，当你戒酒时，就好像向那些讨厌的女学究投降。但对我来说，戒酒的过程是自由的，这是一种远离焦虑的自由，也是大脑的自由。让我戒酒的不是循规蹈矩的女学究，也不是内心对规则的严格遵守。当更多的爱出现时，我开始意识到大家都是真实的，是本身的自我，我明白了我们到底是谁。威廉·布莱克说：'我们在地球上留了一点空间/以便彼此能学会承受爱的光束。'而我认为，所谓的'承受爱的光束'实际上就是真正自由的所在之处。每个醉酒者和艺术家都像亡命之徒，而戒酒对我而言，也关乎自由。我这样做是为了摆脱过去，不被过去困扰。那个学究对应我内心而言，也就是我为自己做的严苛规划，它让我保持清醒，是让我真正远离酒精的力量。让你清醒的是爱，以及与超越你本身的东西的联结。当我戒酒的时候，我认为放弃就是向所有的乐趣和所有的火花说再见，但结果恰恰相反。那变成了我真正开始闪光的时刻。"

结　语

重塑心灵，找回自我

在本质上，人类体验是混乱不堪的。

在任何时刻，大脑都受到无数刺激的狂轰滥炸。这些刺激稳步地到达思维的门口，缺乏形式或结构。我们需要塑造这种不连贯的感觉，赋予它们意义，最终形成一种自我的感觉。

为了做到这一点，我们参与了一个持续的自动过滤的过程，迅速地影响着注意的指向。这一过程有实际的作用，比如帮我们觉察到刚刚跑过自己车前的孩子，同时它对我们的人生还有更为深远的意义。帮我们避免交通意外的那种过滤过程，也负责选择那些界定我们个人现实的种种体验。面对拒绝时，一个人可能体验到挫败感，但另一个人可能被激起更大的决心。让华莱士深感欺骗和痛苦的经历，可能让另一个人体验到深刻的成就感。

在一生中，我们每个人都从混乱而碎片化的混沌生活中创造了某种连贯的叙述，这是我们不断演变的生活故事。随着时间的变迁，某些人物和体验作为中心凸显出来，而其他的则被列为不重要的，不久后就被忘却。没有自我创造的故事情节，我们的生活就像随机构成的散沙。小说家琼·迪迪昂（Joan Didion）的一句话道出了核心："为了活下去，我们讲故事。"

一个重要的问题就是，我们如何构思自己的故事？

我相信，俘获是一种本能的过程，通过它，我们就能从无序的环境中捕捉到一个故事。而这时，我们面临挑战：虽然俘获允许我们赋予世界以意义，但这通常不是通过理性思考达成的。这些关于我们的故事，并不总是像我们打算讲述的那样。

在心灵被绑架时有自由吗？我们能转换视角，去看整个舞台，看每一道地板门、每一个长钉和椽子吗？在最基本的意义上，答案是否定的。就其本质而言，**注意带有选择性，会自我强化**。我们的历史、经济、物理环境决定了什么对每个人而言显得突出，由此打造某种模式，决定我们如何体验这个世界，也决定我们最终会成为谁。

然而，我们也拥有一种适度的自主模式。当我们理解了俘获是一种既影响我们的体验也被我们的体验所影响的神经机制，我们就不再会成为消极的"历史学家"，被限制在悲伤难过或令人不安的故事中。通过觉察自己分配注意的方式，我们甚至可以发展出有利的思维的灵活性，它允许我们同时讲述不同甚至是彼此矛盾的故事。

我们影响这一过程的方式，不是通过接受如焦虑症或抑郁症等静态的诊断，而是积极地改变占据我们注意的东西。我们还能让自己处于一种更积极的影响及其伴随的刺激之下，以便克服已有的俘获。当新的俘获模式变得对我们更重要，使过往的模式丧失了自身的吸引力，这种情形就发生了。

对那些遭受了更严重痛苦的人来说，改变通常表现为体验的转变。像克里斯·韦尔那样，在成为父亲后出人意料地将注意转向他人，都能减轻聚焦于自我的俘获导致的非难或指责，从而获得解放。

然而，意志的力量并不足以维持改变。困难之处在于从自律或自责之外的事物中吸取力量。当我们放弃独自承受压力，允许自己感受他人的支持和联系，而不是聚焦于自我时，持久的变化就会发生。这种自我的转变通常要通过牺牲、奉献、爱、对事业或某一共同体成员身份的信仰来实现。

为了避免不必要的情感痛苦，我们首先必须理解支配心灵的内在力量。只有这样，我们才能着手思考，如何借用这些力量来获取优势。事实上，我们可以逐步地重塑自己的心灵，甚至改变我们体验这个世界的方式，不过克服一种模式的俘获通常取决于发现另一种模式的俘获。

一旦我们理解了俘获的内在机制，我们就能把自己受到的损害降到最低，甚至还可能发现超越俘获的方式。

致谢

倘若没有正文中提到过的人，本书就不会问世。我感谢他们，还要感谢以下的人。许多人让我受益匪浅，但谬误在所难免，这些谬误只属于我。

作家内尔·凯西（Nell Casey）的洞见和才华都给我带来了难以言表的帮助。没有她和托马斯·多林格（Thomas Dolinger），我的想法和理论依然很单薄。对他们的耐心和才能，我极为感激。

凯尔西·奥斯古德（Kelsey Osgood）、扎拉·胡什曼德（Zara Houshmand）、戴维·多尔西（David Dorsey）、卡林·费登（Karyn Feiden）、卡丽·哈根（Carrie Hagen）和丽贝卡·毛尔科维奇（Rebecca Markovits）发挥了各自的出色才能，帮我把本书中的故事讲好。

迪克·托德（Dick Todd）是一个无与伦比的编辑，与我之前的几本书一样，他这次也给了我很多帮助。

奇普·基德（Chip Kidd）再一次通过他的封面设计表达了对我的理解和鼓励。诗人萨拉·芒古索读了本书，以优美的诗句抓住了它的精髓。摄影师彼得·特恩利（Peter Turnley）给我拍了特别好的照片。德鲁·奥尔特曼

（Drew Altman）想出了副标题。

哈珀出版社的朱莉·威尔（Julie Will）和卡伦·里纳尔迪（Karen Rinaldi），不断督促我，让我做得更好。丹耶·波洛夫（Tanya Boroff）和理查德·阿尔文·费舍尔（Richard Alwyn Fisher）转录了我的手稿，检查了文献，还做了其他工作。汉娜·罗宾逊和约翰·加西诺（John Jusino）是出色的策划编辑，布莱恩·佩林（Brian Perrin）是个能力很强的营销编辑。詹娜·多兰（Jenna Dolan）是一位称职的文字编辑，凯特·默特斯（Kate Mertes）在编制索引方面做得很细致。谢丽·吉尔伯特（Sheri Gilbert）则是一位严谨的版权编辑。塔玛拉·加塔斯（Tamara Ghattas）提供了《芝加哥格式手册》（*Chicago Manual of Style*），以便统一格式。艾米丽·勒普顿·迈特利什（Emily Lupton Metrish）和丽萨·罗林森·德奥尔蒂斯（Lisa Rowlinson de Ortiz）在国会图书馆做了分类工作。厄尼·弗兰尼克（Ernie Franic）经常在晚上提供技术支持。

艾米丽·洛夫蒂斯（Emily Loftis）、伊马德·德弗利鲍里斯（Imad Dphrepaulezz）和雅各·加布多（Jacob John Gabdaw）在我的地下室里花了好几个星期做核对工作。珍·坎农（Jean Cannon）和艾米丽·罗伊尔（Emily Roehl）在得克萨斯大学奥斯汀分校的兰塞姆中心查阅了相关档案。马修·谢尔波尔（Mattew Scherbel）做了额外的调查工作，翻译莫伊拉·魏格尔（Moira G. Weigel）和杰布·毕晓普（Jeb Bishop）也一样。下面这些人完成了精湛的校对工作，他们是Eliza Childs、Mary Bagg、Susan Gamer、Christina Gaugler、Sheila Himmel、Chris Jerome、Kate Johnson、Ella Kusnetz、Elizabeth Macfie、Sheila Oakley、Nina Questal。还有很多人阅读了本书，提供了有益的建议，他们是Nancy Adler、Mark Costello、Joel Ehrenkranz、Howard Gardner、Katie Hafner、Suzanne Kahn、Marty Morse、Michael Pollan、Lisa Raskin、Richard Walter、Laura Yorke。

许多科学家和咨询师为我提供了他们专业和研究方面的帮助，他们是 Sunny Dutra、Seth Disner、Chris Palmer、Rebecca Pearl、Sara Szczepanski、Jelena Markovic。本书有关科学的部分和参考文献需要感谢他们。

很多传记作家跟我分享了他们的知识，包括《西尔维娅·普拉思在德文郡》（*Sylvia Plath in Devon*）一书的作者之一盖尔·克劳瑟（Gail Crowther）;《希望的一场意外：安妮·塞克斯顿的治疗录像带》（*An Accident of Hope: The Therapy Tapes of Anne Sexton*）一书的作者道恩·斯考柴维斯基（Dawn Skorczewski）;《每个爱情故事都是鬼故事：大卫·福斯特·华莱士的一生》（*Every Love Story Is a Ghost Story: A life of David Foster Wallace*）一书的作者丹·马克斯（Dan Max）。

通过跟很多人的聊天，我受益良多，他们是 John Allman、Lori Altshuler、Brian Anderson、Christopher Bobonich、Nancy Carlisle、Marvin Chun、Bruce Cuthbert、Arlene Durk、David Durk、John. F.Kelly、James Klagge、Anja Koski-Jannes、John Krystal、Leah Levy、Kristian Makron、Luiz Pessoa、Silvio Reichelt、Michael Roeske、David Sander、Natasha Staller、Ronald Tiersky、Rebecca Todd、Martha Umphrey、Steve Yantis。

在加州大学旧金山分校，我得到了冯常照（Changzhao Feng，音译）、米兰达·赵（Miranda Chiu）和多纳·费列罗（Donna Ferriero）等人的帮助，伯纳德·罗（Bernard Lo）和丽莎·丹妮（Lisa Denney）在涉及机构审查委员会的事情上帮了我不少忙。加州大学伯克利分校图书馆的伊丽莎白·迪皮伊（Elizabeth Dupuis）和托马斯·伦纳德（Thomas Leonard）给了我很多宝贵的帮助。

跟往常一样，我要感谢 Tina Andreadis、Meghan Cleary、Heather Drucker、

Sharan Jayne、Doug Levy、Jeff Nesbit、Jim O'Hara、Marci Robinson，他们帮我向公众传达我的声音。

还有一些出现在本书中的人，我在此没有提到，他们以化名的方式向我坦白。我特别要感谢的是坦率的韦斯、杰罗姆、弗兰西斯、玛格丽特、杰姬和夏洛特。

以下人物也在我研究、思考和写作过程中，对我有所帮助，他们是：Jim、Sally Wallace、Amy Wallace、Mark Costello、Corey Washington。我的代理人凯西·罗宾斯（Kathy Robbins）总是相信我。在珍妮特·小代（Janet Oshiro）的帮助下，凯西经常为我的工作摇旗呐喊。倘若没有琳达·雷斯尼克（Lynda Resnick）、斯图尔特·雷斯尼克（Stewart Resnick）和达格玛·杜比（Dagmar Dolby）的支持，这本书就无法问世。我向已故的参议员特德·肯尼迪（Ted Kennedy）、保罗·韦尔斯通（Paul Wellstone），以及所有为精神健康平权法案而奋斗的人致敬。马亚达·阿基勒（Mayada Akil）和梅雷迪思·卡里（Meredith Cary）为我提供了很多资料，我很感激。

这本书要献给我的儿子本，庆祝我们为“俘获”这一主题而持续数年的谈话。献给我的女儿伊利斯·斯奈德（Elise Snyder）以及她的丈夫迈克，他们总是鼓励我，还有他们的女儿蕾娜，蕾娜给了我很多灵感。献给我的母亲罗兹，她读了我的书，总是向我提问很多有价值的问题。最后，献给陪我经历每一次冒险的妻子波莱特，这一次也不例外。

译者后记

《论语》里有这么一个故事。有一天，好学的颜渊问孔子什么是“仁”，孔子说“克己复礼”便是，颜渊又问有何具体内容，孔子回答：“非礼勿视，非礼勿听，非礼勿言，非礼勿动。”用一句话来说就是，不要被非礼这个大魔头给绑架了。倘若你看的、听的、说的、做的，都是非礼，那么克己复礼就实现不了，因为你将被非礼绑架，身不由己，仿佛囚徒，只好任由它摆布。可怜，可悲，也可怕。

能绑架我们的，当然不只是“非礼”这样的邪念，你所做的任何事都可能绑架你。绑架的最大特点就是身不由己，丧失对自我的控制。这也意味着，这样的人更容易受到伤害，经历痛苦。按照戴维·凯斯勒的说法，很多精神疾病都与绑架有关，比如暴食、焦虑、强迫、成瘾、抑郁、躁狂，以及某些神经症。甚至包括杀戮和恐怖主义在内的极端行为，也能从绑架的角度加以理解。

有人说，人很脆弱。也有人说，人会犯错。其实，这些都来源于一个事实：人容易被绑架。一开始，某人注意某物。接着，他慢慢变得无法再注意其他东西，也无法从此物身上转移注意，这就意味着绑架发生了。到了最后，被注意的东西就像一头怪兽，吞噬了他的时间和精力。他被某种身外之物囚禁了，无法逃离。很多痛苦就是这么来的。

孟子说："人有鸡犬放，则知求之；有放心而不知求。学问之道无他，求其放心而已矣。"意思是，丢了鸡丢了狗，大家知道找回来；但丢了心，人不知道找。而学问的关键，就是把丢了的心找回来。其实，心怎么丢的，不就是被某个外物俘获了吗？王阳明说："破山中贼易，破心中贼难。"为什么？因为"心中贼"总是撺掇、怂恿，让人心躁动不安，把精力引向歧途，落草为寇，难以自拔。两位学者都看到了人性的脆弱，而这种脆弱与俘获有关。

当然，俘获带给我们的，也不只是痛苦。科学探索、艺术创作、宗教信仰，同样可以是心灵被绑架的结果。马斯洛提到，很多人都经历过高峰体验，这是一种深刻的审美感受，是对"入迷、狂喜、幸福和极乐体验的概括"。

在《创造力》(*Creativity*)[①] 这本书中，作者米哈里·希斯赞特米哈伊(Mihaly Csikszentmihalyi)把类似的体验称为"心流"，认为这是创造性活动中的一个典型状态：我们的精力贯注于自我之外的一件事上，无论是科学、艺术还是信仰，心无旁骛，聚精会神，忘记了自我，忘记了功利，忘记了整个世界。"堕肢体，黜聪明，离形去知，同于大通"，庄子在2000多年前谈到的这种"坐忘"境界，主客相融，物我合一，与之类似。无论是高峰体验，还是心流、坐忘，同样也是俘获的结果。

① 作者在该书中总结了创造力产生的运作方式，提出了令每个人的生活变得丰富而充盈的实用建议。该书的中文简体字版已由湛庐文化引进，并由浙江人民出版社于2015年出版。——编者注

起初我们造就习惯，后来习惯造就我们。习惯对我们的影响，在某种意义上，不就是俘获吗？这样看来，俘获无时不有，无处不在，它嵌入我们的生活，左右我们的决定，影响我们的福祉。你不得不承认，这是一个野心勃勃的理论。

毫不夸张地说，作为精神病学家的凯斯勒，走了他的前辈弗洛伊德走过的路，这条路也必然充满争议。一个理论假如什么都能解释，它就失去了生命力，变成了某种可有可无的语言游戏。什么都能解释，与什么都不能解释，其实是一码事。这一点，凯斯勒很清楚，他说："认为所有的侵犯行为都来源于某个单一的内在机制，这很愚蠢。"同时，他也试图为自己的理论寻找坚实的基础，认知神经科学无疑帮了他一把。

但这本书最大的特色显然不是这些，理论永远灰暗，但生命之树常青，这本书就带有活泼的常青色。凯斯勒侃侃而谈，讲了很多与俘获有关的故事。你甚至可以把他当成一本故事书，一本与精神痛苦和人性超越有关的故事集。这些故事涉及人类生活的方方面面，比如自杀、拒绝、虐待、酗酒、赌博、吸毒、厌食、抑郁、躁狂、暴力、疑病症、焦虑症、婚外恋、色情幻想、挥刀自残、童年创伤。这些故事中有很多我们耳熟能详的名字：陀思妥耶夫斯基、卡夫卡、海明威、华莱士、田纳西·威廉斯、安妮·塞克斯顿、罗伯特·洛厄尔、伍尔夫、华兹华斯、马丁·路德、威廉·斯泰伦、丘吉尔、罗伯特·格雷夫斯……喜欢理论看理论，不爱理论就读故事，总之你总会有收获。

就这本书而言，理论都藏在故事背后，你迟早会遇到它，而遇到它之后，你会发现，读过的每个故事似乎都与它有关。于是，理论不再灰暗，它变得明亮起来。不仅如此，它还能照亮你的生活，让你学会与"绑匪"周旋，不被伤害，逍遥自在。

翻译是个苦差事，做到完美很难，但是犯错很容易。完成的那个瞬间我如释重负。能按时完工，我要感谢妻子孙晓兰的理解和支持，没有她的辛劳和付出，这副担子恐怕还要在我肩头压更长时间。

吴宝沛

北京林业大学心理学系副教授

未来，属于终身学习者

我这辈子遇到的聪明人（来自各行各业的聪明人）没有不每天阅读的——没有，一个都没有。巴菲特读书之多，我读书之多，可能会让你感到吃惊。孩子们都笑话我。他们觉得我是一本长了两条腿的书。

——查理·芒格

互联网改变了信息连接的方式；指数型技术在迅速颠覆着现有的商业世界；人工智能已经开始抢占人类的工作岗位……

未来，到底需要什么样的人才？

改变命运唯一的策略是你要变成终身学习者。未来世界将不再需要单一的技能型人才，而是需要具备完善的知识结构、极强逻辑思考力和高感知力的复合型人才。优秀的人往往通过阅读建立足够强大的抽象思维能力，获得异于众人的思考和整合能力。未来，将属于终身学习者！而阅读必定和终身学习形影不离。

很多人读书，追求的是干货，寻求的是立刻行之有效的解决方案。其实这是一种留在舒适区的阅读方法。在这个充满不确定性的年代，答案不会简单地出现在书里，因为生活根本就没有标准确切的答案，你也不能期望过去的经验能解决未来的问题。

湛庐阅读App：与最聪明的人共同进化

有人常常把成本支出的焦点放在书价上，把读完一本书当作阅读的终结。其实不然。

时间是读者付出的最大阅读成本
怎么读是读者面临的最大阅读障碍
“读书破万卷”不仅仅在“万”，更重要的是在“破”！

现在，我们构建了全新的“湛庐阅读”App。它将成为你“破万卷”的新居所。在这里：

- 不用考虑读什么，你可以便捷找到纸书、有声书和各种声音产品；
- 你可以学会怎么读，你将发现集泛读、通读、精读于一体的阅读解决方案；
- 你会与作者、译者、专家、推荐人和阅读教练相遇，他们是优质思想的发源地；
- 你会与优秀的读者和终身学习者为伍，他们对阅读和学习有着持久的热情和源源不绝的内驱力。

从单一到复合，从知道到精通，从理解到创造，湛庐希望建立一个“与最聪明的人共同进化”的社区，成为人类先进思想交汇的聚集地，与你共同迎接未来。

与此同时，我们希望能够重新定义你的学习场景，让你随时随地收获有内容、有价值的思想，通过阅读实现终身学习。这是我们的使命和价值。

湛庐阅读App玩转指南

湛庐阅读App结构图：

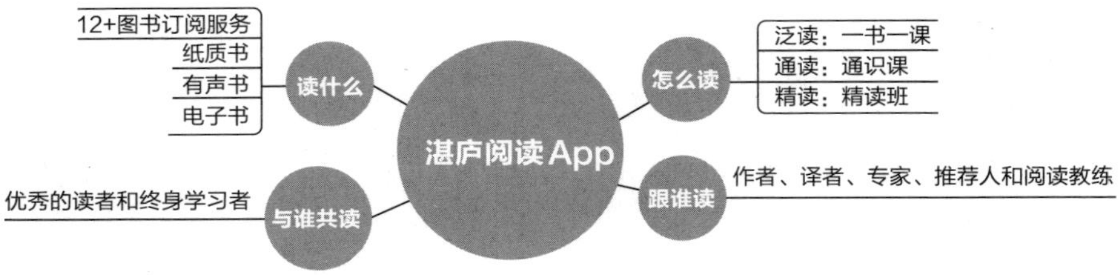

三步玩转湛庐阅读App：

App获取方式：

安卓用户前往各大应用市场、苹果用户前往App Store
直接下载“湛庐阅读”App，与最聪明的人共同进化！

使用App扫一扫功能，遇见书里书外更大的世界！

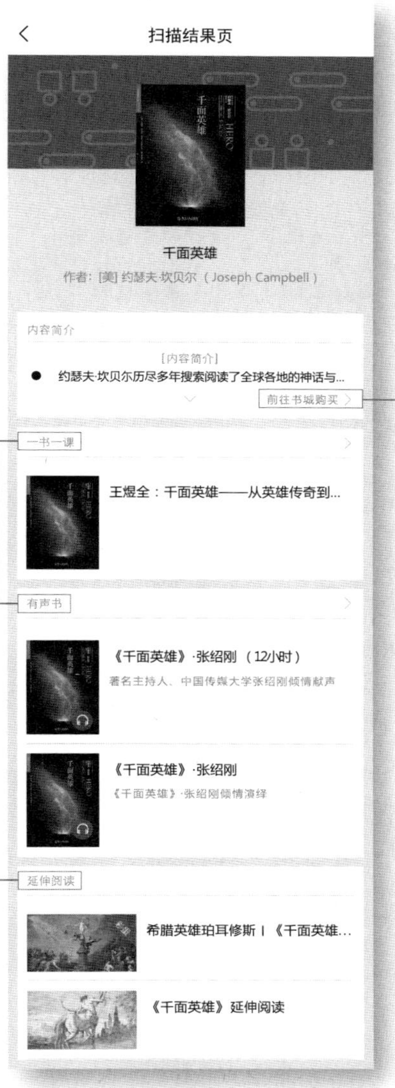

快速了解本书内容，
湛庐千册图书一键购买！

大咖优质课、
献声朗读全本一键了解，
为你读书、讲书、拆书！

你想知道的彩蛋
和本书更多知识、资讯，
尽在延伸阅读！

湛庐CHEERS

延伸阅读

《突破天性》

使用"湛庐阅读"App，"扫一扫"获取本书更多精彩内容。
ISBN 978-7-213-08871-1

◎ 作者布赖恩·利特尔是人格心理学大师，是蜚声国际的心理学大师，在人格心理学、动机心理学等方面做了诸多开创性研究。

◎ 提供一套新的认识人和世界的方式，让你从人格建构、稳定特质、自由特质、自我监控倾向、控制感倾向等方面来认识自己和他人。

◎ 想要了解他人，不能问"你属于什么人格类型"，而应问"你生命中真正重要的事情是什么"。

《消极情绪的力量》

使用"湛庐阅读"App，"扫一扫"获取本书更多精彩内容。
ISBN 978-7-213-09022-6

◎ 心理有阴暗的一面并不一定代表你就是个"坏人"，适度的"坏"其实是一种自我保护，能让你更有安全感，也更能激发你的正能量。

◎ 国际知名听书平台 AUDIBLE 2017 年"年度畅销书"；《纽约》杂志"Best 心理学图书"。

◎ 一个圆满的人差不多 80% 的时间是积极的，20% 的时间是消极的。

《躁郁之心》

使用"湛庐阅读"App，"扫一扫"获取本书更多精彩内容。
ISBN 978-7-213-05535-5

◎ 世界躁郁症研究领域的大师级专家凯·雷德菲尔德·杰米森讲述自己与躁郁症共处的点点滴滴，带我们真正走进躁郁症患者的内心。

◎ 在美国掀起了一次超越偏见、接纳心理病患的浪潮，更推动美国国会立法，实现了心理病患的保险平权制度。

◎ 全球 15 种语言发行的经典之作，荣获《华盛顿邮报》年度图书大奖。

《脑与意识》

使用"湛庐阅读"App，"扫一扫"获取本书更多精彩内容。
ISBN 978-7-5536-7384-4

◎ 作者斯坦尼斯拉斯·迪昂是"神经科学领域的诺贝尔奖"大脑奖得主，是全世界极具影响力的认知神经科学家之一，是欧洲脑科学研究领域的领头人。

◎ 集结了意识与思维近 20 年来的前沿研究成果，以通俗易懂的方式解读深奥的脑科学知识，探索人类思想、情感与意志背后的真相。

◎ 诺贝尔生理学或医学奖得主埃里克·坎德尔、《华盛顿邮报》、浙江大学哲学系教授李恒威、果壳网 CEO 姬十三等盛赞。

图书在版编目（CIP）数据

浙江省版权局
著作权合同登记章
图字：11-2018-431号

被绑架的心灵 / (加) 戴维·凯斯勒著 ； 吴宝沛译
. — 杭州 ： 浙江人民出版社，2020.6
书名原文：Capture: Unraveling the Mystery of
Mental Suffering
ISBN 978-7-213-09740-9

Ⅰ. ①被… Ⅱ. ①戴… ②吴… Ⅲ. ①情绪一研究
Ⅳ. ①B842.6

中国版本图书馆CIP数据核字(2020)第087607号

上架指导：心理学

被绑架的心灵

[加] 戴维·凯斯勒　著
吴宝沛　译

出版发行：浙江人民出版社（杭州体育场路 347 号　邮编　310006）
市场部电话：(0571) 85061682　85176516
集团网址：浙江出版联合集团　http://www.zjcb.com
责任编辑：方　程
责任校对：朱　妍　戴文英
印　　刷：唐山富达印务有限公司
开　　本：710mm × 965mm 1/16　　印　　张：20.25
字　　数：285 千字
版　　次：2020 年 6 月第 1 版　　印　　次：2020 年 6 月第 1 次印刷
书　　号：ISBN 978-7-213-09740-9
定　　价：79.90 元